Piet Leckl-Niemann

ZIVILPROZESSRECHT 1
Erkenntnisverfahren

Vorwort

Das vorliegende Skriptum erhebt nicht den Anspruch der Wissenschaftlichkeit eines Lehrbuchs, es will vielmehr als **Lern**buch für das Studium und als Einstiegshilfe ins Referendariat verstanden sein. Zu diesem Zweck dient die für das Examen umfassende systematische Darstellung aller wesentlichen Strukturen und Streitstände in **drei** großen **Blöcken:**

- **Stoffvermittlung** unmittelbar für die Falllösung auf den Punkt gebracht!

- **Wiederholungs- bzw. Verständnisfragen** zur Selbstkontrolle!

- **Fallbearbeitung**! Ob im Studium, Examen, Referendariat oder auch später in der Praxis, stets wird der Jurist mit einem Fall konfrontiert, den er zu bearbeiten hat. Das Erlernen der Anwendung des Stoffes auf den konkreten Fall ist daher unerlässlich.

Für Kritik, Hinweise und Verbesserungsvorschläge bin ich dankbar (email: leckl@rechtsanwaelte-beckmann.de).

Flensburg, im April 2012
Piet Leckl-Niemann
Rechtsanwalt und Notar

COPYRIGHT: **Richter-Verlag**
Hans-Peter Richter
Paul-Schroeder-Straße 18
24229 Dänischenhagen

Tel. 04349-1725
Fax 04349-571
e-mail: RICHTER-VERLAG@t-online.de
Website: www.Richter-Verlag.de

Druck und Verarbeitung: Druckerei Schmidt & Klaunig, Kiel

Weitere Bücher dieser Reihe sind erhältlich über den Buchhandel oder direkt vom Verlag.

7. Auflage 2012

ISBN 978-3-935150-16-3

Inhaltsverzeichnis

Ohne Gesetzesbezeichnung zitierte Paragraphen sind solche der ZPO

1. Kapitel

Einführung in den Zivilprozess

Der Zivilprozess ist das Verfahren in "bürgerlichen Rechtsstreitigkeiten" vor den "ordentlichen" Gerichten (§ 13 GVG).

> Neben den Zivilgerichten gehören auch die Strafgerichte zu der ordentlichen Gerichtsbarkeit. Gleichrangig daneben existiert die Verwaltungs-, Finanz-, Arbeits- und Sozialgerichtsbarkeit (Art. 95 I GG), während die Verfassungsgerichtsbarkeit (vgl. Art. 93 GG) eine übergeordnete Position einnimmt. Die Bezeichnung "ordentliche Gerichtsbarkeit" ist historisch bedingt. Als das GVG (vom 27.1.1877) zusammen mit der ZPO (vom 30.1.1877), der StPO und der KO am 1.10.1879 als eines der Reichsjustizgesetze in Kraft trat, waren lediglich die Zivil- und Strafgerichte unabhängige Gerichte i.S.d. Gewaltenteilungsprinzips.

I. Aufgabe des Zivilprozesses

Aufgabe des Zivilprozesses ist die Feststellung (Erkenntnisverfahren!) und zwangsweise Durchsetzung (Vollstreckungsverfahren!) privater (materieller!) Rechte.

> Der Staat nimmt dabei das Justizmonopol für sich in Anspruch. Selbsthilfe ist nur in sehr engen Grenzen zulässig (z.B. §§ 227, 228, 229 ff., 859 f. BGB; §§ 32, 34 StGB; § 127 I S.1 StPO). Als Ausgleich für die daraus resultierende staatliche Abhängigkeit hat der einzelne Bürger einen gegen den Staat gerichteten Anspruch auf Gewährung von Rechtsschutz (sog. Justizgewährungsanspruch; rechtliche Grundlage u.a. Art. 101 I S.2, 103, 19 IV GG). Zur Durchsetzung dieses Anspruchs stehen Beschwerde (analog § 567), Dienstaufsichts-beschwerde (§ 26 DRiG) und Verfassungsbeschwerde (Art. 93 I Nr.4a GG) zur Verfügung. Bei entstandenen Einbußen kommt Amtshaftung (Art. 34 GG, § 839 BGB) in Betracht.

II. Struktur des Zivilprozesses

Entsprechend seiner Aufgabe lässt sich der Zivilprozess wie folgt untergliedern:

- Das **Erkenntnisverfahren** (§§ 1-703 d) dient der gerichtlichen Feststellung des geltend gemachten Rechts. Ziel ist die Erlangung eines Titels (i.d.R. in Form eines Urteils, § 704).

  > Verfahren und Urteil können sich in der bloßen Rechtsfeststellung erschöpfen (Feststellungsklage!) oder aber mit der gerichtlichen Aufforderung, an den Kläger zu leisten, verbunden sein (Leistungsklage!). In seltenen Fällen wird das Rechtsverhältnis unmittelbar durch Urteil gestaltet (Gestaltungsklage! z.B. im Falle der Ehescheidung).

- Das Vollstreckungsverfahren (§§ 704-915 und ZVG, vgl. § 869) baut auf dem Erkenntnisverfahren auf und hat die zwangsweise Durchsetzung des erstrittenen (Leistungs-) Titels zum Gegenstand.

  > **Beachten Sie:** Es gibt Titel, die nicht die vorherige Durchführung eines Erkenntnis-verfahrens voraussetzen (z.B. § 794 I Nr.5).

- Durch Arrestverfahren und einstweilige Verfügung (§§ 916-945) kann eine vorläufige Regelung oder Sicherung gefährdeter Rechtsverhältnisse getroffen werden.

→ Die Regelung dieser Verfahren im 8. Buch ist dogmatisch ungenau, da Arrestbefehle und einstweilige Verfügungen in einem vorläufigen und beschleunigten Erkenntnisverfahren (mit abweichenden Regelungen für die Vollstreckung) erlassen werden.

Wiederholungsfragen zum 1. Kapitel

1. Warum nimmt der Staat das Justizmonopol für sich in Anspruch?

Um den Rechtsfrieden zu garantieren. Selbsthilfe ist grds. unzulässig. Sie würde zum Faustrecht und zur allgemeinen Rechtsunsicherheit führen; der eigenmächtig Handelnde beurteilt die Rechtslage häufig falsch, weil er als Betroffener nicht objektiv ist und ihm meist die erforderlichen Rechtskenntnisse fehlen.

2. Was versteht man unter Justizgewährungsanspruch?

Die Pflicht des Staates zur Gewährung von Rechtsschutz.

3. Von wann ist die ZPO und wann ist sie in Kraft getreten?

Sie ist vom 30.1.1877 und ist am 1.10.1879 zusammen mit dem GVG, der StPO und der KO (seit dem 1.1.1999 durch die InsO abgelöst) in Kraft getreten (sog. Reichsjustizgesetze).

4. Warum bezeichnet man die Zivil- und Strafgerichte als "ordentliche" Gerichtsbarkeit (vgl. §§ 12, 13 GVG)?

Der Begriff ist historisch bedingt; er stammt aus einer Zeit (1877), als lediglich Zivil- und Strafgerichte unabhängige Gerichte i.S.d. Gewaltenteilungsprinzips waren; die übrigen Gerichtsbarkeiten waren organisatorisch (noch) der Verwaltung untergeordnet.

5. Was ist Aufgabe des Zivilprozesses?

Der Zivilprozess dient der Verwirklichung subjektiver Rechte: Im Erkenntnisverfahren soll das behauptete Recht festgestellt und im Vollstreckungsverfahren zwangsweise durchgesetzt werden. Bei gefährdeten Rechten besteht die Möglichkeit der Sicherung durch Arrest und einstweilige Verfügung.

6. Nach antragsgemäßer Scheidung seiner Ehe mit der garstigen B will S das Scheidungsurteil vollstrecken, da B die gerichtliche Entscheidung nicht akzeptiert und den S noch immer belästigt. Zu Recht?

Ein Scheidungsurteil ist ein Gestaltungsurteil, wodurch die Rechtsverwirklichung selbst – gestaltend herbeigeführt wird. Derartige Urteile bedürfen keiner Vollstreckung - "sie vollstrecken sich vielmehr selbst". Nur Urteile, die einen Leistungsbefehl enthalten (sog. Leistungsurteile) können vollstreckt werden.

2. Kapitel
Die Prozessmaximen

Die Lösung einer Vielzahl prozessualer Probleme lässt sich auf die allgemeinen Prozessmaximen zurückführen, da in ihnen diejenigen Wertungen, die den einzelnen Verfahrensvorschriften zu Grunde liegen, zum Ausdruck kommen. Das Verständnis dieser Grundsätze ist daher von elementarer Bedeutung.

Der Zivilprozess wird von folgenden Prinzipien beherrscht:

I. Die Dispositionsmaxime (Verfügungsgrundsatz)

Die Dispositionsmaxime stellt das prozessuale Gegenstück zur Privatautonomie dar: Die Parteien sind die Herren des Verfahrens. Von ihnen hängt es ab,

- **ob** es zum Prozess kommt.

  Entweder durch Klage-, Antrags- oder Rechtsmitteleinlegung ("wo kein Kläger, da kein Richter").

- **in welchem Umfang** das Verfahren zustandekommt.

  Die Parteien binden das Gericht durch ihre Anträge (vgl. §§ 308 I, 528, 557 I). Der Kläger bestimmt den Streitgegenstand.

  Beachten Sie: Selbst wenn das Gericht zu der Überzeugung gelangt, dass dem Kläger mehr zusteht als beantragt, darf es ihm nicht mehr oder gar etwas anderes als beantragt (z.B. Nacherfüllung statt Schadensersatz) zusprechen (§ 308 I: "ne eat iudex ultra petita partium"). Dem Gericht ist es aber gestattet, hinter dem Antrag zurückzubleiben (Es darf also z.B. 500 € statt der beantragten 1.000 € zusprechen).

- **wie lange** das Verfahren andauert.

  Die Parteien behalten auch während des Verfahrens die Dispositionsbefugnis über den Streitgegenstand. Sie können das Verfahren durch Vergleich (§§ 160 III Nr.1, 794 I Nr.1), Klagerücknahme (§ 269) oder Rücknahme des Rechtsmittels (§§ 516, 565) vorzeitig beenden.

  Unter gewissen Voraussetzungen hat der Kläger die Möglichkeit, den von ihm in der Klageschrift bestimmten Streitgegenstand zu ändern (§§ 263 ff.). Der Prozess kann auch durch Anerkenntnis (§ 307), Verzicht (§ 306) sowie durch Erledigungserklärung (§ 91a) beendet und somit einer Sachprüfung des Gerichts entzogen werden. Die Parteien können schließlich nicht zum Verhandeln bzw. Weiterverhandeln gezwungen werden (§§ 330 ff.).

Einschränkungen erfährt die Dispositionsmaxime z.B. in Ehesachen, da hier besondere öffentliche Interessen berührt werden (vgl. § 113 IV FamFG, wonach u.a. ein Anerkenntnis unzulässig ist).

Die Offizialmaxime stellt den Gegensatz zur Dispositionsmaxime dar. Hier unterliegt die Verfahrensgestaltung staatlichen Behörden (insbesondere in der StPO). Im Zivilprozess gilt die Offizialmaxime grds. nur in der freiwilligen Gerichtsbarkeit.

II. Die Verhandlungsmaxime (Beibringungsgrundsatz)

Die Verhandlungsmaxime ist ebenfalls prozessuales Korrelat der Privatautonomie und wird daher häufig mit der Dispositionsmaxime unter dem Begriff der Parteiherrschaft zusammengefasst. Sie besagt folgendes:

- Es ist grundsätzlich Sache der Parteien, diejenigen Tatsachen vorzutragen, die die Grundlage der späteren Entscheidungsfindung bilden sollen ("da mihi facta, dabo tibi ius" = gebe mir die Fakten und ich werde dir das Recht geben).

  Dieser Grundsatz wird jedoch erheblich durch die materielle Prozessleitung des Gerichts eingeschränkt (§ 139). Von den Tatsachen zu unterscheiden sind die Rechtsnormen. Hier gilt der Grundsatz: "iura novit curia" = die Rechtsfindung obliegt allein dem Gericht.

- Nur die von den Parteien vorgetragenen Tatsachen (nicht privates Wissen des Richters) dürfen bei der Urteilsfindung berücksichtigt werden.

  Ausnahme: Offenkundige Tatsachen (§ 291) und sog. Erfahrungsgrundsätze. Ein Tatsachenvortrag wider besseren Wissens bleibt dagegen unberücksichtigt (§ 138 I; es besteht keine Pflicht zur objektiven, sondern lediglich zur subjektiven Wahrhaftigkeit. Die Aufstellung einer Behauptung über die eine Partei sich nicht sicher ist, ist daher zulässig; nicht jedoch bei Behauptungen "ins Blaue hinein". Beachte: Auch ein bewusst falsches Geständnis ist an sich eine Verletzung der Wahrheitspflicht. Wegen § 290 tritt jedoch Bindung ein).

- Der Wahrheitsgehalt einer Tatsachenbehauptung darf nur überprüft werden, wenn die Tatsache bestritten wird (§§ 138 III, 288).

  Eine "Einschränkung" erfährt dieser Grundsatz gewissermaßen bei der Prüfung von Amts wegen (insb. bei den Sachurteilsvoraussetzungen; vgl. § 56 I). Das Gericht ist hier an einen übereinstimmenden Parteivortrag nicht gebunden. Es bleibt aber weiterhin Aufgabe der Parteien, die Tatsachen zu liefern, die eine Prüfung von Amts wegen ermöglichen.

- Zum Zwecke der Feststellung einer (bestrittenen) Tatsachenbehauptung darf nur Beweis erhoben werden, wenn dies von der beweispflichtigen Partei angeboten worden ist.

  Dies gilt heute nur noch uneingeschränkt für den Zeugenbeweis (§§ 373 ff.). I.ü. kann das Gericht eine Beweisaufnahme anordnen (vgl. §§ 142, 143, 144, 448).

Gegenstück zur Verhandlungsmaxime ist der Untersuchungsgrundsatz. Hier wird der Tatsachenstoff von Amts wegen ermittelt. Er gilt im Verwaltungs- (§ 86 VwGO) und Strafprozess (§§ 155 II, 244 II StPO), darüberhinaus im arbeitsgerichtlichen Beschlussverfahren (§ 83 I S.1 ArbGG). Im Zivilprozess erfolgt eine Durchbrechung der Verhandlungsmaxime zu Gunsten des Untersuchungsgrundsatzes nur dort, wo öffentliche Interessen besonders betroffen sind (insb. in Ehesachen; vgl. §§ 113 IV, 127 I, II FamFG).

III. Der Anspruch auf rechtliches Gehör ("audiatur et altera pars")

Der Anspruch auf rechtliches Gehör ist in Art. 103 I GG und Art. 6 I MRK statuiert. In der ZPO hat er keine ausdrückliche Regelung erfahren, er ist aber in zahlreichen Verfahrensvorschriften verankert (z.B. §§ 136 III, 139 I S.2, II, 141 I S.1, 547 Nr.4, 1042 I S.2).

1. **Inhalt** des Anspruchs ist, dass grds. jeder Partei vor Erlass einer (nachteiligen) Entscheidung Gelegenheit zur Stellungnahme gegeben werden muss.

> Nur dort, wo eine derartige vorherige Stellungnahme den Zweck des Verfahrens vereiteln würde, wird der Anspruch auf rechtliches Gehör durch die Möglichkeit der nachträglichen Einlegung eines Rechtsbehelfs gewahrt (z.B. im Eilverfahren: vgl. §§ 922 I S.1, 937 II oder im Vollstreckungsverfahren bei der Forderungspfändung: § 834).

2. Die **Versagung** des rechtlichen Gehörs ist ein Verfahrensmangel, der vom Betroffenen durch Einlegung eines Rechtsmittels geltend gemacht werden kann; allerdings nur dann erfolgversprechend, wenn nicht durch unterlassene Rüge Heilung eingetreten ist (§ 295) und die Entscheidung auf den Verfahrensmangel beruhen kann, d.h. wenn ohne ihn möglicherweise eine andere Entscheidung gefällt worden wäre.

> **Bsp.:** Übersehen von Anträgen (insb. Klage- u. Beweisanträgen); ungerechtfertigte Präklusion (§ 296, s. dazu unten); Überraschungsentscheidung (d.h. das Gericht muss den Parteien Gelegenheit geben, sich zu allen Punkten zu äußern, die in die Entscheidung mit einbezogen werden, § 139 II); Fristfehler; Missachtung des § 139 V (Thomas/Putzo Einl I Rn. 19 mwN).

Ist allerdings ein **Rechtsmittel oder ein anderer Rechtsbehelf nicht zulässig, so ist bei entscheidungserheblicher Verletzung des Anspruchs auf rechtliches Gehör der Prozess auf Rüge der durch die Entscheidung beschwerten Partei vor dem Gericht dessen Entscheidung angegriffen wird fortzusetzen (§ 321a I).** Der Verfahrensverstoß muss mittels einer Rügeschrift innerhalb einer Notfrist von zwei Wochen nach Kenntnis von der Verletzung des rechtlichen Gehörs, spätestens jedoch innerhalb eines Jahres seit Bekanntgabe der angegriffenen Entscheidung, geltend gemacht werden (§ 321a II). Bei Unzulässigkeit wird die Rüge verworfen und bei Unbegründetheit zurückgewiesen; jeweils durch unanfechtbaren Beschluss (§ 321a IV). Erachtet das Gericht die Rüge dagegen für begründet, so hilft es ihr ab, indem es den Prozess fortführt. Der Prozess wird hierdurch in die Lage zurückversetzt, in der er sich vor Schluss der mündlichen Verhandlung befand (§ 321a V).

> **Hintergrund für die Einführung des § 321a** war in erster Linie eine schon seit längerer Zeit geforderte Entlastung des BVerfG. Denn vor Inkrafttreten des § 321a kam es zu einer Flut von auf Art. 103 I GG gestützten Verfassungsbeschwerden. Um einer Überlastung des BVerfG entgegenzuwirken, wurde daher u.a. vorgeschlagen, an sich unzulässige Rechtsmittel zulässig sein zu lassen (z.B. wenn die Berufungssumme nach § 511a a.F. nicht erreicht worden war; vgl. BVerfG NJW 97, 1301). Durchgesetzt hatte sich diese Ansicht allerdings nicht (vgl. Scherer DRiZ 00, 490 ff. mwN). Die Neuregelung hat aber auch nicht zu einer wirklichen Entlastung des BVerfG geführt, da bei Nichtabhilfe der Rüge der Rechtsweg erschöpft ist und somit (nach wie vor) nur die Verfassungsbeschwerde gem. Art. 93 I Nr.4a GG, §§ 13 Nr.8a, 90 ff. BVerfGG in Betracht kommt.

Wenn das Abhilfeverfahren z.B. mit der Berufung zusammentrifft, weil das erstinstanzliche Urteil zwar beide Parteien beschwert, aber nur die eine in berufungsfähiger Weise, ist die Rüge, um eine unerfreuliche Konkurrenz zwischen Rüge und Berufung zu vermeiden, im Wege der Anschließung (§ 524 I) zu erheben (BGH 161, 347; Zöller § 321a Rn. 4; a.A. Hinz WM 02, 6).

> *Bsp.: K klagt gegen B auf Zahlung von 700 €. Der Klage wird zu 650 € stattgegeben; i.Ü. erfolgt mangels Beweisbarkeit Klageabweisung. Ein von K benannter (entscheidungserheblicher) Zeuge wurde allerdings nicht gehört. B legt Berufung ein (§ 511 II Nr.1). Da der Wert des Beschwerdegegenstandes für K nicht über 600 € liegt und die Berufung auch nicht zugelassen worden ist (§ 511 II Nr.1 u. 2), erhebt K, wegen entscheidungserheblicher Verletzung seines Anspruchs auf rechtliches Gehör, Rüge nach § 321a im Wege der Anschließung nach § 524 I (zur Anschlussberufung s. näher 15. Kap. A II).*

Die Anschließung ändert an der Rüge als eigenständigen "Grundrechtsbehelf" nichts; die Frist- und Formerfordernisse gem. § 524 II S.2, III werden durch § 321a II ersetzt (Zöller aaO.). Bei Rücknahme der Berufung behält die Anschließung jedoch (entgegen § 524 III) ihre Wirkung (sehr str., vgl. Zöller aaO.).

Exkurs: Die Präklusion verspäteten Vorbringens (§ 296)

Die Präklusion verspäteten Vorbringens stellt keinen Verstoß gegen Art. 103 I GG dar, wenn sie gesetzmäßig ist.

a) § 296 I: Angriffs- und Verteidigungsmittel (vgl. § 146), die nach Ablauf einer in § 296 I genannten Frist vorgetragen werden, sind zurückzuweisen (gebundene Entscheidung!), es sei denn, (1) eine Zulassung würde den Rechtsstreit nicht verzögern oder (2) die Verspätung ist genügend entschuldigt worden.

(1) Wann eine **Verzögerung** i.d.S. vorliegt, wird nicht einheitlich beurteilt.

Nach dem (herrschenden) **absoluten Verzögerungsbegriff** liegt eine Verzögerung bereits dann vor, wenn durch Zulassung des verspäteten Vorbringens der Rechtsstreit länger dauern würde als bei Zurückweisung (Thomas/Putzo § 296 Rn. 14).

Der **relative bzw. hypothetische Verzögerungsbegriff** stellt hingegen auf den voraussichtlichen Ztpkt. der Beendigung des Rechtsstreits ab: Eine Verzögerung liegt nur dann vor, wenn bei Zulassung des verspäteten Vorbringens der Rechtsstreit länger dauern würde als bei rechtzeitigem Vorbringen (MüKo § 296 Rn. 72).

Vermittelnd (jedoch stark dem rel. Verzögerungsbegriff angenähert) kommt nach Auffassung des **Bundesverfassungsgerichts** (BVerfG NJW 87, 2733 2735; 95, 1417) eine Zurückweisung als verspätet dann nicht in Betracht, wenn offenkundig ist, dass dieselbe Verzögerung auch bei rechtzeitigem Vorbringen eingetreten wäre. Grund: Die Anwendung prozessualer Verspätungsvorschriften darf nicht zu Lasten der materiellen Gerechtigkeit zu einer "Überschleunigung" führen.

Bsp.: Gegen B, der die Klage nicht erwidert hatte, erging antragsgemäß ein Versäumnisurteil. Er erhob zwar fristgerecht Einspruch, begründete diesen aber verspätet. Nach dem absoluten Verzögerungsbegriff liegt eine Verzögerung vor, da auf Grund der verspäteten Begründung des Einspruchs ein Beweistermin erforderlich geworden ist und demzufolge der Rechtsstreit länger dauern würde. Der relative Verzögerungsbegriff würde eine Verzögerung ablehnen, da auch bei rechtzeitiger Einspruchsbegründung eine Beweisaufnahme erforderlich gewesen wäre. Zum gleichen Ergebnis kommt auch die vermittelnde Ansicht, da auf Grund der verspätet eingegangenen Einspruchsbegründung (nun) offenkundig ist, dass auch bei rechtzeitigem Eingang eine Beweisaufnahme erforderlich wäre. Dieses Bsp. zeigt, dass die _"vermittelnde" Ansicht des Bundesverfassungsgerichts praktisch immer zu den Ergebnissen des relativen Verzögerungsbegriffs gelangt, wenn sich die Zurückweisungsfrage am Anfang des Prozesses stellt._

Zur Verhinderung einer "Überschleunigung" kann nur in den Fällen präkludiert werden, wo das Gericht alle zumutbaren prozessleitenden Maßnahmen unternommen hat.

Bsp.: K benennt im Prozess einen Zeugen so kurzfristig, dass dieser nicht mehr rechtzeitig geladen werden kann. Statt K mit seinem Antrag zurückzuweisen, muss das Gericht ihn darauf hinweisen, dass er den Zeugen zum nächsten Termin als _sog. präsenten Zeugen_ mitbringen kann.

(2) Genügend **entschuldigt** ist die Verspätung, wenn der Entschuldigungsgrund auf Verlangen des Gerichts glaubhaft gemacht wird (§§ 296 IV, 294; bereits einfaches Verschulden schadet). Die Parteien müssen sich ein Verschulden ihrer gesetzlichen Vertreter (§ 51 II) bzw. Prozessbevollmächtigter (§ 85 II) zurechnen lassen.

Bsp. für Entschuldigungsgründe: Es war der Partei nicht möglich, den Beweis früher zu beschaffen; sie erfuhr das Beweisthema erst kurz vor dem Termin; die Frist war zu kurz (Schellhammer Rn. 468 mwN).

Droht ausnahmsweise einmal (doch) eine Präklusion, kann die betroffene Partei ihr durch die sog. **"Flucht in die Säumnis"** entrinnen, indem sie dem Termin zur mündlichen Verhandlung einfach fernbleibt (bzw. keinen Antrag stellt) und ein Versäumnisurteil gegen sich ergehen lässt (§§ 330 ff.). Hiergegen kann Einspruch eingelegt werden (§ 338) und zusammen mit dem Einspruch können die Angriffs- oder Verteidigungsmittel vorgetragen werden (§ 340 III), die an sich präkludiert wären. Auf Grund der _Restitutionswirkung des § 342_ wird der Prozess in die Lage vor Eintritt der Säumnis zurückversetzt. Die Fristversäumung wird zwar nicht geheilt; es tritt aber auch keine Verzögerung ein, wenn die versäumte Handlung im Einspruchstermin nachgeholt werden kann. Beachte: Die säumige Partei trägt nach _§ 344_ die Kosten der Säumnis, vermeidet aber den Prozessverlust durch präkludiertes Vorbringen.

Weitere "Fluchtwege" stellen die **Widerklage** und die **Klageänderung** (§§ 263 ff.) dar, bei denen es sich _nicht um Angriffsmittel i.S.d. § 296_ handelt; sie sind vielmehr der Angriff selbst.

Schließlich besteht die Möglichkeit zur Klagerücknahme (§ 269) und erneuten Klage (§ 269 VI). Aufgrund der beschränkten Möglichkeit, in der Berufung neue Tatsachen vorzutragen, ist eine _Flucht in die Berufung i.d.R. nicht möglich_ (vgl. § 531 II).

b) **§ 296 II:** Das Gericht kann (Ermessen!) Angriffs- und Verteidigungsmittel, die (1) unter Verstoß der allg. Prozessförderungspflicht (§ 282) nicht rechtzeitig vorgebracht werden, als verspätet zurückweisen, wenn (2) eine Verzögerung des Prozesses eintritt und (3) die Verspätung auf grober Nachlässigkeit beruht.

(1) **Verstoß gegen § 282:** Die Parteien müssen bemüht sein, alles unverzüglich mitzuteilen, was sachdienlich erscheint. D.h. nicht, dass sie vorsorglich alle Tatsachen, die in irgendeiner Form relevant werden könnten, vortragen müssen. Dies würde den Prozessstoff unnötig aufblähen. § 282 I stellt ausdrücklich auf die konkrete "Prozesslage" ab. Daraus folgt u.a., dass der Beklagte das Ergebnis der Beweisaufnahme abwarten darf, bevor er von dem (moralischen) "Notweg" der Verjährung Gebrauch macht (hM; BGH NJW-RR 88, 1195).

(2) Die Verletzung der allg. Prozessförderungspflicht müsste zu einer Verzögerung (s.o) des Prozesses führen.

(3) **Grobe Nachlässigkeit** i.S.d. § 296 II entspricht dem Begriff der groben Fahrlässigkeit.

Bsp.: *Der Beklagte verzieht nach Klageerhebung ins Ausland, ohne seinen Anwalt vorher zu informieren (BGH NJW 86, 134 f.); eine Anwaltskanzlei beauftragt einen ahnungslosen Untervertreter (OLG Düsseldorf NJW 82, 1888 f.).*

c) **§ 296 III:** Das Gericht muss (gebundene Entscheidung!) verspätete (§ 282 III) verzichtbare Zulässigkeitsrügen zurückweisen.

Verzichtbar sind nur sog. Prozesseinreden (§§ 110, 269 VI, 1032) sowie die sachliche und örtliche Zuständigkeit, sofern kein ausschließlicher Gerichtsstand vorliegt (§§ 39, 40 II S.2; s. ausführlich 4. Kap. IV).

Merken Sie: Nach Schluss der letzten mündlichen Verhandlung ist das Vorbringen von Angriffs- und Verteidigungsmitteln nicht mehr möglich (§ 296a; Ausnahme: §§ 139 V, 283).

IV. Sonstige Verfahrensgrundsätze

1. Die **Konzentrationsmaxime (Beschleunigungsgrundsatz)** dient dem Zweck, den Rechtsstreit möglichst in einem umfassend vorbereiteten Termin zur mündlichen Verhandlung zu erledigen (§ 272). *(Art. 6 MRK)*

> Zur Erreichung dieses Ziels dienen zahlreiche Fristen (z.B. §§ 275, 276, 277) und Präklusionsnormen (§ 296; s.o).

2. Der **Grundsatz der Mündlichkeit** stellt klar, dass grds. nur der Streitstoff, der Gegenstand der mündlichen Verhandlung gewesen ist, Grundlage der gerichtlichen Entscheidung sein kann (§ 128 I).

> **Einschränkungen und Durchbrechungen:** Bezugnahme auf Schriftsätze in der mündlichen Verhandlung (§§ 137 III, 297 II); Verwertung eines nachgereichten Schriftsatzes (§§ 139 V, 283); Entscheidung nach Aktenlage (§§ 251a, 331a); Anerkenntnisurteil (§ 307 S.2); Versäumnisurteil im schriftlichen Vorverfahren (§ 331 III S.1); unechtes Versäumnisurteil gegen Kläger im schriftlichen Vorverfahren, soweit lediglich eine Nebenforderung betroffen ist (§ 331 III S.3); im Beschlussverfahren ist die mündliche Verhandlung i.d.R. freigestellt (§ 128 IV); im Verfahren nach billigem Ermessen vor den AGen (§ 495a); schriftliches Verfahren mit Zustimmung der Parteien (§ 128 II); wenn nur noch über die Kosten zu entscheiden ist (§ 128 III).

Erstreckt sich die mündliche Verhandlung über mehrere Termine, so bilden sie zusammen eine einheitliche mündliche Verhandlung, deren gesamter Parteivortrag in die Entscheidungsfindung einfließt.

Eine Verletzung des Mündlichkeitsprinzips stellt einen Verfahrensmangel dar, der im Rechtsmittelverfahren geltend gemacht werden kann.

3. Nach dem **Grundsatz der Unmittelbarkeit** findet die mündliche Verhandlung und die Beweisaufnahme vor dem erkennenden Gericht statt (§§ 128 I, 355 I S.1). Das Urteil darf nur von den Richtern gefällt werden, die der mündlichen Verhandlung beigewohnt haben (§ 309). Eine Missachtung des § 309 ist Revisions- und Nichtigkeitsgrund (§§ 547 Nr.1, 579 I Nr.1).

> **Einschränkungen:** Die Beweisaufnahme kann einem beauftragten oder ersuchten Richter übertragen werden (§§ 361, 362). Seit Einführung des § 128a besteht bei Einvernehmen aller Beteiligten die Möglichkeit, dass Verfahrensbeteiligte im Wege einer Videokonferenz an der mündlichen Verhandlung teilnehmen. Danach muss nur noch das Gericht im Sitzungssaal amtieren.

4. Der **Grundsatz der Öffentlichkeit** bestimmt, dass vor dem erkennenden Gericht öffentlich mündlich verhandelt wird (§ 169 S.1 GVG), d.h. jeder darf zuhören. Grund: Kontrolle der Gerichte durch die Allgemeinheit. Mitschnitte der Verhandlung sind jedoch grds. unzulässig (§ 169 S.2 GVG). Ein Verstoß gegen das Öffentlichkeitsprinzip ist Revisionsgrund (§ 547 Nr.5).

> **Einschränkungen und Durchbrechungen:** In Familien- und Kindschaftssachen ist die Öffentlichkeit ausgeschlossen (§ 170 GVG). Zum Schutz bestimmter Rechtsgüter kann sie auch in anderen Fällen ausgeschlossen sein (§§ 171b, 172 GVG - lesen!).

1. Was besagt die Dispositionsmaxime?

Die Parteien entscheiden, **ob** es zum Prozess kommt, in welchem **Umfang** er zu Stande kommt und **wie lange** er andauert.

2. Was ist Inhalt der Verhandlungsmaxime?

Es ist Sache der Parteien, die Tatsachen vorzutragen, die die Grundlage der Entscheidung bilden. Nur diese Tatsachen dürfen berücksichtiget werden. Die Parteien bestimmen, welche Tatsachen strittig sind (§§ 138 III, 288) und über welche Beweis erhoben werden soll (§ 373).

3. Dispositions- und Verhandlungsmaxime lassen sich unter den Begriff der Parteiherrschaft zusammenfassen. Worin besteht die Herrschaft der Parteien?

Dispositionsmaxime: Herrschaft über das Verfahren und den Streitgegenstand.
Verhandlungsmaxime: Herrschaft über den Prozessstoff.

4. K hat auf Grund eines Unfalls mit B einen Schaden i.H.v. 19.000 € erlitten. Der Zeuge Z teilt dem LG den Vorfall mit. Muss das Gericht tätig werden?

Nein, in der ZPO gilt gerade nicht die Offizialmaxime, es ist vielmehr Sache der Parteien, ob ein Verfahren in Gang kommt (Dispositionsmaxime!). Das Gericht wird also nichts unternehmen, bis K seine Ansprüche geltend macht.

5. K klagt nun auf S.E i.H.v. 13.000 € Darf das Gericht ihm 19.000 € zusprechen, wenn das Ergebnis der Beweisaufnahme ergibt, dass er einen Schaden in dieser Höhe erlitten hat?

Nein, das Gericht ist an den Antrag des Klägers gebunden (§ 308 I); allein die Parteien bestimmen den Umfang des Verfahrens (Dispositionsmaxime!).

6. Wie wäre es, wenn das Gericht zu der Überzeugung gelangt, der Schaden belaufe sich nur auf 11.000 €?

Ein Zurückbleiben hinter dem Antrag ist zulässig. Die Klage wird dann i.H.v. 2.000 € als unbegründet abgewiesen (sog. Teilabweisung).

7. Das Gericht meint, K trage ein erhebliches Mitverschulden an dem Unfall, weil der Zeuge Z ausgesagt hat, K sei betrunken gewesen. Sowohl K als auch (die trottelige) B wider-sprechen dem. Darf das Gericht die Zeugenaussage verwerten?

Nein, die Parteien bestimmen den Umfang des Prozessstoffes (Verhandlungsmaxime!). Das Gericht darf die Zeugenaussage nur dann verwerten, wenn zumindest eine Partei nicht widerspricht bzw. zumindest eine Partei sich die Zeugenaussage (auch schlüssig) zu eigen macht.

8. Wann liegt eine Verzögerung i.S.d. § 296 vor?

Absoluter Verzögerungsbegriff: Wenn durch die Zulassung des verspäteten Vorbringens der Rechtsstreit länger dauern würde.
Relativer Verzögerungsbegriff: Wenn bei Zulassung des verspäteten Vorbringens der Rechtsstreit länger dauern würde als bei rechtzeitigem Vorbringen.
Vermittelnde Ansicht: im Grundsatz wie relativer Verzögerungsbegriff, aber keine Zurückweisung, wenn offenkundig ist, dass dieselbe Verzögerung auch bei rechtzeitigen Vorbringen eingetreten wäre.

9. Kurz vor Schluss der mündlichen Verhandlung trägt B eine neue Rechtsansicht vor. Das Gericht präkludiert sie mit ihrem Vorbringen. Zu Recht?

Nein, man kann nur mit Tatsachen und nicht mit Rechtsansichten präkludiert werden; diese sind daher nie verspätet.

10. Wie wäre es, wenn B kurz vor "Torschluss" merkt, dass K mit seinem Begehren durchdringen wird und daraufhin mit einer Gegenforderung aufrechnet?

Sie könnte mit ihrer Aufrechnung nach § 296 II präkludiert werden, wenn sie ihre Prozessförderungspflicht gem. § 282 I verletzt hat. § 282 I stellt auf die konkrete "Prozesslage" ab; B genügt ihrer Prozessförderungspflicht demnach, wenn sie unverzüglich die Aufrechnung erklärt, nachdem sie Anlass dazu hat, also merkt oder merken müsste, dass sie unterliegen wird (hM). Dies ist hier geschehen.

11. Was kann B tun, falls der (ihr nicht wohlgesonnene) Richter dies anders sieht?

Widerklage erheben, falls die Voraussetzungen dafür vorliegen (sog. "Flucht in die Widerklage"). Sie könnte aber auch, um evtl. Probleme von vornherein aus dem Weg zu gehen, hilfsweise die Aufrechnung erklären.

12. Was kann B im Falle ihrer Verurteilung tun, wenn sie meint, mit ihrer Aufrechnung ungerechtfertigt präkludiert worden zu sein?

Rechtsmittel einlegen, mit der Behauptung, sie sei in ihrem Anspruch auf rechtliches Gehör (Art. 103 I GG) verletzt worden. Sollte die Berufung statthaftes aber gem. § 511 II nicht zulässiges Rechtsmittel sein, muss B das Abhilfeverfahren (§ 321a) betreiben. Wenn der Rechtsweg erschöpft ist – also auf Rüge der B keine Abhilfe erfolgt ist - kommt nur noch Verfassungsbeschwerde in Betracht.

13. Welchen Zweck dient die Präklusion?

Der Verfahrensbeschleunigung (Konzentrationsmaxime!).

14. B reagiert in der mündlichen Verhandlung beleidigend auf die vorgebrachten Anschuldigungen. K droht daraufhin mit einer Ehrenschutzklage u. einem Strafantrag, wenn sie nicht ihre Wortwahl mäßige. Zu Recht?

Grds. sind Ehrenschutzklagen u. Strafanträge ggü. Parteivorbringen im Zivilprozess ausgeschlossen. Die Parteien dürfen sich auch in "deutlicher Sprache" äußern; dies ist Ausfluss des Anspruchs auf rechtliches Gehör. Das Vorbringen muss jedoch zur Rechtswahrnehmung geeignet sein (Palandt Einf. vor § 823 Rn. 21).

15. X will aus Schadenfreude dem Scheidungsverfahren ihrer Nachbarn beiwohnen. Ihr wird jedoch der Zutritt zum Sitzungssaal verweigert. Warum?

Der Grundsatz der Öffentlichkeit (§ 169 S.1 GVG) ist u.a. in Familiensachen durchbrochen (§ 170 GVG).

3. Kapitel

Zulässigkeit und Begründetheit der Klage (Überblick)

A. Zulässigkeit (bzw. Prozessstation)

Zulässigkeitsvoraussetzungen lassen sich systematisch in drei Kategorien aufgliedern:

I. "Echte" Prozessvoraussetzungen

"Echte" Prozessvoraussetzungen sind Bedingungen, die vorliegen müssen, damit überhaupt ein Prozess zu Stande kommt, also damit die Klage zugestellt (§§ 253 I, 261 I) und damit ein früher erster Termin zur mündlichen Verhandlung anberaumt (§§ 272 II, 275) bzw. ein schriftliches Vorverfahren angeordnet (§§ 272 II, 276) wird. Andernfalls ergeht eine sog. a limine - Abweisung. Unter Vermeidung des Mangels ist eine erneute Klageeinreichung möglich, da die Rechtskraft nur bei einem Sachurteil (s. unten) entgegensteht. Zu "echten" Prozessvoraussetzungen zählen nur evidente Einreichungsmängel, die jeden weiteren Fortgang des Verfahrens überflüssig erscheinen lassen:

- offensichtliches Fehlen der deutschen Gerichtsbarkeit (§§ 18-20 GVG)
- Fehlen der Postulationsfähigkeit (§ 78) bei Klageeinreichung
  (Bsp.: Klage im Anwaltsprozess wird nicht durch einen zugelassenen RA unterzeichnet).
- keine wirksame Klageeinreichung (§ 253 II)
  Das ist nur bei besonders schwerwiegenden Mängeln der Fall. Bsp.: Die Beklagtenbezeichnung ist so undeutlich, dass eine Zustellung nicht möglich ist; es ist nicht erkennbar, ob überhaupt Klage erhoben werden soll - "was will der eigentlich?"; fehlende Unterzeichnung; bedingte Klageerhebung.
- funktionelle Unzuständigkeit des erstinstanzlich angerufenen Gerichts
  Klageeinreichung beim OLG oder BGH.
- die erforderliche Prozessgebühr (§ 12 I S.1 GKG) ist nicht eingezahlt worden
- es fehlen die erforderlichen Abschriften (§ 253 V)

II. "Unechte" Prozessvoraussetzungen

"Unechte" Prozessvoraussetzungen sind solche, bei deren Fehlen zwar ein Prozess zu Stande kommt, die Klage also zugestellt, aber nicht über den vom Kläger behaupteten Anspruch entschieden wird. Es ergeht also keine Entscheidung in der Sache selbst. Dogmatisch richtiger ist daher die Bezeichnung **Sachurteilsvoraussetzungen**. Ausnahmsweise kann in der Sache entschieden werden, ohne zuvor die Zulässigkeit bejaht zu haben, wenn das Rechtsschutzbedürfnis zweifelhaft, die Klage aber offensichtlich unbegründet ist.

Fehlende Sachurteilsvoraussetzungen können bis zum Schluss der letzten mündlichen Tatsachenverhandlung geheilt bzw. nachgeholt werden (arg. § 296a). Unterbleibt eine Heilung, wird die Klage als unzulässig durch sog. Prozessurteil abgewiesen. Ausnahmen: Bei Unzulässigkeit des Rechtsweges erfolgt eine Verweisung von Amts wegen (§ 17a II GVG). Und bei Unzuständigkeit des Gerichts erfolgt eine Verweisung auf Antrag des Klägers (§ 281).

v. Amts wegen   Antrag

Unter Vermeidung des Mangels ist eine erneute Klageerhebung möglich, da die Rechtskraft nur bei einem Sachurteil entgegensteht. Ein Prozessurteil kann auch mit Rechtsmitteln angegriffen werden, da es sich um ein Endurteil handelt (vgl. § 511 I).

Das Gericht prüft die Sachurteilsvoraussetzungen von Amts wegen (§ 56 I). Obwohl § 56 I nur einzelne Voraussetzungen nennt, gilt er für sämtliche Sachurteilsvoraussetzungen entsprechend (allg. Ansicht: vgl. Thomas/Putzo § 56 Rn. 1; BGH NJW 04, 2523). Auch die (sachliche und örtliche) Zuständigkeit wird von Amts wegen geprüft; sie ist aber in gewissen Grenzen verzichtbar (§ 39).

Über zweifelhafte Sachurteilsvoraussetzungen ist auf Anordnung des Gerichts abgesondert zu verhandeln (§ 280 I).

Die Sachurteilsvoraussetzungen lassen sich in vier Gruppen unterteilen:

1. Gerichtsbezogene Sachurteilsvoraussetzungen

* deutsche Gerichtsbarkeit (§§ 18-20 GVG; beachte: Wenn sie offensichtlich fehlt, stellt sie eine "echte" Prozessvoraussetzung dar)
* Zulässigkeit des Zivilrechtsweges (§ 13 GVG)
* Zuständigkeit des Gerichts (sachlich und örtlich, 4. Kap.)

2. Parteibezogene Sachurteilsvoraussetzungen

* Existenz der Parteien
* Parteifähigkeit (§ 50; 5. Kap. II)
* Prozessfähigkeit, wirksame Vertretung Prozessunfähiger (§§ 51, 52 ff.; 5. Kap. III,IV)
* Prozessführungsbefugnis (5. Kap. V)
* Postulationsfähigkeit (§ 78) während des Prozesses ist keine Sachurteilsvoraussetzung i.e.S., sondern eine Prozesshandlungsvoraussetzung, d.h. unerlässlich für die Wirksamkeit prozessualen Handelns.

  Jedoch wird die Klage gleichwohl durch Prozessurteil abgewiesen, wenn die fehlende Postulationsfähigkeit erst nach Klagezustellung festgestellt wird, da der Prozess - der an sich nicht hätte zu Stande kommen dürfen (s.o I) - formell beendet werden muss (BGH NJW 90, 3086). Ein Entfallen oder späteres Fehlen der Postulationsfähigkeit nach wirksamer Klageerhebung hat dagegen keine Auswirkungen auf die Zulässigkeit der Klage, sondern führt zu den Säumnisfolgen (§§ 330 ff.), da die Postulationsfähigkeit – wie gesagt – Prozesshandlungsvoraussetzung und nicht Sachurteilsvoraussetzung ist (Bsp.: Eine Partei erscheint im Anwaltsprozess ohne zugelassenen RA).

* Prozessvollmacht des bestellten Vertreters (§§ 80 ff.)

3. Streitgegenstandsbezogene Sachurteilsvoraussetzungen

* ordnungsgemäße Klageerhebung (§ 253 II; 7. Kap. I 1, II, III)
  Beachten Sie den Unterschied zu oben!
* keine anderweitige Rechtshängigkeit (§ 261 III Nr.1; 9. Kap. II 1)
* keine entgegenstehende Rechtskraft (§ 322; 18. Kap. B)
* Klagbarkeit des behaupteten Anspruchs (fehlt z.B. bei §§ 656, 762, 1297 I BGB)
* Klageänderung (§§ 263 ff.; 10. Kap.)
* Klagerücknahme (§ 269; 14. Kap. III)
* Rechtsschutzbedürfnis (12. Kap.)

4. Besondere Sachurteilsvoraussetzungen (bzw. besondere Verfahrensarten)

- Widerklage (vgl. § 33; 13. Kap. II)
- Abänderungsklage (§ 323, § 238 FamFG)
- Klage auf künftige Leistung (§§ 257-259)
- Urkunds- und Wechselprozess (§§ 592 ff.)
- Feststellungsklage (§ 256; 12. Kap. III)
- Mahnverfahren (§§ 688 ff.; 17. Kap.)
- einstweiliger Rechtsschutz (§§ 916 ff., ZPO II 17. Kap.)

III. Prozesshindernisse

Sie werden nur auf Rüge berücksichtigt (vgl. § 296 III) und führen zur Abweisung der Klage als unzulässig durch Prozessurteil, wenn sie nicht bis zum Schluss der letzten mündlichen Tatsachenverhandlung behoben werden. Eine erneute Klageerhebung unter Vermeidung des Hindernisses ist möglich. Außerdem kommen Rechtsmittel in Betracht (s.o II).

- Einrede der mangelnden Kostenerstattung (§ 269 VI)
- Kostengefährdung bei Ausländern (§§ 110-113)
- Einrede des Schiedsvertrages (§ 1032 I)
- Aus vertraglichen Vereinbarungen resultierende Einreden, wie z.B. bei unterbliebener Klagerücknahme trotz vertraglicher Verpflichtung hierzu (14. Kap. V 4)

Klausurhinweis: Sprechen Sie nur die Zulässigkeitsvoraussetzungen an, deren Vorliegen zweifelhaft ist. Nichts langweilt mehr, als ein geistloses Herunterleiern des gesamten Schemas.

B. Begründetheit (bzw. Sachstation)

Nur bei Zulässigkeit der Klage prüft das Gericht, ob der erhobene Anspruch der Sache nach begründet ist (Ausnahme: Rechtsschutzbedürfnis ist zweifelhaft). Ein in der Sache ergehendes Urteil (sog. Sachurteil) erwächst (im Gegensatz zum Prozessurteil) in Rechtskraft. Die Begründetheitsprüfung lässt sich untergliedern in:

I. Schlüssigkeit des Klägervortrages

Die Klage ist schlüssig, wenn die vom Kläger vorgebrachten Tatsachen, als wahr unterstellt, den Klageantrag rechtfertigen (=materielle Prüfung!).

> **Bsp.:** Der Kläger K begründet seine (Schadensersatz-) Klage damit, dass der Beklagte B ihm ein gestohlenes Motorrad verkauft hat. Das Rad hat er (der K) zwischenzeitlich dem Eigentümer zurückgegeben. Die Klage aus §§ 437 Nr.3, 311a II BGB ist schlüssig, da dem klägerischen Vortrag zur Folge ein Kaufvertrag zu Stande gekommen ist, dem Beklagten die Verkäuferpflicht zur Eigentumsübertragung (§ 433 I S.1 BGB) wegen § 935 BGB bereits im Ztpkt. des Vertragsschlusses unmöglich war und eine Nacherfüllungspflicht aus §§ 437 Nr.1, 439 BGB wegen der (subjektiven anfänglichen) Unmöglichkeit gem. § 275 I BGB nicht besteht. Ein Verschulden des B muss nicht vorgetragen werden, da dieses nach § 311a II S.2 BGB vermutet wird.

Wenn schon der eigene Tatsachenvortrag des Klägers den geltend gemachten Anspruch nicht rechtfertigt, wird die Klage ohne Rücksicht auf den Beklagtenvortrag als unbegründet (=unschlüssig) durch Sachurteil abgewiesen.

> *Bsp.*: *Wie oben, nur erklärt K jetzt, dass B das Motorrad aus gestohlenen Teilen zusammengesetzt hat. Die Klage ist unschlüssig. Es liegt keine Unmöglichkeit vor, da B gem. § 950 BGB Eigentum erworben hat und demzufolge auch seine Verkäuferpflichten aus § 433 I S.1 BGB erfüllen konnte.*

II. Erheblichkeit des Beklagtenvortrages

Ist die Klage schlüssig, prüft das Gericht die Erheblichkeit des Beklagtenvortrages, so weit dieser vom Klägervortrag abweicht. Wenn der Beklagtenvortrag, als wahr unterstellt, unerheblich ist, also nichts an der Beurteilung der Schlüssigkeit der Klage zu ändern vermag, ist der Klage stattzugeben, ohne dass es eines Beweisverfahrens bedarf. Das Beklagtenvorbringen lässt sich unterteilen in:

1. Das **Bestreiten** des klägerischen Tatsachenvortrages.
   Zu unterscheiden ist das sog. qualifizierte bzw. substantiierte Bestreiten (abweichender Gegenvortrag) vom sog. schlichten Bestreiten "mit Nichtwissen" (§ 138 IV), welches nur eingeschränkt hinsichtlich solcher Tatsachen möglich ist, "die weder Handlungen der Partei noch Gegenstand ihrer eigenen Wahrnehmung gewesen sind".
2. Die Geltendmachung von **Einreden** im prozessrechtlichen Sinne.
   Hierunter fallen sowohl Einreden (z.B. §§ 214 I, 273, 1000 BGB) als auch Einwendungen (rechtshindernde: z.B. §§ 105, 134 BGB und rechtsvernichtende: z.B. §§ 362, 389 BGB) im materiellrechtlichen Sinne.

> **Anmerkung:** Die vom Beklagten vorgebrachten Tatsachen nennt man Klageerwiderung. Hiergegen kann der Kläger Einwendungen vorbringen, die dem Beklagtenvortrag die Wirkung nehmen (sog. Replik). Der Beklagte kann seinerseits wiederum die Replik des Klägers entkräften (sog. Duplik) usw.

III. Beweisverfahren

Ist der Beklagtenvortrag erheblich, so muss das Gericht auf einer 3. Stufe, sofern der Kläger das Beklagtenvorbringen bestreitet und es auf die bestrittenen Tatsachen ankommt, bei entsprechenden Beweisantritten durch Beweiserhebung darüber befinden, wessen Darstellung des Sachverhaltes zutrifft.

> **Faustformel:** Grds. trägt der Kläger für alle anspruchsbegründenden Tatsachen die Beweislast, während die Beweislast für Einreden im prozessrechtlichen Sinne beim Beklagten liegt.

1. In welche Kategorien lassen sich die Zulässigkeitsvoraussetzungen einteilen?

In "echte", "unechte" Prozessvoraussetzungen und Prozesshindernisse.

2. Warum ist die Bezeichnung (unechte) Prozessvoraussetzungen an sich dogmatisch fehlerhaft?

Weil sie den irrigen Schluss zulässt, dass ohne sie kein Prozess entsteht. Nur bei Nichtvorliegen der (echten) Prozessvoraussetzungen entsteht kein Prozess.

3. Wann entsteht ein Prozess?

Mit Klagezustellung (§§ 253 I, 261 I).

4. Wie nennt man ein Urteil, wenn die Klage mangels einer Sachurteilsvoraussetzung abgewiesen wird?

Prozessurteil (Klage ist unzulässig).

5. Wie, wenn wegen eines Prozesshindernisses abgewiesen wird?

Prozessurteil (Klage ist unzulässig).

6. Wie, wenn mangels Schlüssigkeit abgewiesen wird?

Sachurteil (Klage ist unbegründet).

7. Wie, wenn mangels einer "echten" Prozessvoraussetzung abgewiesen wird?

Es ergeht gar kein Urteil, da gar kein Prozess zu Stande gekommen ist; es erfolgt eine sog. a limine – Abweisung.

8. Was ist der Unterschied zw. einem Sach- und Prozessurteil und welche wesentlichen Auswirkungen hat das?

Nur bei einem Sachurteil ergeht eine Entscheidung über die Begründetheit der Klage (sprich in der Sache), während die Klage bei einem Prozessurteil als unzulässig abgewiesen wird. Nur ein Sachurteil erwächst in Rechtskraft. Bei einem Prozessurteil kann daher unter Vermeidung des Mangels erneut geklagt werden.

9. Wie lassen sich die Sachurteilsvoraussetzungen untergliedern?

In gerichtsbezogene, parteibezogene, streitgegenstandsbezogene und besondere Sachurteilsvoraussetzungen.

10. Worin unterscheiden sich die Sachurteilsvoraussetzungen von den Prozesshindernissen?

Prozesshindernisse werden nur auf Rüge hin beachtet, während die Sachurteilsvoraussetzungen v. Amts wg. berücksichtigt werden (§ 56 I).

11. In welche drei Schritte lässt sich die Begründetheitsprüfung einteilen?

1. Schlüssigkeit des Klägervortrages,
2. Erheblichkeit des Beklagtenvortrages,
3. ggf. Beweisaufnahme.

12. Wann ist eine Klage schlüssig?

Wenn das Klägervorbringen, als wahr unterstellt, den Klageantrag rechtfertigt.

13. In der Klageschrift heißt es: "Ich verklage Herrn Müller aus Hamburg...". Wie wird das Gericht verfahren?

Eine Zustellung ist unmöglich, da in Hamburg mehrere Müllers wohnen u. der Kläger nicht näher dargelegt hat, welchen Müller er verklagen will. Es fehlt also an einer wirksamen Klageeinreichung ("echte" Prozessvoraussetzung). Daher erfolgt eine sog. a limine – Abweisung mit der Folge, dass kein Prozess entsteht.

14. K klagt auf Erlass einer Baugenehmigung vor dem AG. Wie wird das Gericht verfahren?

Mangels Zulässigkeit des Zivilrechtsweges (§ 13 GVG) verweist das AG den Rechtsstreit v. Amts wg. an das zuständige VG durch Beschluss (§ 17a II GVG).

15. Pechvogel P legt schlüssig dar, dass Manni ihn vollgekokst auf einem Fußweg mit dem Fahrrad angefahren hat und verlangt Schmerzensgeld. Manni meint, er sei ausnahmsweise mal nicht auf Drogen gewesen. Wie wird das Gericht verfahren?

Es wird der Klage dem Grunde nach stattgeben. Eine Beweisaufnahme erfolgt nicht, da das Beklagtenvorbringen nicht erheblich ist. Selbst wenn die Behauptung des Manni, er sei "clean" gewesen, der Wahrheit entspricht, wird ein Verschulden für das Anfahren auf dem Fußweg nach dem Beweis des ersten Anscheins vermutet. Manni hätte einen atypischen Geschehensablauf darlegen müssen (z.B. plötzliches Ausweichen vor auf die Straße geratenen "Ochsen" oder Rentnern).

16. Kann Manni den Unfall "mit Nichtwissen" bestreiten?

Nein, dies ist nach § 138 IV nur bei Tatsachen zulässig, die weder eigene Handlungen, noch Gegenstand eigener Wahrnehmung gewesen sind.

17. Wie wäre es, wenn P behauptet, er habe auf Grund des Unfalls einen wichtigen Geschäftstermin versäumt und den entgangenen Gewinn ersetzt verlangt?

Hier ist ein Bestreiten "mit Nichtwissen" zulässig.

18. Wie ist grds. die Beweislast im Zivilprozess verteilt?

Der Kläger trägt grds. die Beweislast für anspruchsbegründende Tatsachen, die Beweislast für Einreden im prozessrechtlichen Sinne liegt grds. beim Beklagten.

19. Was sind Einreden im prozessrechtlichen Sinn?

Einreden u. Einwendungen im materiellen Sinn.

4. Kapitel
Die Zuständigkeit

Es ist zwischen sachlicher (unten I), örtlicher (unten II) und funktioneller Zuständigkeit (unten III) zu unterscheiden. Die Regeln über die Zuständigkeit stehen durch Rügeverzicht (§ 39) und Prorogation (§§ 38, 40) in gewissen Grenzen zur Disposition der Parteien (unten IV). Bei Unzuständigkeit des angerufenen Gerichts kann der Kläger gem. § 281 ein Prozessurteil umgehen (unten V).

I. Die sachliche Zuständigkeit

Die sachliche Zuständigkeit entscheidet darüber, ob in der ersten Instanz das Amts-, Land- oder Oberlandesgericht zu entscheiden hat. Sie ist (im wesentlichen) im GVG geregelt (§ 1 i.V.m. §§ 23-23b, 71, 118 GVG) und richtet sich nach dem Streitgegenstand, den der Kläger durch seinen Klageantrag und Klagegrund bestimmt.

1. Sachliche Zuständigkeit des Amtsgerichts

- in vermögensrechtlichen Streitigkeiten bis einschließlich eines Streitwertes von 5.000 € (§ 23 Nr.1 GVG), es sei denn das LG ist (unabhängig vom Streitwert) ausschließlich zuständig (§ 71 II, III GVG; s. dazu u.).

  Der Zuständigkeitsstreitwert (§§ 2 ff.) wird i.d.R. durch die Summe der in der Klage geltend gemachten Hauptforderung ermittelt (z.B. 1.000 € aus Kauf). Unselbstständige Nebenforderungen (z.B. Zinsen und Nutzungen) bleiben unberücksichtigt, sofern sie als Nebenforderungen geltend gemacht werden (§ 4 I). Bei einem ausnahmsweise mal zulässigen unbezifferten Klageantrag (z.B. Schmerzensgeld nach § 253 BGB) schätzt das Gericht den Streitwert, es sei denn der Kläger hat eine ungefähre Größenordnung oder einen Mindestbetrag angegeben. Ist Besitz, Eigentum oder ein Pfandrecht Gegenstand der Klage, so richtet sich der Streitwert nach dem Sachwert (§ 6). Mehrere in einer Klage geltend gemachten Ansprüche werden addiert; dies gilt allerdings nicht für die Widerklage (§ 5).

- unabhängig vom Streitwert in den in § 23 Nr.2 GVG (lesen!) abschließend aufgezählten Fällen und in Familiensachen (§§ 23a-23b GVG) sowie als Rechtshilfegericht (§ 157 I GVG).

2. Sachliche Zuständigkeit des Landgerichts

- in vermögensrechtlichen Streitigkeiten ab 5.000,01 €, sofern nicht eine der oben genannten streitwertunabhängigen Zuweisungen an das AG vorliegt (§ 71 I GVG).

- unabhängig vom Streitwert in den in § 71 II, III GVG aufgezählten Fällen.

  Beachten Sie: Für Klagen aus Amtshaftung ist das LG zuständig (§ 71 II), wohingegen für Klagen aus dem Beamtenverhältnis kraft aufdrängender Spezialzuweisung stets der Verwaltungsrechtsweg gegeben ist (§ 126 BRRG).

- außerhalb des GVG unabhängig vom Streitwert bei S.E-Klagen gegen den Notar (§ 19 III BNotO; „Kennzeichenstreitsachen" (§ 140 I MarkenG); in bürgerlichen Rechtsstreitigkeiten, die in den Anwendungsbereich des UWG (§ 13 I UWG) und des GWB (§ 87 I GWB) fallen.

3. Sachliche Zuständigkeit des Oberlandesgerichts

Nur in Musterverfahren nach dem Kapitalanleger-Musterverfahrensgesetz (§ 118 GVG).

II. Die örtliche Zuständigkeit
(vgl. auch Schaubild Nr. 2 im Anhang)

Die örtliche Zuständigkeit besagt, welches erstinstanzlich (sachlich!) zuständige Amts- oder Landgericht auf Grund seiner räumlichen Beziehung zum Rechtsstreit entscheiden soll. Die ZPO behandelt die örtliche Zuständigkeit vornehmlich in den §§ 12-37 unter dem Begriff "Gerichtsstand".

> **Merken Sie:** Grds. ist mit Gerichtsstand die örtliche Zuständigkeit gemeint. Der Begriff wird aber nicht konsequent verwendet, denn in den §§ 40 II S.1 Nr.2, 802 fällt auch die sachliche Zuständigkeit darunter.

Weitere Vorschriften über die örtliche Zuständigkeit in der ZPO sind z.B. §§ 64, 603, 764, 767, 771, 802; in Spezialgesetzen z.B. §§ 246 III AktG, 61 III GmbHG, 20 StVG, 24 UWG, 26 FernUSG, 6 I S.1 UklagG, 122 FamFG.

Das Gesetz unterscheidet zwischen allgemeinen, besonderen und ausschließlichen Gerichtsständen. Diese Unterscheidung ist wichtig, denn unter mehreren allgemeinen und besonderen Gerichtsständen hat der Kläger die Wahl (§ 35); nicht hingegen bei einem Zusammentreffen mit einem ausschließlichen Gerichtsstand, dieser geht allen anderen Gerichtsständen vor (§ 12).

> **Bsp.:** *P wird von dem in Berlin lebenden M in Hamburg angefahren. Will P den M auf Schadensersatz verklagen, so kann er wahlweise (§ 35) am allgemeinen Gerichtsstand des Beklagten in Berlin (§ 13) oder am besonderen Gerichtsstand der unerlaubten Handlung in Hamburg (§ 32) Klage erheben.*

> **Gegenbsp.:** *G ist zu Unrecht als Eigentümer im Grundbuch eingetragen. Der wahre Eigentümer E klagt auf Grundbuchberichtigung. Die Parteien leben in Köln, das Grundstück ist in Flensburg belegen. E muss in Flensburg klagen, da ein ausschließlicher Gerichtsstand vorliegt (§ 24); dieser geht dem allgemeinem Gerichtsstand vor (§ 12).*

Ferner ist eine Gerichtsstandsvereinbarung (sog. Prorogation, §§ 38, 40) und eine Zuständigkeitsbegründung infolge rügeloser Verhandlung (§ 39) nur bei allgemeinen und besonderen Gerichtsständen möglich (s. ausführlich unten IV), nicht jedoch wenn ein ausschließlicher Gerichtsstand greift (§ 40 II S.1 Nr.2).

1. Der allgemeine Gerichtsstand (§§ 12-19a)

Der allgemeine Gerichtsstand gilt für alle Klagen gegen eine (natürliche oder juristische) Person, sofern nicht ein ausschließlicher Gerichtsstand begründet ist (§ 12).

a) Eine **natürliche Person** hat ihren allgemeinen Gerichtsstand an ihrem Wohnsitz (§ 13 i.V.m. §§ 7-11 BGB). Nur wenn sie überhaupt keinen Wohnsitz hat (auch nicht im Ausland!), kommt es auf ihren Aufenthaltsort im Inland, und falls ein solcher nicht bekannt ist, auf den letzten Wohnsitz an (§ 16).

b) **Juristische Personen** (und andere parteifähige Gebilde) haben ihren allgemeinen Gerichtsstand an ihrem Sitz, d.h. i.d.R. am Ort der Verwaltung (§ 17 I). Daneben können sie auch einen "statutarisch", d.h. durch Gesellschaftsvertrag, bestimmten allgemeinen Gerichtsstand haben (§ 17 III).

> **Beachten Sie:** Der Wortlaut des § 17 ("die als solche verklagt werden können") zeigt, dass auch andere parteifähige Gebilde, wie z.B. die OHG oder KG (§§ 124 I, 161 II HGB) und der nichtrechtsfähige Verein (§ 50 II) gemeint sind.

c) Der allgemeine Gerichtsstand des **Staat**es ist dort, wo die Behörde, die den Staat in dieser Angelegenheit vertritt, ihren Sitz hat (§§ 18, 19).

d) Für Klagen, die gegen den Insolvenzverwalter gerichtet sind und sich auf die Insolvenzmasse beziehen, ist der Sitz des Insolvenzgerichts allgemeiner Gerichtsstand (§ 19a i.V.m. § 2 InsO). Klagen des Insolvenzverwalters richten sich hingegen nach den allgemeinen Zuständigkeitsregeln.

2. Der besondere Gerichtsstand

Der besondere Gerichtsstand **ist auf einzelne Ansprüche begrenzt:**
§§ 20 (Aufenthaltsort); 21 (Niederlassung); 22 (Mitgliedschaft); 23 (Vermögen); 232 FamFG (Unterhalt); 25, 26 (obligatorische Anspr. im dingl. Gerichtsstand); 27, 28 (Erbfolge); 29 (Erfüllungsort); 29b (Wohnungseigentum); 29c I S.1 (Haustürgeschäfte); 20 StVG (Halter- u. Fahrerhaftung); 32 (unerlaubter Handlung); 33 (Widerklage); 24 UWG (Wettbewerb); 215 I S.1 VVG (Versicherungsrecht). *aufgehoben*

Besonders wichtig in Ausbildung und Praxis sind:

* der **besondere Gerichtsstand des Erfüllungsortes (§ 29)**, wonach Streitigkeiten aus einem Verpflichtungs- (nicht Verfügungs-) Vertrag und Streitigkeiten über dessen Bestehen am Erfüllungsort (=Leistungsort i.S.d. §§ 269, 270 IV BGB) geltend gemacht werden können. § 29 gilt auch für vertragliche S.E-Ansprüche (z.B. §§ 280, 281, 282, 283, 311a II, 437 Nr.3, 634 Nr.4 BGB), für Ansprüche wegen Minderung (z.B. §§ 437 Nr.2, 441 BGB) oder Rücktritt (z.B. §§ 437 Nr.2, 323, 326 V BGB o. §§ 346, 347 BGB), ferner für Ansprüche gegen den vollmachtlosen Vertreter (§ 179 BGB) und bei Ansprüchen aus c.i.c. (z.B. §§ 280 I, 311 II BGB), nicht aber bei Ansprüchen aus ungerechtfertigter Bereicherung (§§ 812 ff. BGB) oder unerlaubter Handlung (§§ 823 ff. BGB): Hier wird gerade nicht aus Vertrag geklagt.

Beachten Sie: Der Leistungsort ist für jede einzelne Verpflichtung selbstständig zu bestimmen. Den Leistungsort des Vertrages als solchen gibt es nicht (arg. Wortlaut des § 29 I: "Gericht des Ortes zuständig, an dem die streitige Verpflichtung zu erfüllen ist.").

Ein materiellrechtlich vereinbarter Leistungsort (§ 269 I BGB) begründet nur dann einen Gerichtsstand, wenn die Parteien Kaufleute oder juristische Personen des öffentlichen Rechts sind (§ 29 II). Grund: Es soll verhindert werden, dass andere als die in § 38 I genannten Personen über die "Hintertür" des § 269 I BGB eine Gerichtsstandsvereinbarung schließen.

- der **besonderer Gerichtsstand der unerlaubten Handlung (§ 32)**. Er gilt für unerlaubte Handlungen i.S.d. §§ 823 ff. BGB, Ansprüche aus Gefährdungshaftung (z.B. §§ 1 I ProdHaftG, 1 HaftpflG, 717 II, 945) und für Ansprüche aus §§ 12, 1004, 1065, 1227 BGB (str.). Maßgebend ist der Handlungsort, also der Ort, wo der Schädiger den Tatbestand der unerlaubten Handlung verwirklicht hat. Auf den Erfolgsort, d.h. den Ort, wo der Schaden eingetreten ist bzw. wo der Geschädigte den eingetretenen Schaden empfindet, kommt es hingegen nicht an.

Wenn also z.B. Boris Becker in einer Zeitung beleidigt wird, die ausschließlich in Norddeutschland vertrieben wird, ist der Handlungsort überall dort, wo der Inhalt der Zeitung bestimmungsgemäß und nicht nur zufällig verbreitet wird. Boris kann demnach nicht zuhause in Leimen klagen, obwohl ihn dort keiner mehr anguckt und er den Schaden deshalb dort empfindet (vgl. R/S/G § 36 II 8 mwN).

3. Der ausschließliche Gerichtsstand

Der ausschließliche Gerichtsstand **geht allen anderen (nicht ausschließlichen) Gerichtsständen vor (§ 12).** Eine Zuständigkeitsbegründung durch Prorogation oder rügelosen Verhandeln ist nicht möglich (§ 40 II S.1 Nr.2, S.2).

§§ 24 (dinglicher Gerichtsstand); 29a (Raummiete); 29c I S.2 (Haustürgeschäfte); 32a (Umweltsachen); 802 (Zwangsvollstreckung); 246 III AktG, 61 III GmbHG (Gesellschaftsrecht); 122, 152 I, 170, 187, 201, 211, 218, 232, 262 I, 267 I FamFG (Familiensachen); 26 FernUSG (Fernunterricht); 215 I S.2 VVG (Versicherungsrecht).

4. Das Problem der "gespaltenen Zuständigkeit"

Das Problem der "gespaltenen Zuständigkeit" stellt sich, wenn das angerufene Gericht innerhalb eines einheitlichen Streitgegenstandes an sich nur für eine von mehreren in Betracht kommenden Anspruchsgrundlagen zuständig ist.

Bsp.: K besteigt in Flensburg das Taxi des in Kiel wohnenden B, um sich nach Lübeck chauffieren zu lassen. Gleich in Flensburg kommt es zu einem von B verursachten Unfall. K klagt daraufhin vor dem LG Lübeck auf Schmerzensgeld. Das LG kommt zu der Überzeugung, dass den B zwar kein Verschulden trifft, der Unfall aber nicht durch höhere Gewalt verursacht worden ist. Wie ist zu verfahren?

K und B haben einen "Beförderungsvertrag" (§§ 631 ff. BGB) geschlossen. Erfüllungsort eines "Beförderungsvertrages" ist das Endziel der Fahrt, also Lübeck. Sofern K seine Klage auf eine Pflichtverletzung des "Beförderungsvertrages" stützt, kann er das Schmerzensgeld gem. §§ 280 I, 253 II BGB in Lübeck (§ 29) einklagen. Zur Begründetheit dieses Anspruchs fehlt es jedoch an einem Verschulden des B (§ 280 I S.2

BGB). Mangels Verschulden lässt sich der Schmerzensgeldanspruch nur auf §§ 7 StVG, 253 II BGB stützen. Der besondere Gerichtsstand der unerlaubten Handlung (§ 32) ist jedoch Flensburg. Da "das schädigende Ereignis" i.S.v. § 20 StVG in Flensburg stattfand, ist Flensburg auch nach dieser Vorschrift besonderer Gerichtsstand. Allgemeiner Gerichtsstand ist Kiel, da B dort seinen Wohnsitz hat (§ 13). Hier könnten sämtliche Ansprüche geltend gemacht werden; mithin auch der Anspruch aus §§ 7 StVG, 253 II BGB Das Schmerzensgeld kann also mangels Verschulden an sich nur in Kiel (§ 13) oder Flensburg (§ 32 und § 20 StVG) geltend gemacht werden.

a) Die inzwischen h.M. folgert jedoch aus dem Rechtsgedanken des § 17 II GVG, dass das angerufene Gericht, das an sich nur für eine von mehreren Ansprüchen zuständig ist, kraft Sachzusammenhangs über sämtliche Ansprüche zu entscheiden hat (sog. Lehre vom Gerichtsstand des Sachzusammenhangs; u.a. Zöller § 12 Rn. 20; BGH NJW 03, 828; OLG Hamburg MDR 97, 884; OLG Köln NJW-RR 99, 1081; KG MDR 00, 413; OLG Hamm NJW-RR 00, 727). Demnach müsste das LG Lübeck im obigen Bsp. auch über den Anspruch aus Gefährdungshaftung nach §§ 7 StVG, 253 II BGB entscheiden.

> **Arg.:** Prozessökonomische Gesichtspunkte sprechen dafür, dass sich nur ein Gericht mit der Sache befasst. Wenn nach § 17 II GVG ein Gericht verpflichtet ist, über „rechtswegfremde" Anspruchsgrundlagen zu entscheiden, muss es erst recht dazu verpflichtet sein, über in seine Rechtswegzuständigkeit fallende Anspruchsgrundlagen zu entscheiden, die für sich gesehen seine örtliche Zuständigkeit nicht begründen würden.

b) Nach a.A. kommt es hingegen zu einer Aufspaltung des Streitgegenstandes: Das Gericht kann nur über die Ansprüche entscheiden, für die es zuständig ist; i.ü. ist die Klage als unzulässig durch Prozessurteil abzuweisen (BGH NJW 96, 1411; 02, 1425; OLG Köln MDR 00, 170; OLG Hamm NJW-RR 02, 1291). Ausnahme: Der Beklagte rügt die Unzuständigkeit nicht (§ 39). Demzufolge müsste das LG Lübeck die Klage aus §§ 280 I, 253 II BGB als unbegründet und i.ü. als unzulässig abweisen, so dass K aus den Anspruchsgrundlagen, für die die Zuständigkeit verneint wird, vor dem zuständigen Gericht noch einmal klagen muss.

> **Arg.:** Eine Zuständigkeit kraft Sachzusammenhangs ist mit dem Gesetz nicht vereinbar. § 17 II GVG ist eine Ausnahmevorschrift; die ZPO sieht als "Globalgerichtsstand" ja gerade nur den allg. Gerichtsstand vor (§ 12).

c) Einer dritten Auffassung zur Folge kommt es zwar ebenfalls zu einer Aufspaltung des Streitgegenstandes; über § 281 analog soll aber eine Teilverweisung möglich sein, damit dem Kläger erspart bleibt erneut zu klagen (Jauernig § 12 II).

III. Die funktionelle Zuständigkeit

Die funktionelle Zuständigkeit, auch Zuständigkeit nach Geschäften genannt, betrifft die Verteilung der Aufgaben auf die verschiedenen Rechtspflegeorgane. Sie ist stets ausschließlich und stellt eine "echte" Prozessvoraussetzung dar (3. Kap. A I).

> ***Bsp.:*** *BGH nur als Rechtsmittelinstanz; Aufgabenverteilung zwischen Richter und Rechtspfleger (z.B. § 20 Nr.17 RPflG).*

IV. Prorogation und Zuständigkeit infolge rügeloser Verhandlung

1. Ein an sich unzuständiges Gericht wird durch eine **Zuständigkeitsvereinbarung der Parteien (§§ 38, 40; sog. Prorogation)** unter folgenden Voraussetzungen zuständig:

a) Zunächst ist zu unterscheiden, ob die Zuständigkeitsvereinbarung vor oder nach Entstehung der Streitigkeit (=vorprozessuale Auseinandersetzung und nicht der Prozess selbst) getroffen worden ist (alternativ):

- Vor Entstehung einer Streitigkeit ist eine Prorogation nur möglich, wenn die Vertragsparteien Kaufleute oder jur. Personen des öffentlichen Rechts sind (§ 38 I).
- Nach Entstehung der Streitigkeit ist sie hingegen zulässig, wenn sie ausdrücklich und schriftlich geschlossen wird (§ 38 III Nr.1).

b) Weitere Voraussetzungen (kumulativ): §40 ZPO

- Die Vereinbarung muss sich auf ein bestimmtes Rechtsverhältnis beziehen (§ 40 I).
- Es muss sich um eine vermögensrechtliche Streitigkeit handeln oder um eine nichtvermögensrechtliche, die dem LG zugewiesen ist (§ 40 II S.1 Nr.1).
- Es darf keine ausschließliche (sachliche oder örtliche) Zuständigkeit begründet sein (§ 40 II S.1 Nr.2).

> **Merke:** Das Gericht prüft die Zulässigkeit der Prorogation von Amts wegen, da es sich bei der (sachlichen und örtlichen) Zuständigkeit um eine Sachurteilsvoraussetzung handelt (§ 56 I).

2. Ein unzuständiges Gericht kann ferner durch **rügeloses Verhandeln** (§ 39 S.1) zuständig werden. Ausnahmen: Die vor den AGen erforderliche Belehrung ist unterblieben (§§ 39 S.2, 504); es handelt sich um eine nichtvermögensrechtliche Streitigkeit, die in den Zuständigkeitsbereich der AGe fällt oder es ist eine ausschließliche Zuständigkeit begründet (§ 40 II S.2 i.V.m. S.1).

> **Beachte:** Eine Zuständigkeitsbegründung durch Rügeverzicht ist auch bei einer unzulässigen Prorogation möglich, wenn nicht gerade § 40 II greift.

V. Rechtsfolgen der Unzuständigkeit

Ist das angerufene Gericht unzuständig und die Unzuständigkeit auch nicht durch Rügeverzicht geheilt worden, wird die Klage als unzulässig durch Prozessurteil abgewiesen.

Besonderheiten: Wegen § 261 III Nr.2 (perpetuatio fori) muss die Zuständigkeit anders als die sonstigen Sachurteilsvoraussetzungen nicht am Schluss der letzten mündlichen Tatsachenverhandlung, sondern lediglich bei Klageerhebung, vorliegen (Ausnahme: § 506). Grds. kann ein Prozessurteil mit Rechtsmitteln angegriffen werden; so weit die Klage jedoch mangels Zuständigkeit in vermögensrechtlichen Streitigkeiten abgewiesen worden ist, gilt eine Ausnahme (§§ 513 II, 545 II, 565).

Der Kläger kann ein Prozessurteil durch einen Verweisungsantrag (§ 281), der bereits hilfsweise in der Klageschrift gestellt werden kann, vermeiden. Das Gericht entscheidet über den Antrag durch unanfechtbaren Beschluss (§ 281 I S.1, II S.2). Der Beschluss ist für das Adressatgericht grds. bindend; d.h. eine Weiterverweisung ist i.d.R. nicht möglich (§ 281 II S.4). Die Verweisung wegen örtlicher Unzuständigkeit hindert aber nicht die Weiterverweisung wegen sachlicher Unzuständigkeit und umgekehrt. Durch den Verweisungsbeschluss entsteht kein neuer Rechtsstreit; der Alte wird vielmehr vor dem neuen Gericht fortgeführt. Das hat zur Folge, dass die prozessualen Wirkungen (insb. die Rechtshängigkeit; 9. Kap.) erhalten bleiben (vgl. § 281 II S.3). Die durch die Anrufung des unzuständigen Gerichts entstandenen Mehrkosten hat stets der Kläger zu tragen (§ 281 III S.2).

Wiederholungsfragen zum 4. Kapitel

1. Welche Gerichtsstände sind zu unterscheiden?

Allgemeine, besondere und ausschließliche.

2. Warum ist diese Unterscheidung wichtig?

Bei ausschließlichem Gerichtsstand hat der Kläger kein Wahlrecht; Prorogation und Rügeverzicht sind ebenfalls nicht möglich (§ 40 II S.1 Nr.2, S.2).

3. Wie kann der Kläger bei Unzuständigkeit des angerufenen Gerichts ein Prozessurteil umgehen?

Durch Verweisungsantrag (§ 281).

4. Ist das bei Unzulässigkeit des Rechtsweges auch so?

Nein, hier erfolgt eine Verweisung von Amts wegen (§ 17a II GVG).

5. K aus Kiel klagt gegen die X-KG mit Sitz in München auf Zahlung von 5.000 €. Welches Gericht ist zuständig?

Sachlich das AG, da der Streitwert nicht 5.000 € übersteigt (§ 23 Nr.1 GVG). Örtlich München, da die Beklagte KG dort ihren Sitz hat (§ 17 I). Die KG ist zwar keine jur. Person, der Wortlaut des § 17 I - "die als solche verklagt werden können" - zeigt allerdings, dass auch andere parteifähige Gebilde, wie die KG (§§ 124 I, 161 II HGB) gemeint sind.

6. Wäre das LG München zuständig, wenn K dort klagen würde und die X-KG die Unzuständigkeit nicht rügt?

Ja, bei der streitwertabhängigen Zuweisung des § 23 Nr.1 GVG handelt es sich nicht um eine ausschließliche Zuständigkeit, so dass ein Rügeverzicht möglich ist (§§ 39 S.1, 40 II).

Fall 1:

Der in Lübeck lebende K hat von der Heimbaugesellschaft B GmbH mit Sitz in Oldenburg ein Grundstück in Bremen gekauft. Als B sich weigert die Auflassung zu erklären, klagt K hierauf vor dem LG Bremen. Zu Recht?

Lösungsvorschlag

Der Streitwert des Grundstücks liegt sicherlich über 5.000 €, sodass das LG sachlich zuständig ist (§ 71 I GVG). Fraglich ist jedoch, ob das LG Bremen örtlich zuständig ist.

1. Der allg. Gerichtsstand der B GmbH liegt in Oldenburg als Sitz der jur. Person (§ 17 I). Dieser könnte aber durch Bremen als ausschließlichen Gerichtsstand verdrängt worden sein (§ 12). In Betracht käme § 24. Dann müsste K das "Eigentum" i.S.d. § 24 "geltend" machen. Bei der Klage auf Abgabe der dinglichen Einigungserklärung ist dies jedoch nicht der Fall; es wird nicht das "Eigentum", sondern vielmehr der schuldrechtliche Anspruch auf dingliche Rechtsänderung "geltend" gemacht. Ein ausschließlicher Gerichtsstand liegt somit nicht vor.

2. Neben dem allg. Gerichtsstand Oldenburg (§§ 12, 17 I) könnte Bremen aber als besonderer Gerichtsstand greifen.

a) K macht einen Anspruch aus Kauf geltend. Zu denken ist daher zunächst an den besonderen Gerichtsstand des Erfüllungsortes (§ 29). Der Erfüllungsort (=Leistungsort i.S.d. § 269 BGB) für die Eigentumsübertragung an einem bestimmten Grundstück ist der Ort, an dem das Grundstück belegen ist (St/Jo § 29 Rn. 31 mwN); also Bremen (§ 29).

b) Ferner könnte § 26 einschlägig sein. § 26 spricht von "persönlichen", also schuldrechtlichen, Klagen; sie können im dingl. Gerichtsstand geltend gemacht werden. Zu den schuldrechtlichen Klagen gehört (nach ganz ü.A.) auch die Klage auf Eigentumsübertragung (St/Jo § 26 Rn. 4 mwN). Es kann demnach gem. § 26 in Bremen Klage erhoben werden.

3. K hat gem. § 35 die Wahl zwischen dem allg. Gerichtsstand Oldenburg (§§ 12, 17 I) und dem besond. Gerichtsstand Bremen (§ 26 u. § 29). Er klagt also zu Recht in Bremen.

Abwandlung:

B hat das Grundstück übereignet. Da K den Kaufpreis nicht sofort zahlt, lässt B sich zur Sicherheit eine Hypothek bestellen. K kommt in Zahlungsverzug, woraufhin B auf Duldung der Zwangsvollstreckung klagt (§ 1147 BGB). Vor welchem örtlich zuständigen Gericht?

Lösungsvorschlag

In Betracht käme das LG Lübeck oder Bremen. Der allgemeine Gerichtsstand einer natürlichen Person richtet sich nach ihrem Wohnsitz (§ 13 i.V.m. §§ 7-11 BGB). K wohnt in Lübeck. Dem allg. Gerichtsstand Lübeck könnte aber gem. § 12 ein ausschließlicher Gerichtsstand vorgehen. Womöglich ist der dingliche Gerichtsstand des § 24 begründet. B klagt als Hypothekengläubigerin auf Duldung der Zwangsvollstreckung (§ 1147 BGB); sie macht also eine "dingl. Belastung" i.S.d. § 24 geltend. Folglich muss B in Bremen klagen, da dort das Grundstück liegt.

Fall 2:

Auf einer Fahrt mit dem Butterdampfer hat sich die in Flensburg wohnhafte Rentnerin V eine kaputte Kaffeemaschine für 550 € von der "Lug und Trug" AG aus Berlin aufschwatzen lassen. In der Folge hat sie jedoch vergessen, den Kaufpreis zu entrichten. Wo muss die „Lug und Trug" AG auf Kaufpreiszahlung klagen?

Lösungsvorschlag

1. Das AG ist sachlich zuständig, da der Streitwert nicht über 5.000 € liegt (§ 23 Nr.1 GVG).

2. Der allg. Gerichtsstand der V ist Flensburg, da sie dort ihren Wohnsitz hat (§ 13). Dieser könnte aber durch einen ausschließlichen Gerichtsstand verdrängt sein (§ 12). V ist Kundin einer Freizeitveranstaltung i.S.d. § 312 I Nr.2 BGB. Ausschließlicher Gerichtsstand ist daher gem. § 29c I S.2 der Wohnsitz der Kundin; also Flensburg (allg. und ausschließlicher Gerichtsstand sind vorliegend identisch).

3. Die „Lug und Trug" AG muss vor dem AG Flensburg klagen.

> **Beachten Sie:** Bei Klagen des Verbrauchers gegen den Unternehmer aus Haustürgeschäften besteht am Wohnsitz des Verbrauchers lediglich ein besonderer Gerichtsstand (§ 29c I S.1). Dagegen ist bei Klagen des Unternehmers gegen den Verbraucher dieses Gericht ausschließlich zuständig (§ 29c I S.2).

Fall 3:

Der in Oldenburg ansässige J hat mit dem Gauner G in Hamburg einen Kaufvertrag geschlossen, den er aber wegen arglistiger Täuschung seitens des G wieder angefochten hat. G verweigert (natürlich) die Rückzahlung des bereits gezahlten Kaufpreises. J hat in Erfahrung gebracht, dass G zwar in Dänemark wohnt, aber wochentags zum Arbeiten nach Kiel kommt. Gibt es in Deutschland einen oder gar mehrere Gerichtsstände, wo J seine Ansprüche geltend machen kann?

Lösungsvorschlag

1. G könnte seinen allg. Gerichtsstand in Kiel haben, da er dort arbeitet. Der allgemeine Gerichtsstand einer natürlichen Person wird nach § 16 durch ihren Aufenthaltsort bestimmt, wenn sie keinen, auch nicht im Ausland befindlichen, Wohnsitz hat. G hat aber einen Wohnsitz in Dänemark. Ein allg. Gerichtsstand in der Bundesrepublik scheidet damit aus.

2. Es könnte aber ein besonderer Gerichtsstand begründet sein.

a) Zunächst ist an den besonderen Gerichtsstand des Erfüllungsortes nach § 29 zu denken, der u.a. Streitigkeiten "aus einem Vertragsverhältnis" erfasst. Die Vorschrift ist zwar weit auszulegen, bei dem hier auf Grund der erfolgten Anfechtung in Betracht kommenden bereicherungsrechtlichen Rückabwicklungsanspruch handelt es sich aber gerade nicht um eine "aus einem Vertragsverhältnis" entspringende Streitigkeit, da der Vertrag (anders als z.B. bei einem Anspruch nach erfolgtem Rücktritt) gem. § 142 I BGB überhaupt nicht besteht. § 29 ist somit nicht einschlägig.

b) G hält sich aber als Arbeiter in Kiel "unter Verhältnissen, die....auf einen Aufenthalt von längerer Dauer hinweisen" auf (§ 20). Er kann daher auch dort (am Gerichtsstand des Aufenthaltsortes) verklagt werden und zwar hinsichtlich sämtlicher vermögensrechtlicher Ansprüche.

c) Schließlich kann G am Gerichtsstand der unerlaubten Handlung (§ 32) in Hamburg verklagt werden, da auf Grund der arglistigen Täuschung ein Anspruch des J aus § 826 BGB in Betracht kommt.

3. J hat zwischen Kiel (§ 20) und Hamburg (§ 32) ein Wahlrecht (§ 35). Es ist allerdings fraglich, ob am Gerichtsstand der unerlaubten Handlung in Hamburg auch über den möglichen bereicherungsrechtlichen Anspruch entschieden werden kann, da Hamburg an sich nur für den auf § 826 BGB gestützten Anspruch zuständig ist. Eine derart "gespaltene Zuständigkeit" ließe sich nur umgehen, wenn man der Auffassung folgt, dass das für eine Anspruchsgrundlage zuständige Gericht für sämtliche Ansprüche zuständig ist, die denselben Streitgegenstand betreffen (arg. § 17 II GVG; sog. Lehre vom Gerichtsstand des Sachzusammenhangs). Um diesen Problemen aus dem Weg zu gehen, ist es für J ratsam am besonderen Gerichtsstand des Aufenthaltortes (§ 20) in Kiel zu klagen, da er dort sämtliche vermögensrechtlichen Ansprüche geltend machen kann.

Fall 4:

Die "Allerlei" OHG mit Sitz in Bonn verklagt den in Itzehoe lebenden B wegen einer längst fälligen Forderung i.H.v. 6.000 € vor dem LG Bonn. In den AGB der "Allerlei" OHG heißt es u.a.: "...als Erfüllungsort und Gerichtsstand ist Bonn vereinbart". B bestreitet die Einbeziehung der AGB nicht und beantragt Klageabweisung. Ist das LG Bonn wirklich örtlich zuständig?

Lösungsvorschlag

1. Allgemeiner Gerichtsstand ist der Wohnsitz des Beklagten (§ 13); also Itzehoe. Ein ausschließlicher Gerichtsstand, der dem allg. vorgehen würde (§ 12), ist nicht ersichtlich.

2. Fraglich ist, wo der besondere Gerichtsstand des Erfüllungsortes (§ 29 I) liegt. Die Geldschuld ist nach §§ 270 IV, 269 I BGB im Zweifel eine Schickschuld (bei der der Schuldner jedoch nach § 270 I BGB die Übermittlungsgefahr trägt). Erfüllungsort der Schickschuld, also der Ort wo der Schuldner seine Leistungshandlung zu erbringen hat, ist sein Wohnort. Der besondere Gerichtsstand des Erfüllungsortes ist somit im Zweifel ebenfalls der Beklagtenwohnsitz. Ein womöglich durch Einbeziehung der AGB vertraglich wirksam vereinbarter Erfüllungsort (§ 269 I BGB), der von dieser gesetzlichen Regelung abweicht, vermag auch nicht den Gerichtsstand Bonn zu begründen, da hierfür nach § 29 II erforderlich ist, dass beide Parteien Kaufleute sind. § 29 II soll verhindern, dass durch die "Hintertür" des § 269 I BGB eine Gerichtsstandsvereinbarung geschlossen wird, die nach § 38 I unzulässig wäre.

3. Damit ist auch schon gesagt, dass es mangels Kaufmannseigenschaft des Beklagten an einer wirksamen Gerichtsstandsvereinbarung fehlt (§ 38 I). Eine solche Vereinbarung scheitert ferner daran, dass sie nicht nach, sondern vor Entstehung der Streitigkeit geschlossen worden ist (§ 38 III Nr.1).

4. Das LG Bonn ist jedoch durch rügeloses Verhandeln seitens B zuständig geworden (§ 39 S.1); dem steht nicht entgegen, dass wegen § 38 keine wirksame Gerichtsstands-vereinbarung getroffen worden ist. § 504 ist hier auch nicht anwendbar, da nicht vor dem AG, sondern vor dem LG verhandelt wird und diese Vorschrift eine Ausnahmevorschrift für das Verfahren vor den AGen ist, die sich nicht umkehren lässt.

5. Das LG Bonn ist somit örtlich zuständig (geworden).

5. Kapitel

Die Parteien im Zivilprozess

I. Der formelle Parteibegriff

Es gilt ein rein formeller (vom materiellen Recht losgelöster) Parteibegriff, es entscheidet also allein die Bezeichnung in der Klageschrift über die Stellung der Parteien: **Partei ist, wer klagt bzw. verklagt wird.** Ob der Kläger die behauptete Rechtsposition tatsächlich innehat (Aktivlegitimation) und der Beklagte wirklich verpflichtet ist (Passivlegitimation), ist dagegen eine hiervon zu trennende Frage der Begründetheit.

> ***Bsp.:*** *K verklagt Peter Petersen aus Hamburg, A-Straße auf S.E. Schädiger ist aber Peter Petersen aus Hamburg, Z-Straße. Auf Grund der Bezeichnung in der Klageschrift ist Herr Petersen (A-Straße) Beklagter des Prozesses; die Klage wird aber mangels Begründetheit durch Sachurteil abgewiesen, da er nichts schuldet.*

Eine offenbar ungenaue oder falsche Parteibezeichnung wird vom Gericht berichtigt; eine "missverständliche" Bezeichnung wird ausgelegt (analog §§ 133, 157 BGB).

> Im obigen Bsp. bleibt für eine Berichtigung oder Auslegung kein Raum, da K den Beklagten genau bezeichnet hat. Etwas anderes würde z.B. gelten, wenn K Peter Petersen aus Hamburg, A-Straße als Halter des Pkw HH-PP 110 "verklagt" hätte, dieser aber gar kein Kraftfahrzeug hält; Halter des benannten Pkws ist vielmehr Peter Petersen aus der Z-Straße, was auch aus den Gerichtsakten hervorgeht.

II. Parteifähigkeit

Parteifähigkeit ist die prozessuale Seite der Rechtsfähigkeit, d.h. die Fähigkeit im Prozess Kläger und Beklagter zu sein, in den übrigen gerichtlichen Verfahren Antragsteller oder - gegner, in der Zwangsvollstreckung Gläubiger oder Schuldner.

1. Bedeutung der Parteifähigkeit

Sie ist

- **Prozesshandlungsvoraussetzung**. Prozesshandlungen Parteiunfähiger sind also unwirksam. Sie können aber bei im Laufe des Prozesses erlangter Parteifähigkeit genehmigt werden. Eine schlüssige Genehmigung ist bereits in der Fortsetzung des Prozesses zu sehen - sie ist nur im Ganzen möglich, also nicht lediglich bzgl. einzelner Prozesshandlungen.

- **Sachurteilsvoraussetzung** (v. Amts wg. zu berücksichtigen; § 56 I). Bei Fehlen der Parteifähigkeit im Ztpkt. der letzten mündlichen Verhandlung ergeht daher ein Prozessurteil (3. Kap. A II).

  > Wird die Parteiunfähigkeit übersehen und demzufolge sachlich über die Klage entschieden, sind Wiederaufnahme analog § 579 I Nr.4 und Rechtsmittel möglich. Da die Frage der Parteifähigkeit eine der Zulässigkeit der Klage ist, wird sie im Rechtsmittelverfahren im Rahmen der Begründetheit geprüft (vgl. 15. Kap. A II).

2. Wer ist parteifähig?

Im **Grundsatz** ist nach **§ 50 I** parteifähig, wer rechtsfähig ist; also alle natürlichen (§ 1 BGB) und juristischen Personen.

Erweiterungen:

- Die OHG und KG sind, obgleich sie keine jur. Personen sondern Gesamthandsgemeinschaften darstellen, parteifähig. Grund: Sie können unter ihrer Firma klagen und verklagt werden (§§ 124 I, 161 II HGB) und sind daher weitgehendst den juristischen Personen angenähert.

- In Abkehr von seiner bisherigen std. Rspr. erkennt der BGH mit Hinweis auf § 14 II BGB die volle Parteifähigkeit der BGB-Gesellschaft an (BGH NJW 01, 1056; a.A. noch BGH NJW 00, 291 292). Die Gesellschafter haften daher auch nach dem Vorbild der §§ 128, 129 HGB akzessorisch mit ihrem privaten Vermögen für Verbindlichkeiten der Gesellschaft (sog. Akzessorietätstheorie). Hintergrund für den Wandel der Rspr. sind im Wesentlichen praktische Erwägungen: Es war in der Vergangenheit bei größeren Gesellschaften mit ständig wechselnden Mitgliedern häufig nicht möglich, dass alle gegenwärtigen Mitglieder der Gesellschaft klagen bzw. verklagt werden. Zudem traten Vollstreckungsprobleme bei Neueintritt und Mitgliederwechsel auf. Eine Titelumschreibung (§ 727) erwies sich i.d.R. als nicht praktikabel. Die beschriebenen Probleme lassen sich zwar nicht von der Hand weisen. Allerdings erscheint zweifelhaft, ob die Anerkennung der Parteifähigkeit einer BGB-Gesellschaft mit dem Wortlaut des § 736 vereinbar ist.

- Der nicht rechtsfähige Verein ist gem. § 50 II sowohl aktiv als auch passiv parteifähig.

- Ist die Parteifähigkeit zweifelhaft, wird sie bis zur Klärung unterstellt (sog. Zulassungsstreit); der Kläger trägt die Beweislast.

> **Merken Sie:** Die Firma eines Kaufmannes ist nicht parteifähig; sie ist lediglich der Name des Kaufmannes, unter dem er klagen bzw. verklagt werden kann (§ 17 II HGB). Partei ist daher der Kaufmann selbst; genauer gesagt, derjenige der im Ztpkt. der Rechtshängigkeit Firmeninhaber ist. Er bleibt auch nach erfolgter Firmenübertragung Partei; eine Titelumschreibung ist aber möglich (§ 729 II).

III. Prozessfähigkeit

Die Prozessfähigkeit ist das **prozessuale Gegenstück zur Handlungs- bzw. Geschäftsfähigkeit**, also die Fähigkeit einen Prozess selbst oder durch einen selbstbestellten Vertreter führen zu können.

1. Bedeutung der Prozessfähigkeit

Sie ist Prozesshandlungs- (s. dazu II 1) und Sachurteilsvoraussetzung. Bei Übersehen der Prozessunfähigkeit sind Rechtsmittel (vgl. § 547 Nr.4) und Wiederaufnahme (§ 579 I Nr.4) möglich (s. i.ü. die im Rahmen der Parteifähigkeit unter II 1 gemachten Ausführungen, die entsprechend für die Prozessfähigkeit gelten).

2. Wer ist prozessfähig?

§ 52 knüpft an die Geschäftsfähigkeit an: Prozessfähig ist, wer sich durch Verträge "selbstständig" verpflichten kann; also der voll Geschäftsfähige. Die ZPO kennt nur Prozessfähigkeit und Prozessunfähigkeit. Beschränkte Prozessfähigkeit als Entsprechung der beschränkten Geschäftsfähigkeit ist ihr fremd. Grund: Ein Prozess verträgt keinen Schwebezustand, wie er bei § 108 I BGB entstehen kann - der Prozessgegner muss Gewissheit über die Wirksamkeit von Prozesshandlungen haben.

Erweiterungen und Einschränkungen:

- Sofern ein Minderjähriger aber für einen bestimmten Geschäftskreis gem. §§ 112, 113 BGB als voll geschäftsfähig gilt (sog. partielle Geschäftsfähigkeit), ist er für diesen Bereich auch prozessfähig (sog. partielle Prozessfähigkeit).

- Ebenfalls partiell verfahrensfähig (=partiell prozessfähig) sind beschränkt geschäftsfähige Ehegatten in Ehesachen (§ 125 I FamFG).

- Eine durch einen Betreuer (§§ 1896 ff., 1902 BGB) oder Pfleger (§§ 1910 ff. BGB) vertretene Person ist trotz Geschäftsfähigkeit prozessunfähig (§ 53).

- Ein Minderjähriger kann nicht einen Prozessfähigen vertreten. Materiellrechtlich besteht zwar diese Möglichkeit (§ 165 BGB), § 79 stellt aber klar, dass die Parteien auf Prozessebene lediglich "...den Rechtsstreit...durch jede prozessfähige Person als Bevollmächtigten führen" können.

- Juristische Personen sind nach ü.A. nicht prozessfähig, da sie als solche nicht handlungsfähig sind (BGH NJW 93, 1654 f.; a.A. Jauernig § 20 II 1).

- Im sog. Zulassungsstreit (s. dazu II 2) ist die Partei, dessen volle bzw. partielle Geschäftsfähigkeit zweifelhaft ist, als prozessfähig zu behandeln. Lässt sich nicht klären, ob sie geschäftsfähig ist, gilt sie als nicht prozessfähig (BGH NJW 96, 1059 1060 a.A. Musielak NJW 97, 1736 ff.).

IV. Gesetzliche Vertretung Prozessunfähiger (§ 51)

Die Gesetzliche Vertretung Prozessunfähiger tritt an die Stelle der fehlenden Prozessfähigkeit und ist daher ebenfalls Sachurteilsvoraussetzung; fehlt die Vertretungsmacht, ist die Klage durch Prozessurteil abzuweisen.

Der gesetzliche Vertreter kann ein Prozessurteil dadurch abwenden, dass er den Prozess anstelle des Prozessunfähigen fortführt und bis dato vorgenommene Prozesshandlungen (im ganzen) genehmigt. Wird der Prozessunfähige während der Dauer des Rechtsstreits prozessfähig, kann er seine Prozesshandlungen selbst genehmigen (analog § 108 III BGB). Wenn im Ztpkt. der Rechtshängigkeit Prozessfähigkeit besteht und diese später wegfällt, ergeht ebenfalls kein Prozessurteil, es kommt vielmehr zur Unterbrechung (§§ 241, 249) oder zur Aussetzung des Verfahrens (§§ 246, 249). Der gesetzliche Vertreter führt das Verfahren fort.

Merken Sie: Der gesetzliche Vertreter prozessiert im Namen der Partei, seine Handlungen wirken für und gegen diese; er selbst muss daher prozessfähig sein, ansonsten könnte er keine wirksamen Prozesshandlungen vornehmen. Sein Verschulden wird dem Vertretenen zugerechnet (§ 51 II).

Gesetzliche Vertreter sind im Einzelnen bei

- Minderjährigen die Eltern (§ 1629 BGB), der Vormund (§ 1793 BGB) oder der Ergänzungspfleger (§ 1909 BGB).

- volljährigen Personen, die gem. § 53 unter Betreuung stehen der Betreuer nach § 1902 BGB.

- der AG der Vorstand (§ 78 AktG), der GmbH der Geschäftsführer (§ 35 GmbHG), dem Verein der Vorstand (§ 26 II BGB).

- der KG die persönlich haftenden Gesellschafter (§§ 161 II, 170 HGB, § 278 AktG), der OHG die vertretungsberechtigten Gesellschafter (§ 125 HGB).

- Erben der Nachlasspfleger (§§ 1960, 1961 BGB).

Ist der Beklagte ohne gesetzlichen Vertreter wird bei Gefahr im Verzug seitens des Gerichts ein vorläufiger Vertreter bestellt (§ 57).

V. Prozessführungsbefugnis

Prozessführungsbefugnis **entspricht prozessual der Verfügungsbefugnis**, es ist also die Befugnis, über das behauptete (eigene oder fremde) Recht zu prozessieren.

> **Beachten Sie:** Sie ist Sachurteilsvoraussetzung (§ 56 I) und als solche von der Aktivlegitimation, d.h. der erst im Rahmen der Begründetheit zu beurteilenden Frage der materiellen Rechtsträgerschaft, streng zu trennen (s. dazu bereits I).

Zweck der Prozessführungsbefugnis ist es Popularklagen zu vermeiden.

1. Regelfall

Im Regelfall ist die Prozessführungsbefugnis daher gegeben, wenn der Kläger (behauptete!) eigene Rechte im eigenen Namen geltend macht. Einer gesonderten Auseinandersetzung mit ihr bedarf es nur dann, wenn dem materiellen Rechtsträger die Verfügungsbefugnis und damit die Prozessführungsbefugnis kraft Gesetzes genommen worden ist (also nur dann prüfen!).

Das ist u.a. der Fall bei dem

- Erben vor Annahme der Erbschaft (§ 1958 BGB).
- Insolvenzschuldner nach Eröffnung des Insolvenzverfahrens (§ 80 I InsO).
- Schuldner in der Einzelzwangsvollstreckung nach Forderungspfändung, § 829 I S.2.

2. Prozessstandschaft

Die Geltendmachung (behaupteter!) **fremder Rechte im eigenen Namen** bedarf dagegen (zur Vermeidung von Popularklagen) stets einer besonderen Rechtfertigung (also immer prüfen!). Diese Art der Prozessführungsbefugnis kann sich (a) aus Gesetz oder (b) aus Rechtsgeschäft ergeben.

a) Gesetzliche Prozessstandschaft

Gesetzliche Prozessstandschaft liegt zum Beispiel vor:
- nach Veräußerung des streitbefangenen Gegenstandes (§ 265 II S.1; 18. Kap. B III 3b).
- in den Verwalterfällen: Zwangsverwalter (§ 152 ZVG), Insolvenzverwalter (§ 80 InsO), Nachlassverwalter (§ 1984 BGB), Testamentsvollstrecker (§§ 2212, 2213 BGB) sind nach h.M sog. Parteien kraft Amtes (sog. Amtstheorie; nach a.A. sind sie gesetzlicher Vertreter des Inhabers des verwalteten Vermögens, sog. Vertreter-theorie; schließlich wird vertreten, sie seien Organ einer rechtlich selbstständigen Vermögensmasse, sog. Organtheorie. Für die h.M spricht das Gesetz: §§ 116 Nr.1, 748, 749; § 2213 BGB; vgl. Thomas/Putzo § 51 Rn. 25-30 mwN).
- bei Prozessführung einzelner Mitgläubiger (§ 432 I S.1 BGB), einzelner Miteigentümer (§ 1011 BGB) oder eines Miterben (§ 2039 BGB).
- im Falle der Prozessführung eines Ehegatten (§§ 1368, 1369 III BGB).
- wenn der Pfändungsgläubiger eine ihm zur Einziehung überwiesene Forderung (§§ 829, 835) einklagt (str., vgl. näher ZPO II 12. Kap. B).

b) Gewillkürte Prozessstandschaft

Die **gewillkürte** (rechtsgeschäftliche!) **Prozessstandschaft** ist das prozessuale Gegenstück zur Verfügungsermächtigung analog § 185 BGB. Sie ermöglicht dem (behaupteten!) Rechtsinhaber, die Prozessführung unter folgenden Voraussetzungen in fremde Hände zu geben (BGH NJW 99, 1717; 00, 729 738):

(1) Ermächtigung zur Prozessführung durch den Rechtsinhaber analog § 185 I BGB.

> **Beachten Sie:** Eine fehlende Ermächtigung kann bis zum Schluss der letzten mündlichen Verhandlung nachgeholt werden (arg. § 296a); die Prozessführungsbefugnis ist ja Sachurteilsvoraussetzung!

(2) Das Recht muss zumindest der Ausübung nach übertragbar sein. *(möglichst persönlich)*

(3) **Eigenes rechtsschutzwürdiges Interesse des Prozessstandschafters,** das (behauptete!) fremde Recht im eigenen Namen geltend zu machen.

> Ein solches Interesse ist nur dann zu bejahen, wenn durch die Klage seine eigene Rechtsstellung gesichert werden soll, wobei ein wirtschaftliches Interesse genügt. Bsp.: Mieter verfolgt Herausgabeanspruch des Eigentümers; Zedent klagt die abgetretene Forderung ein, für dessen Bestand er dem Zessionar auf Grund des Sicherungsvertrages haftet; Gemeinschuldner verfolgt Masseanspruch; im Fall der Drittschadensliquidation kann der Anspruchsinhaber den Geschädigten, der keinen eigenen Anspruch hat, dazu ermächtigen den S.E.-Anspruch einzuklagen.

(4) Keine unzumutbare Beeinträchtigung des Beklagten (Rechtsmissbrauch!). *Treut Glaube*

> Das ist insbesondere der Fall, wenn durch die Prozessstandschaft ein eventueller Kostenerstattungsanspruch des Beklagten gefährdet wird. Bsp.: Vermögenslose GmbH tritt als Prozessstandschafterin auf (BGH NJW 86, 850 851).

c) Wirkungen der Prozessstandschaft:

- Partei ist (allein) der Prozessstandschafter. Bezogen auf ihn (und nicht etwa den Rechtsinhaber) müssen daher auch die parteibezogenen Sachurteilsvoraussetzungen vorliegen.
- Das vom Prozessstandschafter erstrittene Urteil entfaltet aber grds. Wirkung für und gegen den Rechtsinhaber (18. Kap. B III 3).
- Da der Rechtsinhaber selbst nicht Partei ist, kann er als Zeuge vernommen werden.
- Häufig führt die Prozessstandschaft dazu, dass dem Rechtsinhaber (für eine "zweite" Klage) die Prozessführungsbefugnis geraubt wird (z.B. § 80 InsO). Prozessführungsbefugt ist dann allein der Prozessstandschafter; in den verbleibenden Fällen (insb. bei der gewillkürten Prozessstandschaft) ist eine Klage des Rechtsträgers wegen anderweitiger Rechtshängigkeit unzulässig (§ 261 III Nr.1, 9. Kap. II 1).

Prüfungshinweis: Wenn auch nicht im Ergebnis, so macht es doch für die Lösung des Falles einen Unterschied, ob die Klage mangels Prozessführungsbefugnis oder wegen anderweitiger Rechtshängigkeit als unzulässig abgewiesen wird. Subsumieren Sie daher genau und ziehen Sie nicht voreilige Schlüsse.

Einschub: Von einer **sog. Rückermächtigung** spricht man, wenn der allein prozessführungsbefugte Prozessstandschafter den Rechtsträger zur Geltendmachung der eigenen Rechte ermächtigt. Die Rückermächtigung wird entsprechend den Regeln der gewillkürten Prozessstandschaft behandelt.

> **Bsp.:** *Der Insolvenzverwalter I ermächtigt den Gemeinschuldner S eine zur Masse gehörende Forderung geltend zu machen. An sich fehlt S wegen § 80 InsO die Verfügungs- und damit die Prozessführungsbefugnis; sie liegt allein bei I. S ist jedoch auf Grund der Rückermächtigung prozessführungsbefugt. Unter Umständen könnte aber wegen Gefährdung eines eventuellen Kostenerstattungsanspruchs eine unzumutbare Beeinträchtigung des Beklagten gegeben sein (Tatfrage!).*

VI. Streitgenossenschaft (§§ 59-63)

Streitgenossenschaft liegt vor, wenn auf Kläger- oder/und Beklagtenseite (Zweiparteienprinzip!) mehrere Personen auftreten. Sie wird daher auch als subjektive Klagenhäufung bezeichnet und ist nichts anderes als die (der Erleichterung des Verfahrens dienende) Verbindung mehrerer Klagen zur gemeinsamen Verhandlung, Beweisaufnahme und Entscheidung.

Eine Streitgenossenschaft (SG) entsteht

- **ursprünglich** durch Klageerhebung, wenn mehrere als Kläger oder/und Beklagter benannt werden (§§ 59, 60).
- **nachträglich** durch Parteierweiterung; Parteiwechsel (10.Kap. III), wenn anstelle einer Person mehrere treten; Verbindung mehrerer Prozesse verschiedener Parteien (§ 147).

Umgekehrt **endet** sie, wenn die Anzahl der Personen auf Kläger- oder/und Beklagtenseite auf eine Person dezimiert wird (z.B. durch Erledigungserklärung gem. § 91a) oder das Gericht die Prozesse trennt (§ 145 I).

1. Zulässigkeit einer Streitgenossenschaft

Die Zulässigkeit einer Streitgenossenschaft beurteilt sich nach den §§ 59, 60, 260.

a) Die §§ 59, 60 nennen alternativ als Voraussetzung

- Rechtsgemeinschaft hinsichtlich des Streitgegenstandes (§ 59 1.Alt.).

  > **Bsp.:** *Bruchteilsgemeinschaft (§ 741 BGB); Gesamtschuldner (§ 421 BGB); Gesamtgläubiger (§ 432 BGB); Gesamthandsverhältnisse (z.B. §§ 705, 2032 BGB); Hauptschuldner-Bürge*

- Berechtigung oder Verpflichtung aus demselben tatsächlichen und rechtlichen Grund (§ 59 2.Alt.).

  > **Bsp.:** *Der Gläubiger macht gegen die Schuldner Ansprüche aus einem gemeinsamen Vertrag geltend. Die Unfallverletzten klagen gegen den Schädiger.*

- Gleichartige Ansprüche oder Verpflichtungen (§ 60).

  > **Bsp.:** *Klage verschiedener Mieter desselben Hauses gegen Mieterhöhung; Unterhaltsklage der aus verschiedenen Ehen stammenden Kinder gegen den Vater.*

> **Merken Sie:** Die §§ 59, 60 werden weit ausgelegt und entsprechend ihrem Zweck stets dann bejaht, wenn eine gemeinsame Verhandlung und Entscheidung aus prozessökonomischer Perspektive zweckmäßig erscheint. Auf eine Unterscheidung der drei Tatbestände (§§ 59 1. Alt., 2. Alt., 60) kommt es daher in der Praxis nicht an.

b) Ferner muss (analog) **§ 260** dieselbe Prozessart zulässig sein, da bei jeder subjektiven Klagenhäufung mehrere prozessuale Ansprüche geltend gemacht werden und somit zwangsläufig auch eine objektive Klagenhäufung vorliegt. Die Zuständigkeit des Gerichts für sämtliche Klagen braucht hier jedoch noch nicht geprüft zu werden, da sie Sachurteilsvoraussetzung ist und als solche eh im Rahmen der Zulässigkeit der Klagen geprüft wird.

2. Einfache und notwendige Streitgenossenschaft

Beide unterscheiden sich nur im Sachurteil. Bei der einfachen Streitgenossenschaft kann die gerichtliche Entscheidung jedem Streitgenossen ggü. anders ausfallen. Bei der notwendigen Streitgenossenschaft kann sie nur einheitlich für oder gegen alle Streitgenossen ergehen (§ 62!). Eine Abgrenzung ist daher nur dann von Nöten, wenn das Sachurteil auseinanderzufallen droht (Schellhammer Rn. 1588):

- ein Streitgenosse ist säumig.
- ein Streitgenosse anerkennt (§ 307).
- ein Streitgenosse gesteht (§ 288) oder bestreitet nicht (§ 138 III).
- ein Streitgenosse versäumt die Rechtsmittelfrist.
- ein Streitgenosse vergleicht sich mit dem Kläger.

> ***Bsp.:*** *K verklagt X und Y. Ist lediglich X säumig, so ergeht nur dann ein Versäumnisurteil (§§ 331 ff.) gegen X, wenn es sich bei X und Y um eine einfache SG handelt (§ 62!). Ebenso kann gegen X, wenn lediglich er anerkennt, nur bei einfacher SG ein Anerkenntnisurteil (§ 307) ergehen; bei notwendiger Streitgenossenschaft ist die Klage erst entscheidungsreif, wenn alle Streitgenossen anerkannt haben; wenn nicht, geht der Prozess streitig weiter.*

a) Einfache Streitgenossenschaft

Die einfache Streitgenossenschaft ist der gesetzliche Normalfall (§§ 59-61).

b) Notwendige Streitgenossenschaft

Putzo, § 62, Rn 7ff.

Die notwendige Streitgenossenschaft ist die Ausnahme, bei der allen Streitgenossen ggü. eine einheitliche Entscheidung gefällt werden muss (§ 62). Dies kann auf (1) prozessrechtlichen (§ 62 I 1.Alt.) oder (2) materiellrechtlichen Gründen (§ 62 I 2.Alt.) beruhen:

Alt. 1

(1) Aus **prozessrechtlichen Gründen** besteht eine notwendige Streitgenossenschaft, wenn sich die Rechtskraft des Urteils gegen einen Streitgenossen auch auf die anderen Streitgenossen erstreckt.

> ***Bsp.:*** *§§ 326 (Vor- u. Nacherbe); 327 (Erbe u. Testamentsvollstrecker); 856 IV (mehrere Pfändungsgläubiger gegen den Drittschuldner).*

(2) Eine notwendige Streitgenossenschaft aus **materiellrechtlichen Gründen** liegt vor, wenn auf Grund gemeinsamer Verfügungsbefugnis Klage nur gemeinschaftlich erhoben werden kann oder gegen alle gemeinschaftlich gerichtet werden muss. Drei Fallgruppen sind dabei zu unterscheiden:

(a) Bei **Aktivprozessen der Gesamthand** liegt eine notwendige Streitgenossenschaft vor, es sei denn, dem einzelnen Gesamthänder steht ausnahmsweise Prozessführungsbefugnis zu.

Materielle Streitgenossenschaft also bei Klagen aller BGB-Gesellschafter im Rahmen der Gesamtgeschäftsführung (§ 709 I BGB); aller Mitglieder eines nichtrechtsfähigen Vereins (§§ 54 S.1 BGB, 50 II) sowie bei Klagen der Ehegatten bei gemeinschaftlich verwalteter Gütergemeinschaft (§ 1450 I S.1 BGB).

Nicht hingegen bei Klagen einzelner Miterben (§ 2039 BGB); einzelner BGB-Gesellschafter bei übertragener Geschäftsführung (§ 710 BGB) sowie bei Klagen des verwaltenden Ehegatten bei Gütergemeinschaft (§ 1422 BGB). Im Schrifttum wird zum Teil vertreten, dass in diesen Fällen (sowie generell bei Aktivprozessen mehrerer Mitberechtigter - z.B. §§ 432, 1011 BGB) wegen der Unteilbarkeit des streitigen Rechts prozessrechtlich notwendige SG vorliege (Zöller § 62 Rn. 16). Der BGH (92, 351 353 f.) lehnt dies ab (nur einfache SG!).

Klausurhinweis: Eine Klage des einzelnen Gesamthänders ist (abgesehen von den genannten Ausnahmen) mangels Prozessführungsbefugnis als unzulässig durch Prozessurteil abzuweisen. Zur Frage, ob eine notwendige SG vorliegt, gelangt man erst, wenn sowohl die SG als solche und die Klage zulässig ist und ein unterschiedliches Sachurteil (ggü. den einzelnen Gesamthändern) droht (s.o. VI 2).

(b) Bei **Passivprozessen der Gesamthand** ist danach zu unterscheiden, ob die Gesamthand als solche oder als Gesamtschuldner in Anspruch genommen werden soll; eine notwendige SG ist lediglich dann gegeben, wenn die zu erbringende Leistung nur von allen gemeinsam aus dem Gesamthandsvermögen erbracht werden kann (sog. Gesamthandsschuld).

Bsp.: Gesamthandsklage gegen Güter- (§ 1459 BGB) oder Miterbengemeinschaft (§§ 2040 I, 2059 II BGB).

Eine Gesamthandsklage kommt nur dann in Betracht, wenn auf das Gesamthandsvermögen (nicht Privatvermögen!) Zugriff genommen werden soll. Wird in diesen Fällen nicht gegen alle Gesamthänder geklagt, ist die Klage als unzulässig abzuweisen.

Ist dagegen jeder Einzelne zur Erfüllung in der Lage (sog. Gesamtschuld) liegt einfache SG vor (§ 425 BGB!).

Bsp.: Gesamtschuldklage gegen Miterben (§§ 2058, 2059 I BGB) oder Ehegatten bei Gütergemeinschaft (§ 1459 II BGB); vertragliche Haftung der BGB-Gesellschafter (§§ 421, 427, 431 BGB).

In diesen Fällen kann auch der einzelne Gesamthänder verklagt werden (§§ 421, 425 BGB!). Jeder Gesamtschuldner haftet mit seinem Privatvermögen. Der Gläubiger kann mit einem Titel aus einer Gesamtschuldklage auch auf das Gesamthandsvermögen zugreifen, wenn sich der Titel gegen alle Gesamthänder richtet (vgl. ZPO II 3. Kap. II 3).

Merken Sie: Miteigentümer bilden zwar eine Bruchteils- und keine Gesamthandsgemeinschaft. Werden sie gemeinsam verklagt, bilden aber auch sie eine notwendige SG, vorausgesetzt ihre Leistung setzt eine gemeinsame Verfügung über das Eigentum voraus (§ 747 S.2 BGB; BGH NJW 96, 1060 1061).

(c) Bei **Gestaltungsklagen** besteht eine notwendige SG, wenn das Gesellschaftsrecht nur allen/den übrigen Gesellschaftern die Gestaltungsbefugnis zuspricht.

> **Bsp.:** *Recht die Gesellschaft aufzulösen (§ 133 HGB); einen Mitgesellschafter aus der Gesellschaft auszuschließen (§ 140 HGB); Entziehung der Geschäftsführungsbefugnis/ Vertretungsmacht (§§ 117, 127 HGB).*

Klausurhinweis:

Da die SG lediglich mehrere Klagen miteinander verbindet und sich demzufolge jede Klage selbstständig entwickeln kann (vgl. §§ 61, 63 1.HS.), müssen die Klagen in der Fallbearbeitung auch getrennt geprüft werden:

Bsp.: K verklagt X und Y (als Streitgenossen).

• **Zulässigkeit der SG**
Ist die SG unzulässig, werden die Klagen nicht etwa als unzulässig abgewiesen, es erfolgt vielmehr eine Trennung der Prozesse (§ 145 I). Das Gericht kann auch bei zulässiger SG eine Prozesstrennung nach pflichtgemäßem Ermessen anordnen.

• **Zulässigkeit und Begründetheit der Klage gegen X**
Im Rahmen der Zuständigkeit ist § 36 I Nr.3 sowie die Streitwertaddition des § 5 1.HS. zu beachten, die allerdings nur gilt, wenn die SG zulässig ist; andernfalls könnte die Zuständigkeit des LGs erschlichen werden.

• **Zulässigkeit und Begründetheit der Klage gegen Y**

Wiederholungsfragen zum 5. Kapitel

1. Was versteht man unter dem formellen Parteibegriff?

Kläger und Beklagter sind nur die in der Klageschrift als solche Bezeichneten.

2. K klagt gegen B aus § 7 StVG. Im Termin erscheint X, der Halter des unfallverursachenden Pkw. B habe die Klage an ihn weitergeleitet. Wer ist Beklagter?

B, da er in der Klageschrift als solcher benannt ist. Dass sich der materielle Anspruch (§ 7 StVG) gegen X richtet, ist in diesem Zusammenhang belanglos.

3. Wie wäre es, wenn die Klage versehentlich dem X zugestellt wird?

Die Zustellung der Klage dient nicht der Bestimmung, sondern lediglich der Findung des Beklagten. Daher ist der in der Klageschrift bezeichnete B trotz falscher Zustellung "Beklagter" (allg. Ansicht).

4. Wie ist zu verfahren, wenn X auf Grund der versehentlichen Zustellung im Termin erscheint?

Ihm muss Gelegenheit gegeben werden, darzulegen, dass er nicht Beklagter ist, um Nachteile abzuwenden, die entstehen könnten, falls sich das Versehen nicht herausstellt.

5. Kann X Klageabweisung beantragen?

Nein, er ist nicht Partei und hat deshalb auch keinen Anspruch auf eine Sachentscheidung.

6. Schläfrig verklagt die bereits verstorbene T. Wie ist zu verfahren?

Da die Existenz der Parteien Sachurteilsvoraussetzung ist, ist die Klage durch Prozessurteil als unzulässig abzuweisen.

7. Wie wäre es, wenn T sich derart über die soeben zugestellte Klage aufregt, dass sie an einem Schlaganfall verstirbt?

Die Klage ist nun zulässig; das Verfahren wird aber bis zur dessen Aufnahme durch den Rechtsnachfolger unterbrochen (§ 239).

8. Was beschreibt die Partei-fähigkeit?

Fähigkeit Kläger u. Beklagter zu sein (prozessuale Rechtsfähigkeit).

9. Was beschreibt die Prozess-fähigkeit?

Fähigkeit einen Prozess selbst oder durch einen selbstbestellten Vertreter führen zu können (prozessuale Handlungs- bzw. Geschäftsfähigkeit).

10. Was beschreibt die Prozess-führungsbefugnis?

Befugnis über das behauptete Recht zu prozessieren (prozessuale Verfügungsbefugnis).

11. Die 14-jährige M verklagt die Merchandising Firma Pleite KG auf Lieferung eines Backstreet Boys T-Shirts, was sie bei dieser bestellt und von ihrem Taschen-geld bezahlt hatte. Die Eltern der M haben der Klageerhebung zu-gestimmt, obwohl sie Howard Carpendale viel besser finden. Prüfen Sie hinsichtlich der M die parteibezogenen Sachurteils-voraussetzungen.

M u. die P-KG sind die Parteien des Verfahrens, da sie in der Klageschrift als Kläger und Beklagter benannt sind (formeller Parteibegriff!).

M ist zwar gem. § 50 I parteifähig, da sie rechtsfähig ist (§ 1 BGB); mangels voller Geschäftsfähigkeit fehlt ihr aber die Prozessfähigkeit (§ 52). Dass der Kauf nach § 110 BGB wirksam ist und die Eltern dem Prozess zugestimmt haben vermag hieran nichts zu ändern; das Prozessrecht kennt keine beschränkte Prozessfähigkeit als Korrelat der beschränkten Geschäftsfähigkeit.

12. Prüfen Sie hinsichtlich der P-KG die parteibezogenen Sachurteils-voraussetzungen

Die P KG ist nach § 50 I parteifähig, obgleich sie keine jur. Person ist (arg. §§ 161 II, 124 I HGB). Ihr fehlt aber die Prozessfähigkeit, da sie nicht handlungsfähig ist (§ 52!; h.M); sie muss daher durch die persönlich haftenden Gesellschafter als gesetzliche Vertreter (§§ 161 II, 170 HGB; § 278 AktG) vertreten werden. Die P KG ist schließlich prozessführungsbefugt, da sie nach dem Klägervortrag Anspruchsgegnerin ist.

13. Wie wird das Gericht mit der Klage der M verfahren?

Der Richter wird v. Amts wg. darauf hinweisen (§ 139!), dass es an einer Sachurteilsvoraussetzung (der Prozessfähigkeit der M) fehlt (§ 56 I!) u. zur Beseitigung dieses Mangels eine Frist setzen (§ 56 II S.2!). Die Eltern der M können als ihre gesetzlichen Vertreter (§ 1629 BGB) den Mangel dadurch beseitigen, dass sie den Prozess anstelle der M fortführen u. bereits vorgenommene Prozesshand-lungen genehmigen. Unterbleibt dies innerhalb der gesetzten Frist, ergeht ein Prozessurteil.

14. Was versteht man unter Prozessstandschaft?

Die Geltendmachung behaupteter fremder Rechte im eigenen Namen.

15. K klagt auf Herausgabe seiner Gummipuppe. Während des Prozesses veräußert er die Puppe an X gem. §§ 929 S.1, 931 BGB u. stellt den Klageantrag auf Leistung an X um. Ist K (noch) prozessführungsbefugt?

Ja, die Veräußerung der streitbefangenen Sache hat auf den Prozess "keinen" Einfluss (§ 265 II S.1). K ist somit als gesetzlicher Prozessstandschafter prozessführungsbefugt.

16. P macht auf dem Klagewege einen Herausgabeanspruch des E nach § 985 BGB im eigenen Namen geltend. Ist P prozessführungsbefugt, wenn E ihn zur Prozessführung ermächtigt hat?

Nur wenn die Voraussetzungen einer gewillkürten (rechtsgeschäftlichen) Prozessstandschaft vorliegen: 1. Eine Ermächtigung analog § 185 I BGB ist gegeben. 2. Der Herausgabeanspruch aus § 985 BGB ist zwar nicht selbst, aber der Ausübung nach übertragbar (Jauernig § 985 Rn. 10). 3. P müsste ein eigenes rechtschutzwürdiges Interesse haben, das fremde Recht im eigenen Namen einzuklagen (Tatfrage!). 4. Es darf keine unzumutbare Beeinträchtigung des Bekl. gegeben sein (insbesondere durch einen gefährdeten Kostenerstattungsanspruch).

17. Bauherr K verklagt den Bauunternehmer B und den Architekten A auf Schadensersatz wegen baulicher Mängel als Gesamtschuldner. Liegt Streitgenossenschaft vor?

Ja, da auf Beklagtenseite mehrere Personen auftreten.

18. Was ist eine Streitgenossenschaft?

Die Verbindung mehrerer Klagen zur gemeinsamen Verhandlung, Beweisaufnahme und Entscheidung.

19. Kann B im Bsp. 17 seine Ersatzpflicht anerkennen, obwohl A Klageabweisung beantragt?

Nur wenn es sich bei B und A um eine einfache SG handelt, notwendigen Streitgenossen ggü. muss eine einheitliche Entscheidung gefällt werden (§ 62!).

20. Liegt im Bsp. 17 notwendige oder einfache Streitgenossenschaft vor?

Einfache, da die gegen mehrere Gesamtschuldner erhobenen Klagen unterschiedlich entschieden werden können, also gerade nicht einheitlich ergehen müssen (vgl. § 425 BGB!).

21. K klagt gegen die Miterben X u. Y auf Leistung. Liegt notwendige oder einfache Streitgenossenschaft vor?

Das kommt darauf an, ob die Miterbengemeinschaft als solche in Anspruch genommen werden soll (§ 2059 II BGB) oder ob der einzelne Miterbe als Gesamtschuldner haften soll (§§ 2058, 2059 I BGB). Nur im ersteren Fall liegt notwendige SG vor. Eine Klage gegen die Miterbengemeinschaft als Gesamthand kommt nur dann in Betracht, wenn auf das Gesamthandsvermögen Zugriff genommen werden soll. Wegen der gesamthänderischen Bindung kann die Gemeinschaft dann nur gemeinsam leisten. Will der Kläger hingegen auf das Privatvermögen des einzelnen Zugriff nehmen, ist "Gesamtschuldsklage" zu erheben. Jeder kann dann unabhängig von dem anderen leisten (§§ 421, 425 BGB).

Fall 5 – „Einer gegen alle!":

Kralle wird bei einem gemütlichen Stadtbummel in Hannover von dem aus Hamburg kommenden und (wie Kralle meint) viel zu schnell fahrenden Manni auf einem Zebrastreifen über den Haufen gefahren. Dabei entstehen ihm Körper- und Sachschäden i.H.v. 1.000 €. Da Manni seine Ersatzpflicht leugnet, macht Kralle die erlittenen (materiellen) Schäden und ein angemessenes Schmerzensgeld von mindestens 1.500 € durch seinen RA vor dem LG Hamburg gegen Manni, die Beifahrer Bockig und Dussel sowie den Halter Heinz als Gesamtschuldner geltend. Daneben verlangt Kralle klageweise Schadensersatz i.H.v. 8.000 € von dem dritten Beifahrer Agro.

Zur Begründung lässt Kralle vortragen, dass Bockig und Dussel den Manni zu seiner "rasanten" Fahrweise angestiftet hatten. Agro habe ihm (dem armen Kralle) als "Wiedergutmachung" für die durch den Unfall verursachte Beule in Mannis Opel um ein paar Zähne erleichtert. Heinz müsse als Halter sowieso für die aufgeführten Schadensposten aufkommen.

Heinz sieht das ganz anders und erscheint im Verhandlungstermin ohne RA mit der Begründung: "Er brauche keinen Rechtsverdreher." Gegen ihn lässt Kralle durch seinen RA Versäumnisurteil beantragen. Dussel anerkennt. Agro kommt zur Besinnung und einigt sich mit Kralle außergerichtlich, wodurch es (noch vor Verhandlungsbeginn) zur Klagerücknahme durch Kralles RA kommt. Bockigs RA rügt die Unzuständigkeit des LG Hamburg, da sein Mandant anders als die übrigen Parteien seinen Wohnsitz in Mannheim und nicht in Hamburg hat. Kralles RA erwidert, Hamburg sei auch für Bockig kraft Sachzusammenhangs der richtige Gerichtsstand. Manni lässt ebenfalls Klageabweisung beantragen, weil er der Meinung ist, er habe sich ordnungsgemäß verhalten; zu dem Unfall sei es nur gekommen, weil urplötzlich ein sich auf der Flucht vor seiner Mutter befindliches Kind auf die Straße gelaufen sei und er ausweichen musste. Zum Beweis wird Bockig als Zeuge benannt. Außerdem sei das LG seiner Ansicht nach sowieso unzuständig.

Wie wird das LG Hamburg entscheiden?

Lösungsvorschlag

A. Zulässigkeit der Streitgenossenschaft (SG)

Da K in seiner Klageschrift M, H, D und B als Beklagte aufführt, ist die Klage gegen diese Personen als Streitgenossen gerichtet. Die Zulässigkeit der SG ist vorweg zu prüfen, weil bei Unzulässigkeit der Prozess gem. § 145 I zu trennen, nicht aber die Klage unzulässig ist (vgl. Lüke/Linsler JuS 95, 318 319). Die Zulässigkeit einer SG ist nach den §§ 59, 60 und § 260 (analog) zu beurteilen.

I. Auf eine genaue Unterscheidung der in den §§ 59, 60 enthaltenen Tatbestandsalternativen kommt es dabei aber nicht an. Es genügt, wenn eine gemeinsame Verhandlung und Entscheidung aus prozessökonomischer Perspektive zweckmäßig erscheint. Diese Voraussetzung ist erfüllt, da es in allen Fällen um Ansprüche geht, die im Zusammenhang mit dem Unfall stehen.

II. Analog § 260 muss in allen Verfahren dieselbe Prozessart zulässig sein, da bei jeder subjektiven Klagenhäufung mehrere prozessuale Ansprüche geltend gemacht werden und somit zwangsläufig eine objektive Klagenhäufung entsteht. K hat alle Klagen im ordentlichen Verfahren erhoben.

Mithin ist die SG zulässig.

B. Versäumnisurteil (VU; vgl. näher 16. Kap.) gegen Heinz

I. Es ist fraglich, ob gegen H ein VU ergehen kann. Da das VU gegen den Beklagten (§ 331) ein Sachurteil ist, muss die Klage zulässig sein.

1. Zweifelhaft ist, ob das LG überhaupt sachlich zuständig ist. In vermögensrechtlichen Streitigkeiten ist dies nur der Fall, wenn der Streitwert 5.000 € übersteigt (§§ 71 I, 23 Nr.1 GVG). K verlangt ursprünglich Zahlung von mindestens 10.500 € (§ 5: Streitwertaddition!). Die ursprüngliche landgerichtliche Zuständigkeit ist auch nicht dadurch entfallen, dass die Streitwertsumme möglichweise durch Klagerücknahme i.H.v. 8.000 € auf ungefähr 2.500 € abgesunken ist; da die einmal gegebene Zuständigkeit nicht durch eine Veränderung der sie begründenden Umstände berührt wird (§ 261 III Nr.2; sog. perpetuatio fori). Demzufolge ist das LG sachlich zuständig.

2. Der allgemeine Gerichtsstand des H ist in Hamburg, da er dort seinen Wohnsitz hat (§ 13). Ein ausschließlicher Gerichtsstand, der den allgemeinen Gerichtsstand verdrängen würde, ist nicht ersichtlich (§ 12). Hamburg ist mithin örtlich zuständig.

3. Schließlich bedarf es der Klärung, ob eine ordnungsgemäße Klageerhebung vorliegt. Gem. § 253 II Nr.2 müssen Antrag und Klagegrund hinreichend bestimmt sein. Es könnte an einer ausreichenden Bestimmung des Klageantrags fehlen, da K "mindestens" 1.500 € Schmerzensgeld verlangt. Grds. ist bei Zahlungsklagen eine genaue Bezifferung erforderlich. Für Schmerzensgeld gilt aber nach allg. Ansicht eine Ausnahme. Grund: Nach § 253 II BGB (= 847 BGB a.F.) ist "eine billige Entschädigung in Geld" geschuldet. Der Kläger weiß aber nicht, was der Richter für "billig" hält. Würde man ihm zumuten, dass er seinen Klageantrag in diesen Fällen genau beziffert, liefe er stets Gefahr zu wenig (§ 308 I !) oder zu viel (Kostenrisiko: §§ 91, 92 !) zu beantragen. Folglich ist trotz fehlender genauer Bezifferung eine ordnungsgemäße Klageerhebung gegeben.

4. Die Klage ist daher auch zulässig.

II. Ferner müsste der Beklagte H säumig sein. H ist trotz ordnungsgemäßer Ladung im Termin zur mündlichen Verhandlung ohne einen zugelassenen RA (§ 78!) erschienen und somit grds. säumig. An einer Säumnis würde es aber fehlen, wenn die Vertretungsfiktion des § 62 eingreift. Das setzt voraus, dass H und die ordnungsgemäß erschienenen Beklagten notwendige Streitgenossen sind, also die Entscheidung notwendigerweise einheitlich ausgehen muss. Werden mehrere, wie hier M, H, B, und D, für denselben Schaden verantwortlich gemacht, (gleichgültig, ob aus Delikt oder Gefährdungshaftung), so haften sie nach dem Rechtsgedanken des § 840 I BGB gesamtschuldnerisch (allg. Meinung). Bei Gesamt-schuldnern liegt jedoch nie eine notwendige SG vor. Dies ergibt sich aus § 425 BGB, wonach jeder einzelne Gesamtschuldner grds. ein "rechtliches Einzelschicksal" hat, die Sachent-scheidung also gerade nicht einheitlich ergehen muss. Demnach liegt nur einfache SG vor, bei der die Vertretungsfiktion des § 62 nicht anwendbar ist; einfache Streitgenossen sind vielmehr getrennt zu behandeln (§ 61). Folglich ist H säumig.

III. Der (erschienene) Kläger K hat auch durch seinen RA einen Antrag nach § 331 I S.1 auf Erlass eines VUs gestellt (Dispositionsmaxime!).

IV. Ein Versagungsgrund i.S.d. §§ 335 I Nr.1 u. 3, 337 ist nicht gegeben.

V. Schließlich müsste das klägerische Begehren schlüssig sein (§ 331 II). Das ist der Fall, wenn der klägerische Vortrag (als wahr unterstellt) den Klageantrag rechtfertigt (=materielle Prüfung!). Beachte: Beim VU gegen den Kläger bedarf es keiner Schlüssigkeitsprüfung (§ 330).

1. K hat gegen H einen Anspruch auf Ersatz der materiellen Schäden i.H.v. 1.000 € aus § 7 I StVG: H ist Halter. Bei Betrieb des Kfz wurde auch ein Körper- und Sachschaden verursacht. Schließlich handelte es sich nach dem Vortrag des K bei dem Unfall nicht um höhere Gewalt i.S.d. § 7 II StVG

2. Einen Anspruch auf Schmerzensgeld hat K aus §§ 7 I StVG, 253 II BGB schlüssig dargelegt. (Beachten Sie: Nach altem Recht bestand ein solcher Anspruch nicht, da § 847 BGB a.F. lediglich auf unerlaubte Handlungen des BGB und nicht auch auf außerhalb dieses Gesetzes liegende Gefährdungstatbestände anwendbar war.)

VI. H ist demnach durch VU gem. § 331 II zur Zahlung von 2.500 € zu verurteilen. Beachte: Die genaue Festsetzung des Schmerzensgeldes ist Sache des Gerichts (§ 287).

C. Klagerücknahme (vgl. näher 14. Kap. III) im Verfahren gegen Agro

Im Verfahren gegen A ist das Gericht auf Grund der Klagerücknahme nach § 269 III S.1 jeglicher Entscheidung in der Sache enthoben. Auf Antrag des Beklagten A ist dies sowie die Kostentragung durch den Kläger (§ 269 III S.2) durch Beschluss auszusprechen (§ 269 III S.4). Beachte: Eine Einwilligung in die Klagerücknahme durch den Beklagten bedarf es hier nicht, weil die Rücknahme der Klage vor Beginn der mündlichen Verhandlung erklärt worden ist (§ 269 I).

D. Anerkenntnisurteil (vgl. näher 14. Kap. I) gegen Dussel

Gegen D ergeht bei Vorliegen der Voraussetzungen des § 307 ein Anerkenntnisurteil.

I. Die Klage müsste zunächst zulässig sein, da ein Anerkenntnisurteil ein Sachurteil ist. An der Zulässigkeit bestehen keine (weiteren) Zweifel (vgl. B I).

II. Eine Anerkenntniserklärung ist ebenfalls gegeben.

III. Das Anerkenntnisurteil ist Ausfluss der Dispositionsmaxime; der Streitgegenstand muss daher der Verfügungsbefugnis der Parteien unterliegen. Das ist hier unproblematisch (anders als z.B. in Ehesachen - § 113 IV Nr.6 FamFG -) der Fall.

IV. Ferner muss die von den Parteien gewollte Rechtsfolge nach der Rechtsordnung auch möglich sein (Beachte: Es erfolgt keine Schlüssigkeitsprüfung!). Bei der hier begehrten Zahlung von Schadensersatz ist dies unproblematisch gegeben.

V. Ein auf Erlass des Anerkenntnisurteils gerichteter Antrag wird vom Wortlaut des § 307 (seit dem 1.1.2002) nicht mehr gefordert. Nach h.M. war aber auch vor der Gesetzesänderung trotz des entgegenstehenden Wortlauts ein gesonderter Antrag entbehrlich. Denn dem Kläger fehlt das Rechtsschutzbedürfnis für ein streitiges (Sach-) Urteil, wenn die sonstigen Voraussetzungen des § 307 vorliegen (BGH NJW 93, 1717 1718).

VI. D ist demzufolge durch Anerkenntnisurteil zur Zahlung von mindestens 2.500 € zu verurteilen.

E. Klage gegen Bockig

I. Die Klage gegen B könnte mangels örtlicher Zuständigkeit unzulässig sein. B hat seinen allg. Gerichtsstand in Mannheim, da er dort wohnt (§ 13). Dieser ist nicht durch Hamburg als ausschließlichen Gerichtsstand verdrängt worden (§ 12). Hamburg greift auch nicht als besonderer Gerichtsstand; der Unfall (§ 32) ereignete sich in Hannover. Schließlich ist Hamburg nicht durch Rügeverzicht (§ 39) zuständig geworden. Der Einwand des Kläger-vertreters, "Hamburg sei für B kraft Sachzusammenhang der richtige Gerichtsstand", ist unzutreffend. Von einem Gerichtsstand kraft Sachzusammenhangs spricht man nur, wenn das angerufene Gericht innerhalb eines einheitlichen Streitgegenstandes an sich nur für eine von mehreren in Betracht kommenden Anspruchsgrundlagen zuständig ist; Hamburg ist aber (für B) unter keiner in Betracht kommenden Anspruchsgrundlage zuständig.

II. Folglich ist die Klage gegen B mangels einer Sachurteilsvoraussetzung als unzulässig (durch Prozessurteil) abzuweisen. Beachte: Ein Verweisungsantrag (§ 281), mit dessen Hilfe der Kläger ein Prozessurteil abwenden kann, ist nicht gestellt worden.

F. Klage gegen Manni

I. Zulässigkeit ist gegeben (vgl. B I).

II. Weiterhin müsste die Klage begründet sein.

1. Dazu bedarf es zunächst der Schlüssigkeit, der klägerische Vortrag müsste also den Klageantrag rechtfertigen.

a) Ein Anspruch aus §§ 823 I (II) BGB ist schlüssig dargelegt worden: M hat den Kläger in seinen von § 823 I BGB geschützten Rechtsgütern rechtswidrig und auf Grund der überhöhten Geschwindigkeit schuldhaft i.S.d. § 276 I, II BGB verletzt (haftungsbegründender Tatbestand), wodurch ein Schaden i.H.v. 1.000 € entstanden ist (haftungsausfüllender Tatbestand). Ferner ist das Begehren des K nach § 18 StVG gerechtfertigt.

b) Ein Schmerzensgeldanspruch nach §§ 823 I (II) BGB, 18 StVG i.V.m. § 253 II BGB ist ebenfalls schlüssig vorgetragen worden.

2. Fraglich ist, ob das Beklagtenvorbringen erheblich ist, d.h. etwas an der Beurteilung der Schlüssigkeit der Klage zu ändern vermag. M lässt vortragen, er habe sich ordnungsgemäß verhalten, also die verkehrsübliche Sorgfalt i.S.d. § 276 I, II BGB beachtet und somit nicht schuldhaft gehandelt. Dieser Vortrag ist erheblich, da sowohl die §§ 823 I (II) BGB als auch § 18 StVG Verschulden voraussetzen.

3. Es ist daher die Durchführung eines Beweisverfahrens erforderlich, um festzustellen, wessen Darstellung des Sachverhalts zutrifft. Das hier in Frage stehende Verschulden des Schädigers ist eine anspruchsbegründende Tatsache; grds. trägt der Kläger die Beweislast für anspruchsbegründende Tatsachen.

Im Rahmen des § 18 StVG wird das Verschulden des Fahrzeugführers allerdings vermutet, er muss also das Gegenteil beweisen (sog. Beweislastumkehr, vgl. § 292 !).

Für die übrigen in Betracht kommenden Anspruchsgrundlagen könnte eine Beweislasterleichterung unter dem Gesichtspunkt des Beweises des ersten Anscheins gegeben sein.
Der Anscheinsbeweis führt anders als die gesetzlichen Vermutungen nicht zu einer Beweislastumkehr, sondern lediglich zu einer Darlegungs- und Beweiserleichterung, für den Fall, dass ein typisch häufig wiederkehrender Geschehensablauf vorliegt, der nach der Lebenserfahrung dem ersten Anschein nach den Schluss auf eine bestimmte Ursache oder einen bestimmten Umstand zulässt. Der Anscheinsbeweis ist daher entkräftet, wenn der Gegner einen atypischen Geschehensablauf vorträgt und beweist. Wird jemand auf einem Zebrastreifen angefahren, spricht der erste Anschein dafür, dass eine Unachtsamkeit des Fahrzeugführers hierfür die Ursache war.
Dem Anscheinsbeweis zur Folge handelte M somit schuldhaft. Er muss daher die ernsthafte Möglichkeit eines atypischen Geschehensablaufs darlegen und beweisen, damit K, für den der Anscheinsbeweis spricht, wieder vollen Beweis führen muss. M legt einen atypischen Geschehensablauf dar, indem er vorträgt, ein Kind sei auf die Straße gelaufen, vor dem er ausweichen musste. Beweis hierüber (sowie über sein fehlendes im Rahmen des § 18 StVG vermutetes Verschulden) will er durch Vernehmung des B als Zeugen führen. Ein entsprechender Beweisantritt liegt vor (§ 373).

Zweifelhaft ist jedoch, ob die Vernehmung des B als Zeugen überhaupt möglich ist oder ob er nicht als Partei vernommen werden muss (§§ 445 ff.), da er einfacher Streitgenosse ist.
Für die Möglichkeit der Zeugenvernehmung spricht die rechtlich selbstständige Stellung der einfachen Streitgenossen (§ 61; vgl. Jauernig § 81 III mwN). Dem hält die h.M. jedoch entgegen, dass der Gesetzgeber in § 449 zum Ausdruck gebracht hat, dass Streitgenossen nur als Partei zu vernehmen sind. Sie relativiert diese Aussage aber, indem sie einen Streitgenossen als Zeugen im Prozess eines anderen Streitgenossen hinsichtlich solcher Beweisthemen, die nur den Prozess des anderen betreffen, zulässt (vgl. Lindacher JuS 86, 379 381 mwN).
Ob M schuldhaft gehandelt hat, ist für den Ausgang des Verfahrens gegen B irrelevant, da die gegen ihn gerichtete Klage durch Prozessurteil abzuweisen ist (vgl. E). Demnach kann B (selbst nach h.M.) als Zeuge vernommen werden. Beachte: Wenn das Prozessurteil im Verfahren gegen B rechtskräftig geworden ist, ist auch die SG beendet, eine Zeugenvernehmung des B ist dann problemlos möglich.

III. Das Ergebnis des Prozesses gegen M hängt somit vom Ausgang des Beweisverfahrens ab.

Anmerkung: Aus prozesstaktischen Gründen ist es (häufig) ratsam neben dem Halter auch den Fahrer (sowie einen eventuellen Beifahrer) als Streitgenossen zu verklagen. Diese können dann i.d.R. (bei Zugrundelegung der h.M.) von dem Halter nicht als Zeugen benannt werden. Darüberhinaus ist in der Praxis auch immer der neben dem Halter gesamtschuldnerisch haftende Kfz-Haftpflichtversicherer mit zu verklagen (§ 115 I S.1 Nr.1, S.4 VVG)

6. Kapitel

Die Beteiligung Dritter am Rechtsstreit

I. Nebenintervention (§§ 66-71)

Die Nebenintervention, auch Streithilfe genannt, ist die Unterstützung einer Prozesspartei durch einen Dritten aus Eigennutz, ohne dass der Dritte selbst Partei des Prozesses wird (zwei Parteienprinzip!).

1. Zulässigkeit der Nebenintervention

Die Zulässigkeit der Nebenintervention ist wie folgt zu prüfen:

* Nach § 66 I ist zunächst ein rechtliches Interesse (sog. Interventionsgrund) des Nebenintervenienten am Obsiegen einer Partei erforderlich. Ein solches Interesse ist gegeben, wenn die Rechtsstellung des Nebenintervenienten durch ein Urteil zu Lasten der unterstützten Partei verschlechtert oder durch ein Urteil zu ihrem Gunsten verbessert wird.

    Bsp.: Der Kläger tritt gem. §§ 437 Nr.2, 323 BGB vom Kaufvertrag zurück, weil die Kaufsache, die der Beklagte Verkäufer vom Großhändler N bezogen hat, angeblich fehlerhaft ist. N hat ein rechtliches Interesse i.S.d. § 66 I, da er für den Fall, dass der Beklagte unterliegt, Regressansprüchen ausgesetzt werden könnte.

* Der Nebenintervenient muss Dritter, darf also weder selbst Partei noch gesetzlicher Vertreter der unterstützten Partei sein. Ebensowenig darf er in einer mit der Streithilfe unvereinbaren Funktion am Rechtsstreit beteiligt sein.

* Der Beitritt muss in einem Schriftsatz, der die Parteien benennt und den Interventionsgrund glaubhaft macht, erklärt werden (§§ 70, 71 I S.2).

    Beachten Sie: Die Beitrittserklärung ist Prozesshandlung, so dass der Nebenintervenient partei- und prozessfähig sein muss. Ab dem LG besteht Anwaltszwang (§ 78 I!).

2. Die Prüfung des Gerichts

Die Prüfung des Gerichts beschränkt sich i.d.R. auf die Prozesshandlungsvoraussetzungen (Partei-, Prozess- und Postulationsfähigkeit). Bei Fehlen weist es die Streithilfe als unzulässig durch Beschluss zurück. Der Beschluss ist mit sofortiger Beschwerde anfechtbar (§ 567).

Inhaltsmängel der Beitrittserklärung sowie ein Fehlen (bzw. ein fehlendes Glaubhaftmachen) des rechtlichen Interesses wird nur auf Parteirüge geahndet, die zur Eröffnung eines Zwischenstreits führt (§ 71 I), der durch Zwischenurteil entschieden wird (§ 71 II). Dieses ist mit sofortiger Beschwerde anfechtbar (§ 71 II). Unterbleibt die Parteirüge, tritt Heilung ein (§ 295 I).

Beachten Sie: Die durch Zwischenurteil rechtskräftig festgestellte Unzulässigkeit der Nebenintervention lässt (vorausgesetzt die Prozesshandlungsvoraussetzungen liegen vor) die Wirksamkeit der zuvor vom Streithelfer vorgenommenen Prozesshandlungen unberührt. Dies folgt aus § 71 III, wonach der Nebenintervenient dem Hauptverfahren solange zuzuziehen ist, wie nicht die Unzulässigkeit der Streithilfe rechtskräftig ausgesprochen wurde (Musielak JuS 99, 881 882).

3. Die Rechtsstellung des Nebenintervenienten

Die Rechtsstellung des Nebenintervenienten ist in § 67 geregelt: Er darf danach alle Prozesshandlungen vornehmen, sofern sie nicht im Widerspruch zur Prozessführung der von ihm unterstützten Partei stehen. Zulässige Prozesshandlungen des Streithelfers wirken unmittelbar für die Partei.

> **Bsp.:** Der Streithelfer kann bestreiten; Beweis anbieten; Fristen wahren; die Präklusion oder ein Versäumnisurteil abwenden; sogar Rechtsmittel für die Partei einlegen (BGH NJW 97, 2385).

Da er aber selbst nicht Partei ist, darf er nicht über den Streitgegenstand verfügen (z.B. durch Klagerücknahme, Klageänderung, Anerkenntnis, Vergleich oder Erledigungserklärung). Er ist auch nicht dazu berechtigt in die materielle Rechtszuständigkeit der unterstützten Partei einzugreifen (etwa durch Anfechtung, Aufrechnung oder Rücktritt).

4. Die Interventionswirkung (§ 68)

Die Interventionswirkung ist die wichtigste Rechtsfolge der Streithilfe: Nach § 68 besteht im Verhältnis zur unterstützten Partei nicht mehr die Möglichkeit, in einem späteren (Regress-) Prozess geltend zu machen, der vorangegangene Prozess sei falsch entschieden worden. Der Einwand, die unterstützte Partei habe den (Vor-) Prozess mangelhaft geführt, ist nur beschränkt möglich (§ 68 2.HS.).

Die Interventionswirkung ist mit der Rechtskraftwirkung (§ 322) vergleichbar; auch diese kommt erst in einem späteren Verfahren zum Tragen. Anders als diese umfasst sie aber nicht nur den Urteilstenor (vgl. näher 18. Kap. B I), sondern darüberhinaus die Entscheidungselemente, also die Feststellung aller Einzeltatsachen und deren rechtliche Würdigung (BGH NJW 98, 79 80).

> **Bsp.:** Wenn in unserem Ausgangsfall das Gericht die Mangelhaftigkeit der Kaufsache festgestellt hat, kann N nicht (vorausgesetzt er ist als Nebenintervenient dem Vorprozess wirksam beigetreten) in dem daraufhin folgenden Regressprozess die Mangelhaftigkeit bestreiten; das Gericht des Folgeprozesses ist an die getroffenen Feststellungen gebunden.

Die Bindungswirkung kann vom Beklagten Nebenintervenienten im (Regress-) Prozess nur noch durch die Einrede mangelhafter Prozessführung durch die im (Vor-) Prozess unterstützte Partei zu Fall gebracht werden (§ 68 2.HS.).

> **Beachten Sie:** Die Interventionswirkung gilt nur zu Gunsten der unterstützten Partei; Feststellungen, die ihr zum Nachteil gereichen, sind nicht bindend (BGH 100, 257 259 ff.: für Streitverkündung, §§ 74 III, 68).

Nebenintervention ≙ ich unterstütze dich!
Streitverkündung ≙ ich teile dir mit ...

II. Streitverkündung (§§ 72-74)

Streitverkündung ist die förmliche Mitteilung der Partei an einen Dritten über das Schweben eines Verfahrens, mit dem Inhalt, dass sie, für den Fall des Unterliegens, den Dritten haftbar machen werde oder seinen Regress befürchte.

1. Zweck der Streitverkündung

Zweck der Streitverkündung ist es

- die Verjährung zu hemmen (§ 204 I Nr.6 BGB) → *uns wenn zulässige SV*
- dem Streitverkündungsempfänger die Möglichkeit zu geben, dem Rechtstreit als Nebenintervenient beizutreten (§ 74 I)
- die Interventionswirkung des § 68 herbeizuführen

> Der Dritte hat die Wahl, ob er dem Rechtsstreit beitritt oder nicht: Tut er dies, wird er Streithelfer mit der Folge, dass die Interventionswirkung ("problemlos") eingreift (§§ 74 I, 68). Unterlässt er es, wird der Prozess ohne ihn entschieden (§ 74 II). Er kann aber dennoch nicht der Interventionswirkung entrinnen (§§ 74 III, 68). Beachte: § 68 wirkt nur zu Gunsten des Streitverkünders (BGH aaO).

2. Zulässigkeit der Streitverkündung

Die Zulässigkeit der Streitverkündung erlangt grds. erst im Folgeprozess Relevanz (§§ 74 III, 68!) und wird daher i.d.R. auch erst dort geprüft (BGH 100, 257 259):

- Zunächst muss ein Streitverkündungsgrund i.S.d. § 72 vorliegen. Der Streit-verkünder muss also glauben, dass er für den Fall des Unterliegens Regressansprüche gegen einen Dritten hat oder Regressansprüchen eines Dritten ausgesetzt ist.

- Der Streitverkündungsempfänger muss Dritter i.S.v. § 72 I sein, d.h. er darf nicht als Partei, gesetzlicher Vertreter einer Partei oder in einer mit der Streithilfe unvereinbaren Funktion am Rechtsstreit beteiligt sein. Mit der Sache befasste Richter und auf Seiten des Gerichts stehende neutrale Amtsträger, namentlich gerichtliche Sachverständige, sind in einer solchen Weise am Rechtsstreit beteiligt (vgl. § 72 II S.1; BGH NJW 06, 3214 mwN).

- Der Streit muss in einem die Form des § 73 wahrenden Schriftsatz verkündet werden. Erst mit Zustellung an den Dritten ist die Streitverkündung wirksam (§ 73 S.3):

> In dem Streitverkündungsschriftsatz ist der Grund der Streitverkündung und die Lage des Rechtsstreits anzugeben (§ 73 S.1). Dies hat so umfassend wie möglich zu geschehen, um die erstrebte Interventionswirkung nicht durch formelle Mängel zu gefährden. In der Praxis werden daher i.d.R. alle gewechselten Schriftsätze, Terminsladungen und bereits ergangene Entscheidungen beigefügt. Beachte: Bei Verstoß ist Heilung gem. § 295 I möglich. Wird dem Gericht oder einem gerichtlichen Sachverständigen der Streit verkündet, hat eine Zustellung des Streitverkündungsschriftsatzes zu unterbleiben (§ 72 II S.2), da ein Beitritt zwingend den Verlust der Unparteilichkeit des Gerichts und des Sachverständigen zur Folge hätte (BGH NJW aaO mwN). Die Zulässigkeit der Streitverkündung erlangt also

ausnahmsweise bereits in dem anhängigen Verfahren Relevanz und ist daher auch ausnahmsweise schon in dem anhängigen Verfahren zu prüfen.

Merken Sie: Tritt der Dritte dem Prozess bei, muss die Zulässigkeit der Streitverkündung überhaupt nicht geprüft werden, weil dann nur noch die Vorschriften über die Streithilfe anzuwenden sind (OLG Hamm NJW-RR 88, 155). Ausnahme: In dem Folgeprozess wird die Einrede der Verjährung erhoben. Denn nur eine zulässige Streitverkündung hemmt die Verjährung gem. § 204 I Nr.6 BGB (BGH MDR 08, 281 mwN).

Wiederholungsfragen zum 6. Kapitel

1. B stiehlt den Ball des E und verkauft diesen an den gutgl. X. E klagt gegen X auf Herausgabe, woraufhin dieser der B den Streit verkündet. B rührt sich nicht. X wird auf Herausgabe an E verurteilt und nimmt B nach §§ 437 Nr.3, 311a II BGB in Regress. Kann B einwenden, der Anspruch des X sei unbegründet, weil sie Eigentümerin war und folglich ihre Verkäufer-pflichten erfüllt habe?

Nein, obwohl sie dem Vorprozess nicht beigetreten ist, greift die Interventionswirkung zu ihren Lasten (§§ 74 III, 68), d.h. sie kann im Verhältnis zum Streitverkünder nicht mehr geltend machen, der Prozess zw. E u. X sei unrichtig entschieden worden, vorausgesetzt die Streitverkündung war seinerzeit zulässig (= erst jetzt prüfen!).

2. Warum prüft das Gericht die Zu-lässigkeit der Streitverkündung nicht bereits im Prozess zwischen E und X?

Weil sie erst im Regressprozess zwischen X und B zum Tragen kommt (§§ 74 III, 68).

3. Wäre das auch so, wenn B dem Rechtsstreit zwischen E und X sogleich beigetreten wäre?

Nein, dann würden nur noch die Vorschriften über die Streithilfe gelten (§ 74 I) mit der Folge, dass die Zulässigkeit der Streitverkündung überhaupt nicht mehr zu prüfen wäre.

4. Warum kann B im (Folge-) Prozess eigentlich nicht geltend machen, dass sie Eigentümerin des Balls war; gem. § 322 I erwächst doch grds. nur der Tenor in Rechtskraft?

Wegen der angesprochenen Interventionswirkung des § 68; sie erfasst anders als die Rechts-kraftwirkung auch die Entscheidungselemente. Das Gericht des Folgeprozesses ist hieran gebunden.

5. Welche wichtige materielle Rechtsfolge tritt durch die Streit-verkündung ein?

Hemmung der Verjährung (§ 204 I Nr.6 BGB).

6. Warum ist ein gerichtlicher Sachver-ständiger gem. § 72 II S.1 nicht Dritter i.S.v. § 72 I?

Er ist ähnlich wie der Richter zur Unparteilichkeit verpflichtet und unterliegt gem. § 406 einer vergleichbaren Regelung über die Ablehnung wegen Befangenheit. Mit dieser verfahrens-rechtlichen Stellung, insb. der unabdingbaren Gewährleistung seiner Unabhängigkeit, wäre es unvereinbar, ihn als Dritten i.S.d. § 72 I zu behandeln (BGH NJW 06, 3214; a.A. Bockholdt NJW 06, 122).

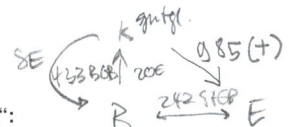

Fall 6 – „Helfer in der Not":

Die garstige Birgit Boshaft stiehlt aus reiner Boshaftigkeit den Ball des armen Emil und verkauft diesen auf dem Flohmarkt für 20 € an den ahnungslosen Klagemann. Als Emil zufällig den Klagemann mit dem Ball trifft, klärt sich der wahre Sachverhalt auf. Klagemann sieht sich genötigt, Emil den Ball herauszugeben und Boshaft auf Schadensersatz i.H.v. 20 € zu verklagen. Emil erklärt dem Prozessgericht durch Schriftsatz, dass er als Streithelfer zur Unterstützung des Klagemann dem Rechtsstreit beitrete. In der mündlichen Verhandlung erscheinen lediglich Boshaft und Emil; Klagemann hat verschlafen. Daraufhin beantragt die garstige Boshaft, ein Versäumnisurteil gegen Klagemann zu erlassen. Der schlaue Emil zeigt sich hiervon unbeeindruckt und beantragt die Verurteilung des boshaften Weibs gemäß der Klageschrift. Boshaft widerspricht empört der Zulässigkeit der Streithilfe durch Emil. Wie wird das Gericht über den Antrag der Boshaft entscheiden?

Lösungsvorschlag

Das Gericht wird dem Antrag der B stattgeben, wenn die Voraussetzungen zum Erlass eines Versäumnisurteils (VU) gegen K vorliegen.

I. Da das VU gegen den Kläger (§ 330) ein Sachurteil ist, muss die Klage zunächst zulässig sein. Hieran bestehen keine Zweifel.

II. Ferner müsste der Kläger nach § 330 säumig sein. K ist trotz ordnungsgemäßer Ladung (§ 335 I Nr.2) im Verhandlungstermin nicht erschienen. Dem Erlass eines VUs könnte jedoch entgegenstehen, dass der als Nebenintervenient auftretende E den Klageantrag für K stellt. § 67 berechtigt den Streithelfer zur Vornahme sämtlicher Prozesshandlungen im eigenen Namen für die unterstützte Partei, sofern er sich damit nicht in Widerspruch zur Prozessführung dieser setzt. Hierzu gehört auch der auf Verurteilung der Beklagten gerichtete Antrag. Demnach wirkt der von E gestellte Antrag und sein Verhandeln zur Sache unmittelbar für K, was zur Folge haben könnte, dass ein VU gegen K ausgeschlossen ist.

Voraussetzung hierfür ist allerdings, dass die Prozesshandlungsvoraussetzungen in der Person des E erfüllt sind, da die Beitrittserklärung Prozesshandlung ist; nur eine wirksame Beitrittserklärung räumt dem Nebenintervenienten die Rechtsstellung des § 67 ein. E müsste also, damit sein Beitritt und folglich auch sein gestellter Antrag wirksam ist, partei-, prozess- und postulationsfähig sein. Mangels entgegenstehender Anhaltspunkte ist hiervon auszugehen. Insbesondere bedarf es hier vor dem AG (§ 23 Nr.1 GVG) keiner anwaltlichen Vertretung (§ 79!). Demzufolge wäre ein VU gegen K ausgeschlossen.

Fraglich ist aber, ob zusätzlich noch die sonstigen Zulässigkeitsvoraussetzungen der Nebenintervention, insbesondere ein rechtliches Interesse i.S.d. § 66 I, vorliegen müssen, damit der Antrag des E wirksam ist und ein VU nicht ergehen darf. Das Prozessgericht prüft lediglich die Prozesshandlungsvoraussetzungen von Amts wegen; die übrigen Bedingungen werden nur auf Parteirüge geprüft (vgl. § 71 I: "Antrag auf Zurückweisung"). B hat der Zulässigkeit der Streithilfe durch E ausdrücklich widersprochen. Daher ist über die Zulässigkeit in einem Zwischenstreit (§ 71 I) durch Zwischenurteil (§ 71 II) zu befinden.

Die Entscheidung über die Zulässigkeit der Nebenintervention ist aber für die hier behandelte Frage nach der Wirksamkeit des von dem Nebenintervenienten gestellten Antrages auf Verurteilung der Beklagten ohne Bedeutung, da § 71 III ausdrücklich anordnet, dass der

Intervenient im Hauptverfahren solange zuzuziehen ist, bis nicht die Unzulässigkeit der Intervention rechtskräftig ausgesprochen wurde. Daraus ist zu folgern, dass auch bei einer rechtskräftig festgestellten Unzulässigkeit der Nebenintervention die vorher vom Intervenienten vorgenommenen Prozesshandlungen ihre Wirksamkeit behalten (Musielak JuS 99, 881 882).

III. Folglich darf auf Grund des zu Gunsten K wirkenden Antrags durch E und dessen Verhandeln zur Sache kein VU gegen K ergehen.

7. Kapitel
Die Klageschrift

Die Klageschrift ist bei dem Gericht schriftlich unter Beifügung der erforderlichen Anzahl von Abschriften einzureichen (§ 253 V). Mit Freistempler oder Kostenmarken ist nachzuweisen, dass der Gerichtskostenvorschuss, ohne den die Klage nach § 12 I S.1 GKG nicht zugestellt werden ("echte" Prozessvoraussetzung, 3. Kap. A I), bezahlt worden ist.

> Beim AG kann die Klage auch zu Protokoll der Geschäftsstelle erklärt werden (§ 496). Grund: Rechtsunkundigen soll geholfen werden, eine Klage in vernünftiger Form und mit sachgemäßem Inhalt einzureichen. Widerklage, Klageänderung und Zwischenfeststellungsklage können zudem in der mündlichen Verhandlung erfolgen (§ 261 II).

I. Der Inhalt der Klage

Der Inhalt der Klage ergibt sich aus § 253 II (Muss-Inhalt), § 253 III, IV (Soll-Inhalt) und § 331 III S.2 (Kann-Inhalt).

1. Der Muss-Inhalt (§ 253 II)

Der Muss-Inhalt ist notwendig zur ordnungsgemäßen Klageerhebung (Sachurteilsvoraussetzung!). Bei Fehlen am Schluss der letzten mündlichen Tatsachenverhandlung ist die Klage daher durch Prozessurteil als unzulässig abzuweisen (3. Kap. A II). Ausnahme: Liegt ein besonders schwerer Einreichungsmangel vor, der den weiteren Fortgang des Verfahrens als überflüssig erscheinen lässt (z.B. bedingte Klageerhebung, fehlende Unterschrift), fehlt es an einer "echten" Prozessvoraussetzung, d.h. die Klage wird gar nicht erst zugestellt und es wird kein Termin zur mündlichen Verhandlung anberaumt (3. Kap. A I).

- Die **Bezeichnung der Parteien** (§ 253 II Nr.1) erfolgt nach Namen, Gewerbe, Wohnort und Parteistellung (§§ 253 IV, 130 Nr.1).

  > Bei OHG und KG müssen die geschäftsführenden Gesellschafter, bei juristischen Personen deren Vertreter benannt werden. Ausnahmsweise ist eine generelle Bezeichnung ausreichend (z.B. die 3 unbekannten Hausbesetzer), so weit bestimmbar ist, welche konkreten Personen gemeint sind (LG Berlin NJW-RR 98, 713 714; OLG Oldenburg NJW-RR 95, 1164 f.).

- Zur **Bezeichnung des Gerichts** (§ 253 II Nr.1) ist es grds. ausreichend, wenn die Klage an das Amts- oder Landgericht adressiert ist.

  > Die Kammer (funktionelle Zuständigkeit!) ist nur anzugeben, wenn die Kammer für Handelssachen angerufen wird (§ 96 I GVG).

- **Bestimmter Antrag** (§ 253 II Nr.2, siehe näher unter II).

- **Bestimmter Grund** (§ 253 II Nr.2, siehe näher unter III).

  > **Merken Sie:** Mängel der Zustellung, Ladung oder Terminsbestimmung sind im Unterschied zur Ordnungsgemäßheit der Klageerhebung rückwirkend, also ex tunc und nicht lediglich ex nunc, heilbar (vgl. § 295 I).

2. Der Soll-Inhalt (§§ 253 III, IV)

Der Soll-Inhalt ist nicht zwingend, insbesondere führt ein Verstoß nicht zur Prozessabweisung (Ausnahme: §§ 253 IV, 130 Nr.6).

- **Angabe des Streitwertes** (§§ 253 III ZPO, 61 GKG).

- Angabe, ob einer **Entscheidung durch den Einzelrichter** nach § 348 Gründe entgegenstehen (§ 253 III).

- **Bezeichnung von Beweismitteln** (§§ 253 IV, 130 Nr.5).

  Urkunden und sonstige Schriftstücke sind der Klage (als Anlage) beizufügen (§§ 253 IV, 131).

- Die **Unterschrift** (§§ 253 IV, 130 Nr.6) muss grds. eigenhändig erfolgen. Im Anwaltsprozess durch den Anwalt, ansonsten durch den Kläger.

  Ausnahmen: Klageeinreichung durch Telegramm, Fernschreiben, Telefax, Computer-fax und Telebrief (Zöller § 130 Rn. 18 mwN).

  Beachten Sie: Obwohl die Unterschrift gem. § 130 Nr.6 nur eine Sollvorschrift ist, ist sie unverzichtbar (BGH NJW 97, 3380 3381).

3. Der Kann-Inhalt (§ 331 III S.2)

Der Kann-Inhalt ist ebenfalls kein Muss:

Der Kläger kann bereits in der Klageschrift ein Versäumnisurteil für den Fall beantragen, dass der Beklagte es im schriftlichen Vorverfahren versäumt, seine Verteidigungsabsicht rechtzeitig anzuzeigen (§ 331 III S.2).

> **Beachten Sie**: § 307 II S.2 a.F., wonach die Möglichkeit bestand ohne mündliche Verhandlung, für den Fall des Anerkenntnisses im schriftlichen Vorverfahren, den Antrag auf Erlass eines Anerkenntnisurteils schon in der Klageschrift zu stellen, ist mit Wirkung vom 1.1.2002 aufgehoben worden. Grund: Es gibt auch ohne einen entsprechenden Antrag ein Anerkenntnisurteil; für ein streitiges Urteil fehlt das Rechtschutzbedürfnis.

II. Der Antrag

Der Antrag muss nach § 253 II Nr.2 hinreichend bestimmt sein, damit das Gericht weiß, worüber es zu befinden hat (§ 308 I!), der Umfang der Rechtskraft feststellbar und eine Vollstreckung aus dem beantragten (Leistungs-) Urteil überhaupt möglich ist.

Hinreichende Bestimmtheit liegt vor, wenn aus dem Antrag (1.) die Klageart (ggf. durch Auslegung) und (2.) der Umfang des Begehrens hervorgeht:

1. Die Klageart

Die Klageart muss erkennbar sein, d.h. es muss ersichtlich sein, ob Leistung, Feststellung oder Gestaltung verlangt wird (Jauernig § 39 II 2).

- Die **Leistungsklage** ist auf ein Tun, Dulden oder Unterlassen gerichtet. Ein mit ihrer Hilfe erwirktes Urteil (sog. Leistungsurteil) enthält die Feststellung des Anspruchs und die an den Beklagten gerichtete Aufforderung, an den Kläger zu leisten (sog. Leistungsbefehl).

- Die **Gestaltungsklage** ist auf die Umgestaltung eines Rechtsverhältnisses durch konstitutives Urteil gerichtet.

    Bsp.: ZPO: Abänderungsklage (§ 323); Vollstreckungsrechtliche Gestaltungsklagen (§§ 767, 768, 771). Familienrecht: Abänderungsklage (§ 238 FamFG); Scheidung (§§ 1564 BGB, 121 Nr.1 FamFG); Klage auf Aufhebung der Gütergemeinschaft (§ 1447 BGB); Eheaufhebungsklage (§ 121 Nr.2 FamFG); Ehenichtigkeitsklage (§ 121 Nr.3 FamFG); Ehelichkeitsanfechtungsklage (§§ 1594, 1599 BGB). Erbrecht: Erbunwürdigkeitsklage (§ 2342 BGB). Gesellschaftsrecht: Klage auf Auflösung der OHG/KG (§§ 133, 161 II HGB); Klage auf Ausschluss eines Gesellschafters (§§ 140, 161 II HGB); Klage auf Entziehung von Geschäftsführungsbefugnis und Vertretungsmacht (§§ 117, 127, 161 II HGB); Klage auf Übernahme des Gesellschaftsvermögens (§§ 142, 161 II HGB); Klage auf Auflösung der GmbH (§§ 60 I Nr.3, 61 GmbHG).

- Die **Feststellungsklage** (§ 256) ist darauf gerichtet, festzustellen, ob zwischen den Parteien ein Rechtsverhältnis besteht (sog. positive Feststellungsklage) oder nicht besteht (sog. negative Feststellungsklage). Bloße Tatsachenfeststellungen sind grds. unzulässig. Ausnahme: Feststellung der Echtheit oder Unechtheit einer Urkunde (§ 256 I).

    Merken Sie: Im Gegensatz zum Leistungsurteil sind Feststellungs- und Gestaltungsurteile nur hinsichtlich der Kosten vollstreckbar.

2. Der Umfang des Begehrens

Der Umfang des Begehrens muss schließlich dem Antrag entnommen werden können. Insbesondere bei Leistungsklagen ist daher der Leistungsgegenstand genau zu bezeichnen (z.B. Opel Kadett Fahrgestellnr. 00 007) bzw. der geforderte Geldbetrag exakt zu beziffern.

Ausnahmen:

a) Die **Stufenklage** (§ 254) gestattet dem Kläger, für den Fall, dass er nicht über die erforderlichen Informationen verfügt, um genau anzugeben, was er fordern kann, eine Leistungsklage ohne bestimmten Antrag zu erheben, wenn er sie mit einer Klage auf Rechnungslegung, Vorlegung eines Vermögensverzeichnisses oder auf Abgabe einer eidesstattlichen Versicherung verbindet. Das Gericht verhandelt und entscheidet dabei nacheinander Stufe für Stufe durch Teilurteil (§ 301):

- **1. Stufe:** Klage auf Auskunft, auf Rechnungslegung oder auf Vorlage eines Vermögensverzeichnisses (z.B. §§ 259 I, 260 I, 666, 1379, 1580, 1605, 2027, 2028 I, 2057 S.1, 2314 BGB, 235, 236 FamFG).

- **2. Stufe:** Klage auf Abgabe einer eidesstattlichen Versicherung (z.B. §§ 259 II, 260 II, 1605 I S.3, 1580 S.2, 2006, 2028 II, 2057 S.2 BGB).

  Beachten Sie: Die 2. Stufe ist fakultativ!

- **3. Stufe:** Klage auf Herausgabe oder Zahlung (Nun ist der Klageantrag zu bestimmen!).

> **Beachten Sie:** Die Stufenklage ist eine objektive Klagenhäufung, so dass die Voraussetzungen des § 260 stets zu prüfen sind.

Vorteil der Stufenklage: Der ganze Komplex wird in einem "Abwasch" erledigt und durch Zustellung der Klage wird auch die (zunächst) unbestimmte Klage rechtshängig und somit die Verjährung des gesamten Anspruchs gehemmt (§ 204 I Nr.1 BGB).

b) Darüberhinaus ist ein unbezifferter Zahlungsantrag zulässig, wenn die Höhe der Forderung erst durch eine Beweisaufnahme oder richterliche Schätzung (§ 287) ermittelt wird.

Die **Klage auf ein "angemessenes" Schmerzensgeld** ist der häufigste Fall in der Praxis: Nach § 253 II BGB schuldet der Beklagte "eine billige Entschädigung in Geld". Der Kläger weiß aber nicht, was der Richter für "billig" hält. Wollte man ihm zumuten, in diesen Fällen seinen Klageantrag genau zu beziffern, bestünde stets die Gefahr, dass er zu wenig (§ 308 I!) oder zu viel (Kostenrisiko: §§ 91, 92!) beantragt. Die (neuere) Rspr. verlangt aber eine Angabe einer ungefähren **Größenordnung** und die Beibringung der für die Ermessensausübung erforderlichen Unterlagen (BGH NJW 96, 2425 2427). Die Größenordnungsangabe ist insbesondere für die Streitwertfestsetzung, ein Versäumnis- oder Anerkenntnisurteil und die (formelle) Beschwer im Rechtsmittelverfahren von Bedeutung. Nur wenn das Gericht hinter der angegebenen Größenordnung wesentlich zurückbleibt (ca. 20 %, vgl. Jauernig § 39 II 2 mwN), ist der Kläger (formell) beschwert und damit rechtsmittelberechtigt (15. Kap. A I 2). Der Kläger kann auch einen **Mindestbetrag** angeben, bei dessen Unterschreiten er beschwert ist (BGH Report 02, 175 176). Nach oben ist dem richterlichen Ermessen hingegen keine Grenze gesetzt (BGH NJW 99, 1339 1340; 96, 2425 2427).

Beachte: Die frühere Rspr., wonach eine Abweichung vom angegebenen Mindestbetrag nur i.H.v. 20 % nach oben möglich war, ist mittlerweile überholt.

Merken Sie: Zur Kostentragung sowie zur vorläufigen Vollstreckbarkeit braucht grds. kein Antrag gestellt zu werden, weil das Gericht hierüber von Amts wegen entscheidet (§§ 308 II, 709). Eine Ausnahme besteht jedoch, wenn eine Abweichung vom gesetzlichen Regelfall begehrt wird (§ 714).

Der Angabe des Gegenstandes kommt neben dem Antrag in § 253 II Nr. 2 keine eigenständige Bedeutung zu.

III. Der Klagegrund

Der Klagegrund muss ebenfalls gem. § 253 II Nr.2 hinreichend bestimmt sein. Darunter sind die anspruchsbegründenden Tatsachen, also der Lebenssachverhalt auf den der Kläger sein Begehren stützt und nicht etwa rechtliche Ausführungen zu verstehen ("da mihi facta, dabo tibi ius" = gebe mir die Fakten und ich werde dir das Recht geben; "iura novit curia" = das Recht ist dem Gericht bekannt).

Das Mitteilen rechtlicher Ausführungen ist jedoch ratsam, da durchaus die Möglichkeit besteht, dass das Gericht sich hiervon leiten lässt.

Der für den Tatsachenvortrag erforderliche Bestimmtheitsgrad ist umstritten:

1. Die sog. verbesserte Individualisierungstheorie

Danach ist es ausreichend, dass der Kläger lediglich so viele Tatsachen mitteilt, die es ermöglichen den Streitgegenstand von ähnlichen Streitgegenständen anderer Prozesse zu unterscheiden (h.M.:Thomas/Putzo § 253 Rn. 10; BGH NJW 00, 3492).

Die Individualisierungstheorie in ihrer Ursprungsform, wonach die Angabe des Rechtsverhältnisses (z.B. "aus EBV") genügte, wird heute nicht mehr vertreten.

2. Nach der sog. Substanziierungstheorie

Nach der sog. Substanziierungstheorie ist die Angabe sämtlicher Tatsachen erforderlich, die den geltend gemachten Anspruch rechtfertigen (B/L/A/H § 253 Rn. 32).

Kritik: Ob die Klage dem Klägervortrag nach gerechtfertigt ist, ist nicht eine Frage der Zulässigkeit, sondern der Schlüssigkeit, also der Begründetheit der Klage (Thomas/Putzo aaO).

1. Ist ein Antrag auf Räumung zulässig, der sich gegen "eine wechselnde Anzahl von 3-5 unbekannte Hausbesetzer" richtet?

Nein, gem. § 253 II Nr.1 müssen die Parteien bezeichnet werden; eine generelle Bezeichnung ist nur ausreichend, wenn bestimmbar ist, welche konkreten Personen gemeint sind. Die Klage ist daher durch Prozessurteil abzuweisen, wenn der Mangel nicht bis zum Schluss der letzten Tatsachenverhandlung (ggf. nach Ausübung der richterlichen Hinweispflicht gem. § 139) geheilt wird.

2. Wie wäre es, wenn der Antrag auf Räumung lauten würde: "...gegen die sich z.Zt. in dem genannten Haus aufhaltenden fünf unbekannten Personen."?

Nun liegt ausreichende Bestimmtheit vor, da ermittelt werden kann, welche konkreten Personen gemeint sind.

3. Konsequenzen, wenn der Kläger keinen Streitwert angibt?

Keine, es handelt sich bei § 253 III lediglich um eine Sollvorschrift.

4. Konsequenzen, wenn der Kläger den Klagegrund nicht näher darlegt?

Klageabweisung, falls eine Heilung bis zum Schluss der letzten Tatsachenverhandlung unterbleibt; § 253 II ist eine Mussvorschrift.

5. Was für Konsequenzen hat es, wenn der Kläger vergisst, die Klage zu unterzeichnen?

Es erfolgt eine sog. a limine Abweisung, d.h. Zustellung und Terminsanberaumung unterbleiben (schwerer Einreichungsmangel = "echte" Prozessvoraussetzung!). Beachte: Obwohl die §§ 253 IV, 130 Nr.6 lediglich eine Sollvorschrift darstellen, ist die Unterschrift zwingend.

6. Was versteht man unter Klagegrund (§ 253 II Nr.2)?

Den zur Begründung des Antrags vorgetragenen Lebenssachverhalt (z.B. Unfall) und nicht etwa die Rechtsnorm (z.B. § 7 StVG).

7. Wann ist der Klagegrund ausreichend bestimmt?

Wenn so viele Tatsachen vorgetragen werden, dass der Streitgegenstand von ähnlichen Streitgegenständen anderer Prozesse abgrenzbar ist (h.M.).

8. Wann ist der Antrag hinreichend bestimmt (§ 253 II Nr.2)?

Wenn aus ihm die Klageart und der Umfang des Begehrens hervorgeht.

9. Wann werden Ausnahmen hiervon gemacht?

Für den Fall der Stufenklage (§ 254), wenn die Höhe der Forderung erst durch eine Beweisaufnahme oder eine richterliche Schätzung ermittelt wird (§ 287).

10. A beauftragt B, seine Briefmarkensammlung zu verkaufen. B wird nur einen Teil der Sammlung los; verweigert aber Herausgabe der restlichen Marken sowie des erzielten Erlöses. Was kann A tun?

Stufenklage (§ 254) erheben; eine isoliert auf Herausgabe gerichtete Klage wäre zu unbestimmt und damit unzulässig: K hat gem. §§ 259 I, 666 BGB einen Auskunftsanspruch (1. St.); er kann daneben gem. § 259 II BGB beantragen, dass B eine eidesstattliche Versicherung abgibt (2. St.; § 260!). Nach Auskunftserteilung muss A seinen Antrag bestimmen, über den dann auf einer 3. St. entschieden wird.

8. Kapitel
Der Streitgegenstand

Der Streitgegenstand stellt sich als "prozessualer" Anspruch dar; er wird vom Kläger bestimmt (Dispositionsmaxime!) und steht mit Erhebung der Klage fest.

I. Bedeutung des Streitgegenstandes

Seine Bestimmung ist insbesondere in folgenden Fällen von Bedeutung:

- Rechtskraft (§ 322 I): Nach rechtskräftiger Entscheidung kann derselbe Streitgegenstand nicht noch einmal zum Gegenstand eines Prozesses gemacht werden (18. Kap. B).

- Rechtshängigkeit: Über denselben Streitgegenstand darf nicht in zwei Prozessen gleichzeitig verhandelt werden (§ 261 III Nr.1); die spätere Klage wäre unzulässig (9. Kap. II 1).

- Klageänderung (10. Kap.).

- Klagenhäufung (§ 260): Mehrere Streitgegenstände sollen miteinander verbunden werden (11. Kap.).

- Zuständigkeit: Die sachliche Zuständigkeit (§§ 23 Nr.1, 71 GVG) hängt vom Wert des Streitgegenstandes ab.

II. Streit um den Streitgegenstand

Obwohl im Ausgangspunkt nach einhelliger Ansicht der Kläger den Streitgegenstand bestimmt, sind die Einzelheiten umstritten. Dies folgt daraus, dass die ZPO den Begriff nicht näher bestimmt, ihn sogar uneinheitlich verwendet (z.B. § 261 III Nr.1: "Streitsache"; § 322 I: "erhobenen Anspruch").

1. Die Theorie vom rein prozessualen eingliedrigen Streitgegenstandsbegriff

Die Theorie vom rein prozessualen eingliedrigen Streitgegenstandsbegriff lässt allein den Inhalt des Klageantrags (z.B. 3.000 € zu zahlen) maßgebend sein. Der zur Begründung dieses Antrags vorgetragene Lebenssachverhalt stellt lediglich einen Auslegungsbehelf dar.

> **Kritik:** Bei Leistungsklagen liegt in aller Regel ein gleich lautender Antrag vor, so dass das Heranziehen des Sachverhaltes unumgänglich ist. Von einer "echten" Eingliedrigkeit kann also nicht die Rede sein. Dass der Sachverhalt lediglich Auslegungshilfe und nicht Bestimmungselement sein soll, widerspricht zudem dem Wortlaut des § 253 II Nr.2, der auch den "Grund des erhobenen Anspruchs" verlangt.

2. Die Theorie vom rein prozessualen zweigliedrigen Streitgegenstandsbegriff

Die Theorie vom rein prozessualen zweigliedrigen Streitgegenstandsbegriff will daher den Streitgegenstand anhand des Antrags und des vorgetragenen Sachverhaltes (sog. Klagegrund) bestimmen (hM: BGH MDR 99, 952; NJW 02, 1503); ändert sich nur eines dieser beiden Kriterien, so ändert sich auch der Streitgegenstand.

> **Bsp.:** K verklagt B auf Zahlung von 3.000 € aus Kaufvertrag und einen erfüllungshalber für die Kaufpreisforderung gegebenen Wechsel. Nach der Th. vom eingliedrigen Steitgegenstandsbegriff liegt nur ein Streitgegenstand vor, da der Antrag jeweils auf Zahlung von 3.000 € geht (u.U.ergibt die Auslegung des Sachverhaltes etwas anderes). Die hM nimmt hingegen zwei Streitgegenstände und damit eine obj. Klagenhäufung (§ 260) an, da Vertragsschluss und Wechselbegebung unterschiedliche Sachverhalte darstellen.

> **Kritik:** Für die hM kann es u.U. in Grenzfällen schwierig sein festzustellen, wann (noch) ein identischer Lebenssachverhalt vorliegt. Maßgebend hierfür ist, ob lediglich ein Tatsachenkomplex vorliegt, was unter Zugrundelegung einer natürlichen Betrachtungsweise zu ermitteln ist (BGH MDR aaO.). So wäre im obigen Bsp. fraglich, ob noch ein Sachverhalt vorliegt, wenn Vertragsschluss und Wechselbegebung zeitlich zusammenfallen.

3. Die materiellrechtlichen Theorien

Die materiellrechtlichen Theorien knüpfen für den Begriff des Streitgegenstandes an den materiellrechtlichen Anspruchsbegriff (§ 194 I BGB) an; sie sind in sich aber uneinheitlich. Überwiegend wird lediglich ein Streitgegenstand angenommen, wenn eine Anspruchsgrundlagenkonkurrenz vorliegt. Stehen hingegen mehrere Ansprüche selbstständig nebeneinander (isoliert abtretbar!) liegen mehrere Streitgegenstände vor.

> **Kritik:** Kommt das Gericht zu dem Ergebnis, dass der Kläger keinen (materiellrechtlichen) Anspruch gegen den Beklagten hat, hat der Prozess nach dieser Auffassung an sich keinen Streitgegenstand gehabt. Dies wäre grotesk. Überdies führen die materiellrechtlichen Lehren zu unbefriedigenden Ergebnissen im Bereich der Verjährung: Gegenstand der Verjährung ist grds. der Anspruch. Der sich aus der Zusammenfassung verschiedener materieller Ansprüche ergebene prozessuale Anspruch unterläge keiner einheitlichen Verjährungsfrist mehr.

Wiederholungsfragen zum 8. Kapitel

1. In welchen Fällen kommt es insbesondere auf die genaue Bestimmung des Streitgegenstandes an?

Bei der anderweitigen RH (§ 261 III Nr.1); der entgegenstehenden Rechtskraft (§ 322 I); der objektiven Klagenhäufung (§ 260); der Klageänderung (§§ 263 ff.) und der sachlichen Zuständigkeit (§§ 23 Nr.1, 71 GVG).

2. Wie bestimmt sich der Streitgegenstand nach dem zweigliedrigen Streitgegenstandsbegriff?

Der Streitgegenstand bestimmt sich nach dem Antrag und dem zur Begründung des Antrags vorgetragenen Lebenssachverhalt (Klagegrund).

3. Wie nach dem eingliedrigen Streitgegenstandsbegriff?

Der Streitgegenstand bestimmt sich allein nach dem Klageantrag. Der Klagegrund ist nicht Bestimmungselement, sondern dient nur als Auslegungshilfe.

4. Wie nach dem überwiegenden Teil der materiellrechtlichen Lehren?

Es muss unterschieden werden, ob Anspruchsgrundlagenkonkurrenz vorliegt oder ob die (mat.) Ansprüche selbstständig nebeneinander stehen können.

5. Im folgenden soll anhand der prozessualen Theorien zum Streitgegenstandsbegriff herausgearbeitet werden, ob ein oder mehrere Streitgegenstände vorliegen.

Ein angestellter Maler verursacht bei Malerarbeiten im Hause des "Auftraggebers" einen erheblichen Sachschaden. Der Geschädigte stützt seine Schadnsersatzklage gegen die "beauftragte" Firma auf § 831 BGB und § 280 I BGB.

Nach dem eingliedrigen Streitgegenstandsbegriff liegt nur ein Streitgegenstand vor, da nur ein Antrag (SE-Zahlung) gegeben ist. Zum gleichen Ergebnis gelangt die zweigliedrige Theorie, da dem Antrag nur ein einheitlicher Lebenssachverhalt - nämlich das zum Schaden führende Verhalten des Malergesellen – zugrundeliegt.

6. K verklagt B auf Zahlung von 1.000 € aus Darlehen. Als er merkt, dass er die Darlehenshingabe nicht beweisen kann, verlangt er Zahlung von 1.000 € aus einer zweiten (späteren) Darlehenshingabe, die er beweisen kann.

Nach der zweigliedrigen Th. liegen zwei StrGe vor, weil die erste und zweite Darlehenshingabe unterschiedliche Lebenssachverhalte darstellen. Auch der eingliedrige Streitgegenstandsbegriff müsste zu diesem Ergebnis gelangen, da die Auslegung des Antrags durch den Lebenssachverhalt ergibt, dass K nun einen "anderen" Darlehensbetrag verlangt, nämlich den aus der zweiten Darlehenshingabe.

7. K verlangt von B Zahlung von 1.000 € als Werklohn. Als sich im Prozess herausstellt, dass K die Forderung abgetreten hat und ihm diese wieder zurückabgetreten wurde, verlangt er Zahlung aus abgetretenem Recht?

Die zweigliedrige Theorie würde zwei Streitgegenstände annehmen, da die Änderung der Klagebegründung von eigenem zu abgetretenem Recht einen neuen Sachverhalt darstellt. Demggü. müsste die eingliedrige Theorie einen einheitlichen Streitgegenstand annehmen, weil der Antrag gleich lautend ist und eine Auslegung durch den Lebenssachverhalt ergibt, dass dasselbe Klageziel (Werklohnzahlung) verfolgt wird.

9. Kapitel

Die Rechtshängigkeit

Die Rechtshängigkeit ist streng zu trennen von der Anhängigkeit. Rechtshängigkeit tritt mit Klageerhebung (§ 261 I), d.h. mit Zustellung der Klageschrift an den Beklagten (§ 253 I) ein. Anhängig wird die Klage dagegen schon mit Einreichung der Klageschrift bei Gericht.

Ausnahmsweise tritt gem. § 261 II durch Erhebung eines prozessualen Anspruchs in der mündlichen Verhandlung Rechtshängigkeit ein, ohne dass es einer Zustellung der Klageschrift bedarf (z.B. Widerklage). Unter den Voraussetzungen des § 696 III ist die Sache im Mahnverfahren bereits mit Zustellung des Mahnbescheides rechtshängig geworden.

Die Rechtshängigkeit hat sowohl materiellrechtliche als auch prozessuale Wirkungen:

I. Die materiellrechtlichen Wirkungen

Die materiellrechtlichen Wirkungen der Rechtshängigkeit sind nach § 262 davon abhängig, dass Klage erhoben wird. Sie sind rechtserhaltend oder rechtsvermehrend.

1. **Rechtserhaltend** wirkt die Hemmung der Verjährung (§ 204 I Nr.1 BGB), der Ersitzung (§ 941 BGB), sowie zahlreicher Ausschlussfristen (z.B. §§ 864, 1002 BGB).

Merken Sie: Die Hemmung sowie der Neubeginn der Verjährung (und die Wahrung einer Frist) wird gem. § 167 (= §§ 207, 270 III, 693 II a.F.) ausnahmsweise auf den Ztpkt. der Anhängigkeit vordatiert, wenn "die Zustellung demnächst erfolgt". Grund: Der Kläger soll vor Verzögerungen im Amtsbetrieb, auf die er keinen Einfluss hat, geschützt werden. Die Zustellung erfolgt daher nicht "demnächst", wenn der Kläger (bzw. der Antragsteller) durch eigenes nachlässiges Verhalten zu einer nicht geringfügigen Verzögerung beigetragen hat. Das ist insb. dann der Fall, wenn "echte" Prozessvoraussetzungen fehlen (z.B. fügt der Kläger nicht die erforderlichen Abschriften bei, gibt eine falsche Adresse an oder vergisst die Klageschrift zu unterzeichnen). Eine von der Partei zu vertretende Verzögerung bis zu 14 Tagen ist jedenfalls als geringfügig und damit als unschädlich anzusehen (BGH NJW 11, 1227). Diese Sichtweise steht m.E. jedoch in einem Wertungswiderspruch zu § 691 II, wonach der Antragsteller einen Monat Zeit hat, seinen Anspruch im Klagewege weiterzuverfolgen, wenn sein Mahnantrag wegen Fehlens zwingender Formalien zurückgewiesen wird. Eine im Vergleich zur Monatsfrist des § 691 II kürzere Frist für die durch § 167 geregelten Fallkonstellationen ist nicht gerechtfertigt. Daher ist eine zu vertretende Verzögerung bis zu einem Monat noch als geringfügig anzusehen (vgl. auch BGH NJW 02, 2794). Die Verzögerung wird vom Tage des Ablaufs der (Verjährungs-) Frist und nicht vom vorangegangenen Ztpkt. der (Klage- bzw. Antrags-) Einreichung berechnet (BGH NJW 95, 2230 2231).

2. **Rechtsvermehrend** wirkt der Anspruch auf Prozesszinsen (§ 291 BGB) sowie die Vorschriften über die Haftungsverschärfungen (z.B. §§ 292, 818 IV, 987 ff., 2023 f. BGB).

Die Wirkungen treten nur in Bezug auf den konkreten Streitgegenstand ein.

> **Bsp.:** Um das Prozessrisiko zu mindern, klagt K zunächst lediglich einen Teilbetrag einer ihr zustehenden Forderung ein (sog. Teilklage). Nachdem sie ein zusprechendes Urteil erstritten hat, klagt sie auf Zahlung des Restbetrages. Nun erhebt der Beklagte die Einrede der Verjährung, da der Anspruch inzwischen verjährt ist. Zu Recht? Ja, eine Teilklage hemmt nur bis zur Höhe des eingeklagten Teils die Verjährung, weil sich die Folgen der Rechtshängigkeit nur auf den konkreten Streitgegenstand beziehen.

II. Prozessuale Wirkungen

1. Der Streitgegenstand darf bei keinem anderen (oder demselben) Gericht während der Dauer der Rechtshängigkeit anderweitig anhängig gemacht werden (**§ 261 III Nr.1**); die zweite Klage wäre unzulässig. Dieser Einwand der Rechtshängigkeit ist von Amts wegen zu beachten und setzt einen identischen Streitgegenstand und identische Parteien beider Prozesse voraus.

2. Die einmal begründete Zuständigkeit des Gerichts bleibt bestehen, auch wenn die Umstände, welche sie begründen, sich nachträglich ändern (**§ 261 III Nr.2; sog. perpetuatio fori**). Entsprechendes gilt für die Zulässigkeit des Rechtsweges (§ 17 I S.1 GVG).

> **Bsp.:** Wohnsitzwechsel, nachträgliche Gerichtsstandsvereinbarung, Wertänderung des (unveränderten) Streitgegenstandes.

> **Beachten Sie:** Eine Ausnahme besteht für die AGe. Sie können auch nach Klageerhebung noch sachlich unzuständig werden, wenn durch Klageänderung oder Widerklage der Streitgegenstand erweitert wird (**§ 506**). Diese Vorschrift gilt nur für das Verfahren vor den AGen und lässt sich nicht umkehren.

3. Der durch die Klage bestimmte Streitgegenstand kann nur noch unter einschränkenden Voraussetzungen geändert werden (**§§ 263 f.**; vgl. 10. Kap.)

Die Rechtshängigkeit **endet mit Rechtskraft des Urteils** oder mit anderweitiger Beendigung des Prozesses (z.B. Klagerücknahme, Erledigungserklärung oder Vergleich).

1. Wann ist eine (zivilprozessuale) Klage anhängig und wann ist sie rechtshängig?

Anhängig mit Einreichung der Klageschrift und rechtshängig mit Klageerhebung, d.h. Zustellung der Klageschrift (§§ 261 I, 253 I).

2. Ist das im Verwaltungsprozess auch so?

Nein, die Klage ist dort bereits mit Zugang bei Gericht rechtshängig; einer Zustellung bedarf es nicht (§§ 90, 81 I VwGO).

3. Nennen Sie die wichtigsten materiellrechtlichen und prozessualen Folgen der Rechtshängigkeit im Zivilprozess?

Mat.: §§ 204 I Nr.1 (Hemmung der Verjährung); 941 (der Ersetzung); 864, 1002 BGB (diverser Ausschlussfristen); §§ 292, 818 IV, 987 ff., 2023 f. BGB (Haftungsverschärfungen); § 291 BGB (Anspruch auf Prozesszinsen). Proz.: §§ 261 III Nr.1 (Einwand der anderweitigen RH); 261 III Nr.2 (perpetuatio fori); 263 f. (eingschränkte Möglichkeit der Klageänderung).

4. K klagt vor dem AG auf Zahlung von 4.000 €. Später erhöht er seine Forderung auf 6.000 €. Der Beklagte rügt nunmehr die sachliche Unzuständigkeit (§§ 23 Nr.1, 71 GVG) des AG. Der Richter erklärt sich daraufhin für unzuständig und verweist den Rechtsstreit an das "zuständige" LG. Zu Recht?

Ja, grds. gilt zwar: "Einmal zuständig, immer zuständig" (§ 261 III Nr.2); für die AGe besteht aber u.a. dann eine Ausnahme, wenn der Klageantrag erweitert wird (§§ 506, 264 Nr.2).

5. Wie wäre es, wenn K zunächst auf 6.000 € vor dem LG klagt und dann seine Forderung auf 4.000 € herabsetzt?

Hier greift nun § 261 III Nr.2, da § 506 eine Ausnahmevorschrift für das Verfahren vor den AGen ist und sich nicht umkehren lässt.

6. K klagt vor dem LG, nimmt dann aber seine Klage zurück (§ 269) und klagt später von Neuem. Steht der Einwand der anderweitigen RH (§ 261 III Nr.1) entgegen?

Nein, die RH endet mit Beendigung des Prozesses (hier durch Klagerücknahme). Eine neue Klage ist möglich (vgl. auch § 269 VI).

7. Die in Flensburg lebende H verklagt die in München lebende S wegen eines in Flensburg creignetem Verkehrsunfalls erst vor dem LG München I (§ 13) und dann noch vor dem LG Flensburg (§ 32) auf S.E. Ist dies zulässig?

Nein, die zweite Klage ist unzulässig, da ihr StrG (identischer Antrag und Klagegrund) schon anderweitig rechtshängig ist (§ 261 III Nr.1).

8. Wie wäre es, wenn H zweimal vor dem LG Flensburg klagt und sich einmal auf § 823 I BGB und einmal auf § 7 I StVG stützt?

Genauso, beide Male handelt es sich um denselben Streitgegenstand. H stellt zweimal den gleichen Antrag und begründet ihn mit dem gleichen Sachverhalt (sprich Verkehrsunfall). Dass die rechtliche Begründung verschieden ist, ist belanglos.

Fall 7 – „Gebrauchtwagenkauf mit Folgen":

Am 16.05.2002 kauft Bräsig bei dem Gebrauchtwagenhändler Keck einen Opel Kadett für seinen Pizzalieferservice zu 16.500 €. Der Pkw wird sofort übergeben. Keck freut sich darüber, endlich einen "Dummen" gefunden zu haben und nimmt einen von Bräsig ausgestellten Wechsel in Höhe des Kaufpreises entgegen. Der Wechsel wird bei Vorlage jedoch nicht eingelöst. Daraufhin klagt Keck durch seinen RA Schlau vor dem zuständigen LG aus dem Wechsel. Als sich im Prozess herausstellt, dass der Wechsel nicht formgültig ist, freut Keck sich überhaupt nicht mehr und klagt durch seinen RA aus dem Kaufvertrag. Die zweite Klage geht am 27.12.2005 beim LG ein; sie wird dem Bräsig aber erst am 7.01.2006 zugestellt. Der Prozessbevollmächtigte des Bräsig meint, die Kaufpreisforderung sei verjährt. Wie wird das Gericht über die zweite Klage entscheiden?

Lösungsvorschlag

Das Gericht wird der zweiten Klage stattgeben, wenn sie zulässig und begründet ist.

A. Zulässigkeit

I. Die Klage könnte wegen anderweitiger Rechtshängigkeit nach § 261 III Nr.1 unzulässig sein, da die Klage aus dem Wechsel noch rechtshängig ist (v. Amts wg. zu berücksichtigen! Die häufig angetroffene Bezeichnung als "Einrede" der Rechtshängigkeit ist daher irreführend). Anderweitige Rechtshängigkeit i.S.d. § 261 III Nr.1 setzt identische Parteien und einen identischen Streitgegenstand beider Prozesse voraus.

1. K ist sowohl Kläger des "Wechselprozesses" als auch des "Kaufpreisprozesses". B ist in beiden Prozessen Beklagter.

2. Fraglich ist jedoch, ob beide Prozesse einen identischen Streitgegenstand (= Streitsache) haben. Der Kläger bestimmt den Streitgegenstand (Dispositionsmaxime!). Nach welchen Kriterien dies im Einzelnen geschieht, wird allerdings unterschiedlich beurteilt.

a) Nach der Theorie vom rein prozessualen zweigliedrigen Streitgegenstandsbegriff bestimmt sich der Streitgegenstand anhand des Klageantrages und des zur Begründung dieses Antrages vorgetragenen Lebenssachverhaltes (sog. Klagegrund). Antrag und Sachverhalt sind somit gleichwertige Bestimmungselemente; ändert sich nur eines dieser beiden Elemente, so ändert sich auch der Streitgegenstand. Der Antrag ist in beiden Klagen auf Zahlung von 16.500 € gerichtet und demnach gleich. Weiter müsste der Klagegrund beider Prozesse identisch sein. Im ersten Prozess stützt K sich auf die Wechselbegebung, im zweiten dagegen auf den Kaufvertrag. Wechselbegebung und Vertragsschluss sind jedenfalls dann unterschiedliche Lebenssachverhalte, wenn diese, wie hier, zeitlich auseinander fallen. Da demnach verschiedene Klagegründe vorliegen, haben beide Prozesse auch keinen identischen Streitgegenstand. Folglich steht der zweiten Klage auch nicht der Einwand der Rechtshängigkeit nach § 261 III Nr.1 entgegen.

b) Nach a.A. bestimmt sich der Streitgegenstand allein nach dem Klageantrag (sog. Theorie vom rein prozessualen eingliedrigen Streitgegenstandsbegriff). Der Klageantrag ist, wie gesehen, in beiden Prozessen gleich. Daher müsste diese Ansicht an sich eine Identität der Streitgegenstände annehmen. Insbesondere bei Leistungsklagen wird aber der Klagegrund zur Individualisierung der Streitgegenstände als Auslegungshilfe herangezogen, so dass i.E. doch zwei Streitgegenstände vorliegen. Also steht (auch dieser Auffassung zur Folge) die Rechtshängigkeit des "Wechselprozesses" der Zulässigkeit der "Kaufpreisklage" nicht entgegen (a.A. vertretbar).

c) Schließlich wird vertreten, dass der Streitgegenstand nach materiellrechtlichen Gesichtspunkten zu ermitteln ist. Wenn zwischen den verschiedenen (materiellen) Ansprüchen Anspruchsgrundlagenkonkurrenz gegeben ist, liegt nur ein Streitgegenstand vor. Stehen die verschiedenen Ansprüche aber selbstständig nebeneinander, handelt es sich um verschiedene Streitgegenstände. Durch den erfüllungshalber geleisteten Wechsel erlangt K lediglich eine zusätzliche Befriedigungsmöglichkeit - er kann jederzeit auf die ursprüngliche Forderung zurückgreifen. Die Wechselhingabe erfolgt somit abstrakt und steht selbstständig neben dem Anspruch aus § 433 II BGB. Folglich nimmt diese Ansicht ebenfalls unterschiedliche Streitgegenstände an. Der Einwand der anderweitigen Rechtshängigkeit (§ 261 III Nr.1) ist demnach nicht gegeben.

II. Mithin ist die (zweite) Klage zulässig.

B. Begründetheit

Sie wäre auch begründet, wenn K tatsächlich einen Anspruch auf Kaufpreiszahlung gegen B aus § 433 II BGB hat.

Anmerkung: Der Aufbau: 1. Schlüssigkeit des Klägervorbringens, 2. Erheblichkeit des Beklagtenvorbringens, 3. ggf. Beweisverfahren bietet sich hier nicht an, da der Sachverhalt unstrittig ist.

I. Der Kaufpreisanspruch ist entstanden und nicht erloschen. Fraglich ist jedoch, ob er durchsetzbar ist.

B macht die Einrede der Verjährung geltend (§ 214 I BGB). Der Anspruch auf Kaufpreiszahlung verjährt gem. § 195 BGB in drei Jahren, gerechnet ab Ende des Jahres, in dem es zur Entstehung des Anspruchs gekommen ist und der Gläubiger von den den Anspruch begründenden Umständen und der Person des Schuldners Kenntnis erlangt (§ 199 I BGB). Im Jahre 2002 ist es zum Vertragsschluss gekommen. Zu diesem Ztpkt hatte K auch Kenntnis von den anspruchsbegründenden Umständen (= Kaufvertrag) und der Person des Schuldners (= Käufer). Verjährung wäre demnach mit Ablauf des Jahres 2005 eingetreten. Die Verjährung könnte aber gehemmt worden sein. Grds. ist dies gem. § 204 I Nr.1 BGB nur durch Erhebung der Klage, also Zustellung der Klageschrift (§§ 261 I, 253 I), möglich. Die Klageschrift ist vorliegend erst am 7.01.2006 zugestellt worden. Demnach wäre Verjährung schon eingetreten. Ausnahmsweise wird die Hemmung der Verjährung jedoch auf den Ztpkt. der Anhängigkeit vorverlegt, wenn "die Zustellung demnächst erfolgt" (§ 167). Anhängig ist die Klage bereits mit Einreichung bei Gericht. Eingereicht worden ist die Klage am 27.12.2005, also noch vor Ablauf der Verjährung. "Demnächst" ist noch auf jeden Fall zugestellt worden, wenn die Zustellung innerhalb von 14 Tagen, gerechnet ab dem Ztpkt. des Ablaufs der Verjährungsfrist, erfolgt. Dies ist der Fall. Folglich ist die Verjährung gehemmt worden. Die Einrede der Verjährung greift daher nicht.

II. Die (zweite) Klage ist somit auch begründet.

Wie wäre zu tenorieren?

Der Beklagte wird verurteilt, an den Kläger 16.500 € zu zahlen.
Die Kosten des Rechtsstreits trägt der Beklagte (vgl. § 91).
Das Urteil ist gegen Sicherheitsleistung in Höhe von 110 % des jeweils zu vollstreckenden Betrages vorläufig vollstreckbar (vgl. § 709 S.1 u. 2).

10. Kapitel
Klageänderung (§§ 263 ff.)

Klageänderung ist die Änderung des Streitgegenstandes, also bei Zugrundelegung der herrschenden zweigliedrigen Theorie die Änderung des Klageantrags und/oder des Klagegrundes (8. Kap. II 2). Nach Eintritt der Rechtshängigkeit (§§ 261 I, 253 I) ist sie nur noch unter sehr engen Voraussetzungen möglich. Grund: Der Beklagte hat sich auf die Verteidigung in einer bestimmten Sache eingelassen und somit auch ein schützenswertes Interesse daran, dass in dieser Sache eine Entscheidung ergeht.

I. Die Zulässigkeit der Klageänderung

Die Zulässigkeit der Klageänderung ist wie folgt zu prüfen:

1. Liegt überhaupt eine Klageänderung vor?

Hier ist zu prüfen, ob der Streitgegenstand geändert wurde.

2. Wenn ja: Handelt es sich um eine gesetzl. zulässige Klageänderung (§ 264)?

Der Wortlaut des § 264 ("Als eine Änderung der Klage ist es nicht anzusehen, wenn...") ist nach allg. Ansicht so zu verstehen, als ob dort stünde:"Als eine zulässige Klageänderung ist es anzusehen, wenn...", da die dort geregelten Fälle mit Ausnahme von Nr.1 wegen der erforderlichen Antragsänderung nach "sämtlichen" Streitgegenstandstheorien eine Klageänderung darstellen.

a) **§ 264 Nr.2:** Der Kläger hat die Möglichkeit, den Klageantrag zu erweitern oder zu beschränken, solange der Klagegrund derselbe ist.

> *Bsp.: "größer" statt "kleiner" S.E. aus §§ 437 Nr.3, 281 I S.2 BGB und umgekehrt; Übergang von Leistung auf Feststellung und umgekehrt; Zahlung an sich statt an einen anderen und umgekehrt.*

> Jede Beschränkung des Klageantrags (§ 264 Nr.2 2.Alt.) ist auch eine Teilrücknahme der Klage (§ 269 I). Es wird daher überwiegend die Meinung vertreten, der Beklagte müsse (in den Fällen des § 264 Nr.2 2.Alt.) stets einwilligen (Thomas/Putzo § 264 Rn. 6; BGH NJW 90, 2682; Brammsen/Leible JuS 97, 59). Dem wird z.T. entgegengehalten, dass **§ 264 Nr.2 2.Alt. lex specialis ggü. § 269 I** sei; das Gesetz hat in diesen Fällen gerade von dem Erfordernis einer Einwilligung abgesehen (Schellhammer Rn. 1667).

b) **§ 264 Nr.3:** Der Kläger kann statt des ursprünglich geforderten Gegenstandes wegen einer später eingetretenen oder erfahrenen (Thomas/Putzo § 264 Rn. 7) Veränderung einen anderen Gegenstand oder das Interesse fordern.

> *Bsp.: Surrogat statt Sache (§ 285 BGB); S.E. statt Sache (z.B. §§ 280, 281 BGB); S.E. statt Herausgabe (§§ 989, 990 BGB).*

3. Greift § 264 nicht: prüfen, ob Beklagter eingewilligt hat (§ 263)

Hier ist die Fiktion des § 267 zu beachten!

4. Fehlt Einwilligung, kommt es auf die Sachdienlichkeit an (§ 263).

Sachdienlichkeit liegt vor, wenn die Klageänderung das Verfahren nicht unnötig verzögert (Prozessökonomie!); eine geringfügige Verzögerung ist vom Beklagten hinzunehmen. Die Grenze ist jedoch dann eindeutig überschritten, wenn die alte Klage entscheidungsreif ist, über die neue hingegen noch Beweis erhoben werden muss.

II. Die Entscheidung des Gerichts

Die Entscheidung des Gerichts über die Zulässigkeit der Klageänderung erfolgt von Amts wegen (§ 56 I; vgl. bereits 3. Kap. A II) in den Gründen des Endurteils oder durch Zwischenurteil (§ 303); sie ist gem. § 268 unanfechtbar, sofern eine Klageänderung "nicht vorliegt" (§ 264) oder zwar vorliegt aber zulässig ist (§ 263). Dagegen kann eine Entscheidung, die die Klageänderung als unzulässig zurückweist, mit Rechtsmitteln angefochten werden (§§ 512, 557 II).

> Die neue Klage ist also durch Prozessurteil abzuweisen, falls die Klageänderung unzulässig ist, da eine Sachurteilsvoraussetzung fehlt. Ist die Klageänderung dagegen zulässig, muss die Zulässigkeit (im übrigen) und die Begründetheit der neuen Klage geprüft werden.

Es fragt sich, ob das Gericht daneben noch über die alte Klage zu entscheiden hat.

1. Unzulässigkeit der Klageänderung

Bei Unzulässigkeit der Klageänderung muss der Richter klären (§ 139!), ob der Kläger die alte Klage aufrechterhält, sie zurücknimmt (§ 269), auf sie verzichtet (§ 306) oder sie für erledigt erklärt (§ 91a). Gibt der Kläger keine Anwort, riskiert er ein Versäumnisurteil (§§ 330, 333).

> Es muss also nur eine Entscheidung über den alten Antrag gefällt werden, falls dieser (zumindest hilfsweise) aufrechterhalten wird.

2. Zulässige Klageänderung

Eine zulässige Klageänderung beschränkt den Prozess i.d.R. auf die neue Klage; sie tritt an die Stelle der alten und beseitigt deren Rechtshängigkeit (BGH NJW 90, 2682; 92, 2235). Der neue Antrag wird rechtshängig, sobald die Klageänderung in der mündlichen Verhandlung erklärt oder dem Beklagten zugestellt worden ist (§ 261 II).

Nur ausnahmsweise ist (bei Zulässigkeit der Klageänderung) noch über die alte Klage zu entscheiden:

- Der Kläger begehrt dies ausdrücklich.

- Folgt man der Meinung, dass im Falle der Antragsbeschränkung (§ 264 Nr.2 2.Alt.) wegen der darin liegenden Teilrücknahme der Klage (§ 269 I) eine Einwilligung des Beklagten erforderlich ist (vgl. I 2a), muss man konsequenterweise auch über die alte Klage eine Entscheidung fällen, wenn die Klageänderung wegen Sachdienlichkeit zulässig ist (§ 263).
  Merken Sie: Die neue Klage ist nie verspätet, da sie kein Angriffsmittel (i.S.d. §§ 282, 296), sondern den Angriff selbst darstellt (sog. "Flucht in die Klage-änderung"; vgl. bereits 2. Kap. III 2a). Klageänderung ist auch noch in der Berufungs- (§ 525 S.1!) aber nicht mehr in der Revisionsinstanz möglich.

III. Einschub: Parteiwechsel (subj. Klageänderung)

Ein Parteiwechsel liegt vor, wenn Kläger oder Beklagter durch einen Dritten ausge-wechselt werden. Zu unterscheiden ist gesetzlicher und gewillkürter Parteiwechsel:

1. Der Parteiwechsel tritt kraft Gesetzes

bei Tod, Nacherbfolge und Insolvenz ein (§§ 239 I, 240, 242, 246).

2. Die Kriterien des gewillkürten Parteiwechsels

sind nur vereinzelt geregelt (§§ 75, 76, 265 II S.1, 266 I) und daher i.ü. umstritten:

a) Rspr.: Klageänderungstheorie

Insb. die Rspr. behandelt den gewillkürten Parteiwechsel als Klageänderung (BGH NJW 88, 128; 98, 1496), lässt ihn also grds. nur bei Sachdienlichkeit oder Einwilligung des neuen Beklagten zu (§§ 263, 267).

Einschränkungen:

- Beim Beklagtenwechsel (nach Beginn der mündlichen Verhandlung) ist analog § 269 I zusätzlich die Zustimmung des alten Beklagten erforderlich (BGH NJW 81, 989 f.), da ihm ansonsten sein Recht auf eine Entscheidung in der Sache genommen werden würde (Es fehlt gerade eine Ausnahmevorschrift wie § 264 Nr.2).

- Beim Beklagtenwechsel in der Berufungsinstanz (§ 525 S.1!) ist grds. stets – also ungeachtet der Sachdienlichkeit - die Zustimmung des neuen Beklagten nötig (BGH NJW 98, 1496 1497), damit ihm nicht entgegen seinem Willen eine Tatsachen-instanz geraubt wird. Eine Ausnahme besteht, wenn der neue Beklagte auf das erstinstanzliche Verfahren maßgeblichen Einfluss genommen hat oder zumindest hätte nehmen können, da seine Verweigerung der Zustimmung dann rechtsmiss-bräuchlich wäre.

  Diese Einschränkung ist Hauptkritikpunkt an der Rspr.: An sich müssten für die 1. und 2. Instanz die gleichen Regeln gelten (§ 525 S.1!), wenn der Parteiwechsel eine Klageänderung wäre.

b) HL: Theorie der Regelungslücke

Das überwiegende Schrifttum nimmt (zur Vermeidung dieser Ungereimtheiten) eine Gesetzeslücke an (R/S/G § 42 III 2c u. 3b), die insb. durch die Wertungen der §§ 265 II S.2, 269 I zu schließen sei (=prozessrechtliches Institut sui generis). Daraus folgt, dass alle verbleibenden und ausscheidenden Parteien dem Parteiwechsel zustimmen müssen.

> **Beachten Sie:** Der neue Beklagte muss nicht zustimmen, weil er sich ohnehin verklagen lassen müsste. Ausnahme: Beklagtenwechsel in der Berufungsinstanz.

c) Die sog. Klagerücknahmetheorie,

wonach die Probleme des gewillkürten Parteiwechsels nur durch Klagerücknahme und erneute Klage zu lösen seien, wird heute nicht mehr vertreten. Grund: Die Ergebnisse des bisherigen Verfahrens könnten im neuen Verfahren nicht verwertet werden.

3. Die Rechtsfolgen des (gewillkürten) Parteiwechsels:

Während der alte Prozess bei Unzulässigkeit des Parteiwechsels fortgeführt wird, bewirkt der zulässige Parteiwechsel, dass die alte Partei aus dem Prozess ausscheidet und die neue weiter prozessiert. Das bisherige Prozessergebnis bindet die neue Partei nur, wenn sie dem Wechsel zugestimmt hat oder widerspruchslos verhandelt (§ 267); andernfalls fängt der Prozess von neuem an (Thomas/Putzo Vorbem. § 50 Rn. 22).

Wiederholungsfragen zum 10. Kapitel

1. Was heißt Klageänderung?

Änderung des Streitgegenstands.

2. K verlangt nach Beweisaufnahme statt 1.000 € nur noch 500 € aus demselben rechtlichen Grund. Liegt eine Klageänderung vor?

Ja, K hat den Antrag und somit den Streitgegenstand geändert.

3. Ist die Klageänderung des K zulässig?

Sie könnte gem. § 264 Nr.2 2.Alt. (kraft Gesetzes) zulässig sein, da die Antragsänderung von 1.000 auf 500 € eine Beschränkung darstellt. Fraglich ist, ob wegen der in der Antragsbeschränkung liegenden teilweisen Klagerücknahme ausnahmsweise doch eine Einwilligung des Beklagten erforderlich ist (§ 269 I!). Die ü.A. bejaht dies (a.A. gut vertretbar).

4. Wie wird das Gericht (in Bezug auf den neuen Antrag) weiterverfahren?

Es prüft die Zulässigkeit (im übrigen) und die Begründetheit der neuen Klage.

5. Muss es daneben noch über den alten Antrag befinden?

Grds. tritt (bei Zul. d. Klageänderung) die neue anstelle der alten Klage. Vertritt man allerdings die Ansicht, dass wegen der in der Antragsbeschränkung liegenden teilweisen Klagerücknahme eine Einwilligung des Bekl. erforderlich ist, muss das Gericht noch über den alten Antrag entscheiden.

6. Was ist die Begründung für diese Auffassung?	Dem Bekl. wird durch § 269 das unentziehbare Recht auf eine Entscheidung über die ursprünglich erhobene Klage gewährt.
7. Was spricht gegen diesen Ansatz?	§ 264 Nr.2 2.Alt. sieht von dem Erfordernis einer Einwilligung ab (Spezialfall ggü. § 269 I).
8. Liegt Klageänderung vor, wenn E statt der Feststellung seines Eigentums nun Herausgabe begehrt?	Ja, weil E seinen Antrag und damit den Streitgegenstand geändert hat.
9. Ist sie zulässig?	Ja, die Umstellung des Antrags von Feststellung auf Leistung ist eine Antragserweiterung i.S.d. § 264 Nr.2 1.Alt
10. Begründung dafür?	Das begehrte Leistungsurteil enthält neben der bloßen Feststellung noch der Befehl an den Kl. zu leisten (hier: herauszugeben), also ein "Mehr"
11. Ist eine Zustimmung des Beklagten erforderlich?	Nein, die Einwilligung des Bekl. oder Sachdienlichkeit der Klageänderung (§ 263) ist unerheblich.
12. K verklagt die P-KG auf Kaufpreisrückzahlung. In der Berufung klagt K gegen G, den Geschäftsführer der KG, da die KG zwischenzeitlich aufgelöst und das Erlöschen im Handelsregister eingetragen ist (BGH WM 74, 279). Gewillkürter Parteiwechsel?	Ja, da die KG selbst parteifähig ist (§§ 161 II, 124 I HGB!; vgl. näher 5. Kap. II 2).
13. Kommt es im Bsp. 12 auf den Streit zwischen Rspr. und h.L. über die rechtliche Konstruktion des gewillkürten Parteiwechsels an?	Nein, weil selbst die Rspr., die in dem gewillkürten Parteiwechsel eine Klageänderung sieht, beim Beklagtenwechsel in der Berufungsinstanz Sachdienlichkeit allein nicht ausreichen lässt; der neue Beklagte muss dem Parteiwechsel grds. zustimmen, damit ihm nicht eine Tatsacheninstanz genommen wird.
14. Muss G zustimmen?	Nein, die Verweigerung der Zustimmung wäre rechtsmissbräuchlich, da er als Geschäftsführer maßgeblichen Einfluss auf das erstinstanzliche Verfahren nehmen konnte.
15. Liegt ein Parteiwechsel vor, wenn K den Beklagten in der Klageschrift irrtümlicherweise als M Fleischklos-GmbH bezeichnet und nach Klageerhebung den Antrag auf M Fleischklops-GmbH umstellt?	Nein, es handelt sich lediglich um eine Parteiberichtigung, wenn keine Identitätsänderung vorliegt und sich ergibt, dass die M Fleischklops-GmbH gemeint war.
16. Liegt ein Parteiwechsel vor, wenn zunächst eine Erbengemeinschaft und dann alle Miterben als Gesamtschuldner verklagt werden?	Nein, in beiden Konstellationen sind alle (Gesamthänder bzw. Gesamtschuldner) Partei.

Fall 8 – „Übergang von Rücktritt auf Schadensersatz":

K bestellt bei Firma B eine große Menge Polyethylen-Granulat zum Gesamtpreis von 60.000 €. Nach Empfang der Ware und Zahlung des Kaufpreises stellt K fest, dass das gelieferte Material fehlerhaft ist und erklärt deshalb - nachdem er zuvor erfolglos unter Fristsetzung Lieferung mangelfreier Ware verlangt hatte – den Rücktritt. B lehnt Rückzahlung des Kaufpreises sowie Rücknahme des Granulats, mit der Behauptung die Ware sei einwandfrei, ab. Da K seinen Lagerplatz dringend anderweitig benötigt, lässt er das Granulat entsorgen und erhebt Klage gegen Firma B auf Rückzahlung des Kaufpreises. B beantragt Klageabweisung; hilfsweise erklärt er sich dazu bereit, den Kaufpreis Zug um Zug gegen Rückgabe des Granulats zu erstatten. Nachdem das Gericht in die Beweisaufnahme eingetreten ist, befürchtet K, dass sein Begehren abgewiesen wird, da er außer Stande ist, das Granulat zurückzugeben und verlangt deshalb statt Rückzahlung des Kaufpreises den sog. „kleinen" Schadensersatz. Wie wird das Gericht entscheiden, wenn B sich auch dem neuen Begehren des K widersetzt?

Lösungsvorschlag

A. Zulässigkeit

I. Als Beklagte tritt eine Firma auf. Diese ist aber nicht Partei geworden; sie ist lediglich der Name eines Kaufmanns, unter dem er verklagt werden kann (§ 17 II HGB). Beklagter ist somit der Kaufmann selbst, an dessen Parteifähigkeit (§ 50 I) keinerlei Zweifel besteht.

II. Fraglich ist, ob die Umstellung der Klage von Rücktritt auf „kleinen" Schadensersatz zulässig ist. Womöglich ist hierin eine zulässige Klageänderung zu sehen (§§ 263 ff.).

1. Klageänderung ist die Änderung des Streitgegenstandes, also (nach der herrschenden zweigliedrigen Theorie) Änderung des Klageantrags oder Klagegrundes (vgl. ausführliche Darstellung dieses Streitstandes in Fall 7). K hat seinen Antrag von Rückzahlung des Kaufpreises auf Schadensersatz und damit den Streitgegenstand geändert. Es liegt eine Klageänderung vor.

2. Diese Änderung könnte gem. § 264 Nr.3 zulässig sein. Entgegen ihrem Wortlaut wird diese Vorschrift wegen der erforderlichen Antragsänderung als gesetzlich zulässige Klageänderung aufgefasst, vorausgesetzt der Kläger fordert statt des ursprünglichen Gegenstandes auf Grund einer später eingetretenen Veränderung einen anderen Gegenstand oder das Interesse. Hier liegt aber keine später eingetretene Veränderung vor; die gem. §§ 437 Nr.2, 323 BGB auf Rückzahlung des Kaufpreises gestützte Klage war schon von Anfang an teilweise unbegründet, weil K sich die Rückgabe der Kaufsache unmöglich gemacht hat, indem er das Granulat entsorgte und daher B Zug um Zug Wertersatz schuldete (§§ 346 II Nr.3, 348 BGB).

3. Eine Einwilligung bzw. eine vermutete Einwilligung in die Klageänderung (§§ 263, 267) seitens der Beklagten liegt ebenfalls nicht vor, da B widersprochen hat.

4. Es kommt für die Zulässigkeit der Klageänderung deshalb entscheidend darauf an, ob das Gericht sie für sachdienlich erachtet (§ 263). Das wäre dann der Fall, wenn sie das Verfahren nicht unnötig verzögert. Bislang war lediglich ein möglicher Rückzahlungsanspruch aufgrund des erklärten Rücktritts Gegenstand des Verfahrens (§§ 437 Nr.2, 323 BGB). Der nun geltend gemachte S.E.-Anspruch aus §§ 437 Nr.3, 280 I, III, 281 I BGB stellt ggü. dem bloßen Rückzahlungsbegehren erweiterte Anforderungen, da er (vermutetes) Verschulden (vgl. § 280 I S.2 BGB) und einen haftungsausfüllenden Tatbestand (Schaden!) voraussetzt, was bis jetzt nicht dargelegt worden ist. Die Zulassung der Klageänderung würde daher zur Beurteilung eines erweiterten Streitstoffs führen, über den noch im Bestreitensfalle Beweis zu erheben wäre. Auf Grund der daraus resultierenden erheblichen Verzögerung des Prozesses ist die Sachdienlichkeit der Klageänderung zu verneinen.

III. Folglich ist die geänderte Klage mangels Vorliegens einer Sachurteilsvoraussetzung als unzulässig abzuweisen.

B. Begründetheit

Fraglich ist, inwieweit noch über die alte Klage, an deren Zulässigkeit keine Zweifel bestehen, sachlich zu entscheiden ist. Nur eine zulässige Klageänderung beseitigt die Rechtshängigkeit der alten Klage. Es muss daher im Rahmen der richterlichen Aufklärungspflicht (§ 139) über das Schicksal der alten Klage entschieden werden. Allein der Kläger bestimmt, ob er die Klage aufrechterhält, auf sie verzichtet, sie zurücknimmt oder für erledigt erklärt (Dispositionsmaxime!). Dies ist hier Tatfrage.

Abwandlung:

Wie wäre es, wenn K statt den Rücktritt zu erklären ursprünglich „großen" und nun „kleinen" Schadensersatz verlangt hätte?

Lösungsvorschlag

A. Zulässigkeit

Der Übergang von „gr." zu „kl." S.E. stellt eine Antragsbeschränkung i.S.d. § 264 Nr.2 dar (es sei denn, der geforderte Betrag bleibt gleich) und könnte deshalb unabhängig vom Willen der B und der Sachdienlichkeit zulässig sein. Wegen der in der Antragsbeschränkung liegenden Teilrücknahme der Klage wird jedoch die Meinung vertreten, in diesen Fällen sei stets eine Einwilligung erforderlich (§ 269 I!). Anderseits sieht das Gesetz in § 264 Nr.2 gerade von diesem Erfordernis ab. Diese Frage kann hier aber offen bleiben, wenn die Klageänderung sachdienlich und damit ohnehin zulässig ist. Der einzige Unterschied zwischen „gr." und „kl." S.E. ist die Art der Berechnung; der bisherige Prozessstoff kann daher uneingeschränkt verwertet werden. Folglich führt die Zulassung der Klageänderung nur zu einer geringfügigen Verzögerung und muss daher als sachdienlich erachtet werden.

B. Begründetheit

I. Neue Klage

1. Die neue Klage ist schlüssig, da Ks Vorbringen den Antrag rechtfertigt, wenn er behauptet, B habe die Fehlerhaftigkeit des Granulats zu vertreten und fruchtlos die zur Nacherfüllung gesetzte Frist verstreichen lassen (§§ 437 Nr.3, 280 I, III, 281 I BGB).
2. Bs Behauptung, das Granulat sei fehlerfrei, ist auch erheblich.
3. Es muss daher über die behauptete Fehlerhaftigkeit Beweis erhoben werden.
4. Das Ergebnis hängt mithin vom Ausgang des Beweisverfahrens ab.

> **Beachten Sie:** Anders als der ursprünglich geltend gemachte „große", setzt der „kleine" Schadensersatz nicht Rückgabe der Kaufsache voraus.

II. Alte Klage: Fraglich ist, ob daneben noch über die alte Klage zu entscheiden ist. Grds. führt eine zulässige Klageänderung zur Beseitigung der Rechtshängigkeit der alten Klage. Fordert man allerdings im Falle einer Antragsbeschränkung auf Grund der darin liegenden Teilrücknahme stets die Einwilligung des Beklagten (§ 269 I, s.o.), so muss noch über die alte Klage entschieden werden, da bei der Klägerrücknahme nach § 269 die Rechtshängigkeit der Klage nicht entgegen dem Willen des Beklagten beseitigt werden kann. Der Beklagte hat vielmehr ein Recht auf eine Entscheidung über die ursprünglich erhobene Klage. Das Gesetz sieht in § 264 Nr.2 aber gerade bewusst von dem Einwilligungserfordernis und damit auch von diesem Recht ab. Es spricht daher vieles dafür, § 264 Nr.2 als Spezialfall ggü. § 269 aufzufassen, mit der Folge, dass letzterer verdrängt ist. Über die alte Klage ist also nicht mehr zu entscheiden (Die h.M. sieht dies anders!).

11. Kapitel

Objektive Klagenhäufung (§260)

Objektive Klagenhäufung liegt vor, wenn der Kläger mehrere prozessuale Ansprüche (Streitgegenstände!) in demselben Verfahren gegen denselben Beklagten verfolgt. Er muss demnach (bei Zugrundelegung des herrschenden zweigliedrigen Streitgegenstandsbegriffs) mehrere Anträge stellen und/oder sein Begehren auf mehrere Lebenssachverhalte stützen (8. Kap. II 2).

> **Bsp.:** Der Kläger verlangt Kaufpreiszahlung und stützt sein Begehren auf Vertrag und ein diesbezügliches Schuldanerkenntnis (mehrere Lebenssachverhalte). Der Kläger fordert Räumung der Mietwohnung und Zahlung der rückständigen Miete (mehrere Anträge). Nicht dagegen, wenn der Kläger sein Herausgabeverlangen sowohl auf Eigentum (§ 985 BGB) als auch auf Mietrecht (§ 546 I BGB) stützt; hier liegen mehrere materielle Anspruchsgrundlagen vor.

I. Entstehung

Eine objektive Klagenhäufung entsteht

*   **ursprünglich** durch Klageerhebung, wenn der Kläger bereits in der Klageschrift mehrere prozessuale Ansprüche verfolgt.
*   **nachträglich** durch Prozessverbindung (§ 147) oder Klageerweiterung (§§ 256 II, 261 II).

    Umgekehrt **endet** sie durch Prozesstrennung (§ 145 I), Teilurteil (§ 301), Teilvergleich oder durch Rücknahme aller (prozessualer) Ansprüche bis auf einen.

II. Die Zulässigkeit einer objektiven Klagenhäufung

Die Zulässigkeit einer objektiven Klagenhäufung beurteilt sich unterschiedlich danach, ob (1) kumulative, (2) eventuelle oder (3) alternative Klagenhäufung vorliegt.

1. Kumulative Klagenhäufung

Kumulative Klagenhäufung ist gegeben, wenn mehrere (prozessuale) Ansprüche selbstständig nebeneinander verfolgt werden. Zulässigkeitsvoraussetzungen (§ 260):

*   _(+ unbedingt)_ **Parteiidentität:** Hinsichtlich aller prozessualer Ansprüche müssen dieselben Personen Kläger und Beklagter sein.
*   **Zuständigkeit** des Prozessgerichts für sämtliche Ansprüche.
    Beachte die Streitwertaddition (§ 5 1.HS.) im Rahmen der sachlichen Zuständigkeit.
*   Die gewählte **Prozessart** muss für alle Ansprüche statthaft sein (Unzulässig ist z.B. die Verbindung von Urkunden- und gewöhnlichem Prozess).
*   **Kein Verbindungsverbot** (z.B. §§ 610 II S 1, 640 c).
*   Nach h.M. ist jede **Klageerweiterung zugleich eine Klageänderung,** so dass für diesen Fall neben den Voraussetzungen des § 260 noch die §§ 263 ff. vorliegen müssen (BGH NJW 96, 2869 f.). Nach a.A. ist auch die nachträgliche Klagenhäufung ausschließlich nach § 260 zu beurteilen (Schellhammer Rn. 1672).

nachträgl. Klagehäufg

263 ff. zusätzlich zu 260 prüfen

76

Prüfungsaufbau:

I • **Zulässigkeit der (kumulativen) Klagenhäufung(§ 260).**

Bei Unzulässigkeit werden die Prozesse getrennt (§ 145 I) und nicht etwa die Klagen als unzulässig abgewiesen. Auch bei zulässiger Klagenhäufung kann das Gericht nach pflichtgemäßem Ermessen eine Prozesstrennung anordnen.

II. • **Zulässigkeit und Begründetheit des 1. Antrags.**

Beachte: Die Streitwertaddition (§ 5 1.HS.) gilt nur bei zulässiger Klagenhäufung; andernfalls könnte die Zuständigkeit des LG erschlichen werden.

III. • **Zulässigkeit und Begründetheit des 2. Antrags.**

Bei gleichzeitiger Entscheidungsreife sämtlicher (prozessualer) Ansprüche wird hierüber in einem Endurteil (§ 300) entschieden. Ist gleichzeitige Entscheidungsreife nicht gegeben, kann das Gericht (abermals) Prozesstrennung anordnen (§ 145 I) oder nur hinsichtlich der zur Entscheidung reifen Ansprüche durch Teilurteil (§ 301) entscheiden.

2. Eventuelle Klagenhäufung

Eventuelle Klagenhäufung liegt vor, wenn der Kläger einen Haupt- und einen Hilfsantrag stellt, d.h. über den Hilfsantrag soll nur entschieden werden, wenn dem Hauptantrag nicht entsprochen wird.

> **Bsp.**: *K klagt auf Kaufpreiszahlung, hilfsweise (für den Fall, dass der Kaufvertrag nicht wirksam ist) auf Rückübereignung der gelieferten Ware.*

Trotz der grds. Bedingungsfeindlichkeit von Prozesshandlungen ist eine eventuelle Klagenhäufung zulässig: Überwiegend wird sie als **innerprozessuale Bedingung** aufgefasst; die durch Haupt- und Hilfsantrag erzeugte Ungewissheit wird im Laufe des Prozesses verbindlich geklärt und ist daher mit den Interessen des Gerichts und des Beklagten vereinbar.

Die **Voraussetzungen** im Einzelnen:

⊕
- Wie bei der kumulativen Klagenhäufung (II 1) → 260
- Haupt- und Hilfsantrag müssen (nach h.M.) in einem rechtlichen und wirtschaftlichen **Zusammenhang** stehen.

Prüfungsaufbau:

I. • **Zulässigkeit und Begründetheit des Hauptantrags.**

Beachte: Bereits im Rahmen der ("echten") Prozessvoraussetzungen ist das Problem der bedingten Klageeinreichung aufzuwerfen und klarzustellen, dass es sich bei der eventuellen Klagenhäufung um eine zulässige innerprozessuale Bedingung handelt. Im Unterschied zur kumulativen Klagenhäufung findet keine Streitwertaddition (§ 5 1. HS.) statt; es entscheidet vielmehr der höhere Wert, auch wenn dies der des Hilfsantrags ist. Denn der Kläger verlangt ja nicht beide Leistungen (Für den Gebührenstreitwert ist jedoch § 45 I S.2, 3 GKG zu beachten).

Wird dem Hauptantrag entsprochen, entfällt die Rechtshängigkeit des Hilfsantrags rückwirkend. Es ist daher nur bei Unzulässigkeit oder Unbegründetheit des Hauptantrags wie folgt weiter zu verfahren:

II. • **Zulässigkeit der (eventuellen) Klagenhäufung (§ 260).**

III. • **Zulässigkeit und Begründetheit des Hilfsantrags.**

3. Alternative Klagenhäufung

Eine alternative Klagenhäufung, bei der der Kläger zwei Anträge stellt und es dem Gericht überlässt, über welchen zu entscheiden ist, ist i.d.R. mangels Bestimmtheit des Antrags (§ 253 II Nr.2) unzulässig. Das Gericht muss wissen, worüber es zu befinden hat (§ 308 I, vgl. 7. Kap. II). Ausnahme: Wahlschuld (§§ 262 ff. BGB).

Wiederholungsfragen zum 11. Kapitel

1. Wann liegt eine objektive Klagenhäufung vor?

Wenn der Kläger mehrere StrGe in demselben Verfahren gegen denselben Beklagten vefolgt.

2. K verlangt klageweise S.E. oder Minderung. Zulässig?

Nein, der Antrag ist nicht bestimmt i.S.d. § 253 II Nr.2; der Kläger muss sagen, was er will, denn das Gericht ist an den Antrag gebunden (§ 308 I). Es besteht allerdings die Möglichkeit (nach Ausübung des richterlichen Frage-rechts gem. § 139) die Anträge des K als Haupt- u. Hilfsantrag auszulegen (eventuelle Klagenhäufung).

3. Wie wäre es, wenn K Reparatur seines Opels oder S.E. i.H.v. 700 € verlangt?

Genauso (§ 253 II Nr.2!).

4. Handelt es sich bei der eventuellen Klagenhäufung nicht an sich um eine bedingte und damit wegen der durch die Bedingung entstehenden Un-sicherheit um eine unzulässige Klageeinreichung?

Nein, grds. darf eine Partei Prozesshandlungen zwar nicht von einem zukünftigen ungewissen Ereignis (Bedingung!) abhängig machen. Im Fall der eventuellen Klagenhäufung soll der Hilfsantrag jedoch nur für den Fall der Erfolglosigkeit des Hauptantrags beschieden werden. Da die Entscheidung über den Hilfsantrag lediglich von der Entscheidung über den Hauptantrag abhängt, tritt auch keine Verunsicherung des Prozesses ein (innerprozessuale Bedingung!).

5. Was versteht man unter kumulativer Klagenhäufung?

Mehrere Streitgegenstände werden selbstständig (also unbedingt) nebeneinander verfolgt.

12. Kapitel
Das Rechtsschutzbedürfnis (RSB)

Das RSB ist Sachurteilsvoraussetzung; es stellt den Übergang zur Begründetheits-prüfung dar und ist dementsprechend im Rahmen der Zulässigkeit zuletzt zu prüfen. Bei Fehlen ist die Klage als unzulässig abzuweisen. Ausnahmsweise kann sie aus prozessökonomischen Gründen durch Sachurteil abgewiesen werden, wenn das RSB zweifelhaft, die Klage aber eindeutug unbegründet ist (BGH 130, 390 400; vgl. bereits 3.Kap. A II). Im Grundsatz besteht immer dann ein RSB für eine Klage, wenn kein einfacherer, billigerer und schnellerer Weg zur Erreichung des begehrten Rechts-schutzes als durch die Inanspruchnahme eines Zivilgerichts ersichtlich ist. Dies ist stets eine Frage des Einzelfalls und hängt maßgeblich von der gewählten Klageart ab.

I. Rechtsschutzbedürfnis bei der Leistungsklage

Bei der Leistungsklage als Normalfall des zivilprozessualen Rechtsschutzes folgt das RSB bereits daraus, dass der Schuldner nicht freiwillig den (behaupteten) Anspruch erfüllt und Selbsthilfe verboten ist.

Daher ist nur zu prüfen, ob das RSB ausnahmsweise fehlt. Das ist der Fall,

*   wenn der Kläger die Möglichkeit zur Titelumschreibung hat (§§ 727 ff., s. ZPO II 3. Kap. III 3).
*   wenn er bereits einen Titel gegen den Beklagten "in den Händen hält", wie z.B. eine vollstreckbare Urkunde (§ 794 I Nr.5). Ist jedoch mit einer Vollstreckungsabwehrklage (§ 767) zu rechnen, so besteht auch in diesen Fällen ein RSB für eine Klage auf Leistung (OLG Hamm NJW-RR 98, 423).
*   wenn Teilklagen oder Bagatellforderungen auf Grund nicht schutzwürdiger Absichten erhoben werden (z.B. aus reiner Schikane oder um die Zuständigkeitssumme nicht zu überschreiten).
*   Umstritten ist, ob einer Klage aus § 894 BGB das RSB fehlt, da auch der Weg über § 22 GBO offensteht. Die Klage bleibt jedenfalls dann zulässig, wenn der Erfolg über § 22 GBO zweifelhaft ist (OLG Schleswig MDR 82, 143).

Klausurenhinweis: Im Regelfall ist das RSB bei einer Leistungsklage unproble-matisch. Eine Prüfung ist dann überflüssig und damit falsch.

II. Rechtsschutzbedürfnis bei Gestaltungsklagen

Bei Gestaltungsklagen ergibt sich das RSB bereits aus dem Umstand, dass die begehrte Rechtsänderung nur durch Richterspruch herbeigeführt werden kann. Eine Prüfung erübrigt sich daher (Wichtige Ausnahme: Prozessuale Gestaltungsklagen nach §§ 767, 771; vgl. ZPO II 11. Kap. A und B).

III. Rechtsschutzbedürfnis bei der Feststellungsklage (§ 256 I)

Bei der Feststellungsklage ist das RSB besonders ausgestaltet und daher stets zu prüfen. Der Kläger muss sein **rechtliches Interesse an alsbaldiger Feststellung** (sog. Feststellungsinteresse=RSB) eines Rechtsverhältnisses dartun. Ein solches Interesse fehlt i.d.R., wenn der Kläger sein Ziel mit einer Leistungsklage verfolgen kann. Grund: Das begehrte Feststellungsurteil besitzt (abgesehen von der Kostenentscheidung) keinen vollstreckungsfähigen Inhalt. Der Kläger müsste daher zusätzlich auf Leistung klagen, um vollstrecken zu können. Die dadurch entstehende unnötige doppelte Belastung des Gerichts ist nicht gerechtfertigt und daher zu vermeiden (sog. Subsidiarität der Feststellungsklage; BGH NJW 96, 2725 2726). Aus Gründen der Prozesswirtschaftlichkeit und Verfahrensvereinfachung werden jedoch Ausnahmen von diesem "Subsidiaritätsgrundsatz" zugelassen (BGH NJW-RR 88, 445):

* Die Feststellungsklage ist zulässig gegen öffentlich-rechtliche Körperschaften, da zu erwarten ist, dass der Kläger schon auf Grund eines Feststellungsurteils befriedigt wird (OLG Hamm NJW-RR 95, 1317 1318; gleiches gilt bei Klagen gegen Parteien kraft Amtes).

* Wenn die Schadensentwicklung in einem Schadensersatzprozess noch nicht abgeschlossen ist, braucht der Kläger nicht die bereits feststehenden Schadensposten mittels einer Leistungsklage geltend zu machen; er kann vielmehr insgesamt auf Feststellung der Ersatzpflicht klagen (BGH NJW 96, 395 397).

> **Sonderproblem:** Das Feststellungsinteresse entfällt, wenn zuerst auf Feststellung und dann auf Leistung geklagt wird, sobald die Rücknahme (§ 269 I) der Leistungsklage ausgeschlossen ist (BGH NJW-RR 90, 1532 f.). Der "Feststellungskläger" muss den Rechtsstreit dann einseitig für erledigt erklären, um nicht auf den Kosten sitzen zu bleiben.

> **Bsp.:** *F klagt gegen L auf Feststellung, dass er Eigentümer eines in seinem Besitz befindlichen Gegenstandes ist. L erhebt daraufhin (Leistungs-)Widerklage auf Herausgabe des Gegenstandes nach § 985 BGB. F ist gut beraten, die Feststellungsklage zurückzunehmen. Ist dies nicht mehr möglich, weil schon mündlich verhandelt worden ist (§ 269 I), muss er den Rechtsstreit einseitig für erledigt erklären. Andernfalls wird seine Klage mangels Feststellungsinteresse abgewiesen.*

Für den umgekehrten Fall, wenn also zunächst auf Leistung und dann auf Feststellung geklagt wird, steht bereits die anderweitige Rechtshängigkeit (bzw. Rechtskraft) der Zulässigkeit der Feststellungsklage entgegen. Denn der auf Leistung gerichtete Antrag enthält inzident auch einen Feststellungsantrag. Die Streitgegenstände beider Prozesse sind somit identisch (Leistung ist ein Mehr ggü. bloßer Feststellung: Feststellung + Leistungsbefehl; vgl. Jauernig § 35 III 1 mwN).

IV. Besonderheit bei der Zwischenfeststellungsklage gemäß (§ 256 II)

Für die Zwischenfeststellungsklage besteht bereits dann ein RSB, wenn das streitige Rechtsverhältnis präjudiziell (d.h. vorgreiflich) ist, wenn also die Entscheidung der Hauptklage davon abhängt, ob das streitige Rechtsverhältnis besteht oder nicht besteht, es sei denn aus dem Rechtsverhältnis sind keine weiteren Streitigkeiten zu erwarten. Entgegen dem Wortlaut des § 256 II ist unerheblich, ob das Rechtsverhältnis vor oder nach Klageerhebung streitig ist (BGH LM § 280 Nr.2). Die Zwischenfeststellungsklage kann daher bereits bei Prozessbeginn erhoben werden.

> **Beachten Sie:** Der Beklagte erhebt die Zwischenfeststellungsklage in Form einer Widerklage (§ 256 II). Es müssen daher zusätzlich die besonderen Sachurteilsvoraussetzungen einer Widerklage erfüllt sein (13. Kap. II 1). Der Kläger erweitert lediglich seinen Klageantrag (§§ 256 II, 264 Nr.2!).

Das Urteil stellt nach § 322 I grds. nur das Prozessergebnis (also den Tenor) rechtskräftig fest, nicht aber die rechtliche Begründung (18. Kap. B I). Die Zwischenfeststellungsklage bietet die Möglichkeit, die objektiven Grenzen der materiellen Rechtskraft auf das präjudizielle Rechtsverhältnis (also auf die Urteilsbegründung) auszudehnen.

> ***Bsp.:*** *K klagt gegen B auf Herausgabe eines Ringes aus § 985 BGB. Das Gericht gibt der Klage statt und verurteilt B zur Herausgabe. In einem zweiten Prozess verlangt K von B S.E. wegen Beschädigung des Ringes. Das Gericht ist nicht gehindert, die S.E.-Klage des K mit der Begründung abzuweisen, er sei gar nicht Eigentümer des Ringes gewesen, denn gem. § 322 I erwächst nur der Tenor des (Erst-) Urteils in Rechtskraft. K hätte aber mittels einer Zwischenfeststellungsklage (§§ 256 II, 264 Nr.2) eine rechtskraftfähige Entscheidung darüber erreichen können, dass er Eigentümer ist. Der Richter des zweiten Prozesses wäre dann an diese Feststellung gebunden.*

13. Kapitel
Die Verteidigungsmöglichkeiten des Beklagten

Die Verteidigungsmöglichkeiten des Beklagten lassen sich wie folgt untergliedern:

1. Der Beklagte kann mit seinem Antrag auf Klageabweisung das Ziel verfolgen, die **Klage aus prozessualen Gründen** (als unzulässig) **abweisen** zu lassen, indem er ein Prozesshindernis geltend macht (3. Kap. A III) oder Tatsachen vorträgt, die sich gegen das Vorliegen der von Amts wegen zu prüfenden Sachurteilsvoraussetzungen richtet (§ 56 I, vgl. 3. Kap. A II und 2. Kap. II).

2. In den meisten Fällen wird er jedoch zu erreichen suchen, dass die **Klage aus sachlichen Gründen** (als unbegründet) **abgewiesen** wird, indem er

- **Rechtsausführungen gegen die Schlüssigkeit** des Klägervortrages vorbringt.

  Merken Sie: Prozessual relevant sind derartige Rechtsausführungen zwar nicht, da die Rechtsfindung allein dem Gericht obliegt („iura novit curia", vgl. 2. Kap. II); beschränkt der Beklagte seine Verteidigung allerdings darauf, die mangelnde Schlüssigkeit der Klage anhand von Rechtsausführungen geltend zu machen, so gesteht er die Tatsachenbehauptungen des Klägers zu (§ 288) oder bestreitet sie nicht (§ 138 III).

- den klägerischen Tatsachenvortrag (entweder „schlicht" oder „qualifiziert") bestreitet (vgl. näher 3. Kap. B II 1, auch **„Klageleugnen"** genannt).

  Diese Form der Verteidigung hat zur Folge, dass der Kläger zum Beweis der von ihm vorgetragenen anspruchsbegründenden Tatsachen gezwungen wird, sofern das Leugnen erheblich ist (vgl. 3. Kap. B II und III).

- **Einreden** im prozessrechtlichen Sinne geltend macht (vgl. näher 3. Kap. B II 2).

  Der Beklagte sagt also nicht „nein" (wie beim Bestreiten), sondern „ja, aber".

  Merke: Dem Kläger stehen gegen die Einreden des Beklagten die gleichen Verteidigungsmöglichkeiten zur Verfügung, wie dem Beklagten gegen die Klage. Der Kläger kann also z.B. die Einrede bestreiten und den Beklagten somit zum Beweis zwingen.

Verhandelt der Beklagte rügelos zur Hauptsache (vgl. § 137 I), so sind daran folgende wichtige Rechtsfolgen geknüpft:

- Ein an sich unzuständiges Gericht wird zuständig (§ 39, 4. Kap. IV 2).
- Die Klage kann nur noch mit Einwilligung des Beklagten zurückgenommen werden (§ 269 I, 14. Kap. III).
- Die Einwilligung in eine Klageänderung wird fingiert (§ 267, 10. Kap.).
- Verzichtbare Zulässigkeitsrügen können nicht mehr geltend gemacht werden (§ 296 III, siehe dazu 3. Kap. A III).

3. Schließlich kann der Beklagte durch Erhebung einer **Widerklage** zum Gegenangriff übergehen (unten II).

  Merken Sie: Der Beklagte kann die verschiedenen Verteidigungsmöglichkeiten miteinander verbinden (also z.B. die Unzuständigkeit rügen, bestreiten und hilfsweise aufrechnen); er ist aber nicht verpflichtet, sich zu wehren: Er kann sich vielmehr auch dem Klageantrag durch Anerkenntnis unterwerfen (§ 307, 14. Kap. I) oder „dem Verfahren fernbleiben" und ein Versäumnisurteil gegen sich ergehen lassen (§ 331 II, 16. Kap.).

Im Folgenden werden die „Prozessaufrechnung" (wegen ihrer besonderen Probleme) sowie die Widerklage ausführlich dargestellt.

I. Die Aufrechnung

Die Aufrechnung ist eine rechtsvernichtende Einwendung (bzw. Einrede i.S.d. ZPO), die die (Klage-) Forderung vernichtet, so weit die Gegenforderung reicht (§ 389 BGB). Wird die Aufrechnung als Verteidigungsmittel in den Prozess eingeführt, spricht man von einem **Doppeltatbestand**:

- Die **Aufrechnungserklärung ist materielle Willenserklärung**, deren Wirksamkeit allein das BGB regelt (§§ 387 ff. BGB).

  Unerheblich ist, ob der Beklagte die Aufrechnung bereits vor oder erst während des Prozesses erklärt hat. Die Aufrechnungserklärung muss jedoch als empfangsbedürftige Willenserklärung (vgl. § 388 S.1 BGB) dem Kläger zugehen, da sie erst mit Zugang beim Adressaten Wirksamkeit erlangt (§ 130 I S.1 BGB). Eine bloße Mitteilung der Aufrechnung an das Gericht genügt daher nicht.

- Die **Einführung der Aufrechnung in den Prozess ist** hingegen **Prozesshandlung**, deren Wirksamkeit sich ausschließlich nach Prozessrecht berurteilt.

  Sie ist also dem Gericht gegenüber zu erklären und es müssen die Prozesshandlungsvoraussetzungen (Partei-, Prozess- und Postulationsfähigkeit) erfüllt sein.

1. Die hilfsweise Aufrechnung

Hilfsweise Aufrechnung bedeutet die Erhebung des Aufrechnungseinwandes nur für den Fall, dass alle anderen Verteidigungsmittel scheitern (sog. Eventualaufrechnung). Sie ist nach allgemeiner Ansicht zulässig (vgl. auch § 45 III GKG), die dogmatische Begründung ist jedoch mit Blick auf § 388 S.2 BGB und der grds. Bedingungsfeindlichkeit von Prozesshandlungen problematisch.

Nach wohl ü.A. handelt es sich um eine zulässige **innerprozessuale Bedingung**: Es besteht gerade kein Zustand der Rechtsunsicherheit, da der Bedingungseintritt vom Prozessverlauf selbst abhängt.

Ein abweisendes Urteil darf nicht offen lassen, ob die Klageforderung überhaupt nicht bestanden hat oder erst durch die hilfsweise erklärte Aufrechnung erloschen ist. Die Eventualaufrechnung steht hinter allen anderen Verteidigungsmitteln (für das Gericht bindend) an letzter Stelle.

Die früher vertretene **Klageabweisungstheorie**, wonach ein Beweisverfahren über die Klageforderung bei unbestrittener Gegenforderung entbehrlich sein soll, weil die Klage sowieso (unabhängig vom Ausgang des Beweisverfahrens) abzuweisen sei, vermag nicht zu überzeugen: Dadurch, dass der Beklagte darüber im Unklaren gelassen wird, ob seine Gegenforderung durch Aufrechnung erloschen ist oder nicht, wird ein zweiter Prozess nötig, in dem der ersparte Beweis über das Bestehen der Klageforderung des ersten Prozesses nachgeholt werden muss. Denn nur, wenn diese bestanden hat, ist die Gegenforderung durch Aufrechnung erloschen. Einem zweiten Prozess würde auch nicht die Rechtskraft entgegenstehen (§ 322 II), da ja gerade offen gelassen wurde, ob die Klageforderung des ersten Prozesses nicht bestanden hat oder durch Aufrechnung erloschen ist. Es muss daher selbst bei unbestrittener Gegenforderung eine Beweisaufnahme über die Klageforderung zur Vermeidung eines weiteren Prozesses erfolgen (sog. **Beweiserhebungstheorie**; OLG Köln NJW-RR 92, 258 260).

2. Die Wirkungen der Prozessaufrechnung

a) **Klage- und Gegenforderung werden getilgt**, so weit sie sich aufrechenbar gegenüberstehen (§ 389 BGB). Die **Verjährung der Gegenforderung wird gehemmt** (§ 204 I Nr.5 BGB).

b) Das **Gericht entscheidet den Rechtsstreit unter allen rechtlichen Gesichtspunkten** (§ 17 II S.1 GVG), also auch wenn z.B. mit einer öffentlich-rechtlichen Gegenforderung aufgerechnet wird (Schellhammer Rn. 322 mwN; nach a.A. muss das Gericht trotz der Neufassung des § 17 II GVG im Jahre 1990 das Verfahren bis zur rechtskräftigen Feststellung der Gegenforderung durch das zuständige Gericht analog § 148 aussetzen, es sei denn, die Gegenforderung ist unbestritten; vgl. Musielak Rn. 302 mwN zu diesem Streitstand).

> **Beachten Sie aber**: So weit § 17 II S.2 GVG greift, kann in einem anderen Rechtsweg selbst nach hier vertretener Ansicht nur dann aufgerechnet werden, wenn die Gegenforderung unbestritten oder rechtskräftig ist (BVerwG NJW 93, 2255); andernfalls muss das Verfahren bis zur Entscheidung über die Gegenforderung ausgesetzt werden (§ 148).

c) Die **Aufrechnung macht die Gegenforderung nicht rechtshängig**, denn nach § 261 I wird nur die Klageforderung rechtshängig. Ein anderes Ergebnis lässt sich auch nicht über § 322 II herleiten, wonach sich die Rechtskraft auf die Gegenforderung erstreckt. Für die Rechtshängigkeit fehlt gerade eine entsprechende Vorschrift (h.M.: BGH NJW-RR 94, 379 f.). Der Beklagte ist also nicht gehindert, seine Gegenforderung anderswo einzuklagen (§ 261 III Nr.1!).

d) **Entscheidet das Gericht über die** (hilfsweise) **Aufrechnung nicht**, weil die Klage bereits aus anderen Gründen abgewiesen wird **oder wird der Aufrechnungseinwand als prozessual unzulässig zurückgewiesen** (entweder nach § 296 oder gem. § 533 in der Berufungsinstanz), **dann ist die Aufrechnung auch materiellrechtlich wirkungslos**. Gründe: Es wäre widersinnig, wenn der Beklagte den Prozess (im Fall der hilfsweisen Aufrechnung) zwar ohne Aufrechnung gewinnt, die Gegenforderung aber dennoch verliert. Genauso unsinnig wäre es (in der zweiten Fallgruppe), wenn die Gegenforderung verlorengeht, obwohl das Gericht über sie gar nicht entschieden hat.

> Z.T. wird der Rechtsgedanke des § 139 BGB zur dogmatischen Begründung dieses Ergebnisses herangezogen. Andere meinen, der Beklagte füge der materiellrechtlichen Aufrechnungserklärung die stillschweigende Bedingung hinzu, dass die Aufrechnung nur für den Fall ihrer Berücksichtigung im Prozess gelten soll.

e) Ist die Klageforderung nicht aber die Gegenforderung entscheidungsreif, kann das Gericht über die Klageforderung ein Vorbehaltsurteil erlassen (§ 302 I). Daneben hat der Richter die Möglichkeit der Prozesstrennung (§ 145 III). Das Vorbehaltsurteil ist selbstständig mit Rechtsmitteln angreifbar und vollstreckbar (§ 302 III!). Über die Gegenforderung bleibt der Rechtsstreit anhängig (§ 302 IV S.1). In einem sog. Nachverfahren wird über die Gegenforderung entschieden (§ 302 IV) und durch Endurteil das Vorbehaltsurteil entweder aufgehoben (wenn die Aufrechnung begründet ist) oder bestätigt (wenn die Aufrechnung unbegründet ist). Zur Tenorierung: Baur/Grunsky Rn. 137.

> **Merken Sie:** Für den umgekehrten Fall, also bei vorzeitiger Entscheidungsreife der Gegenforderung, ist eine vorgreifliche Entscheidung nicht zulässig (Beweiserhebungstheorie!).

Tenorierung: Putzo, Rn 14, § 302
⊕ vorbem. Titel 3 Wteil (vor § 300)

II. Die Widerklage

Sie ist eine echte Klage des Beklagten (als Widerkläger) gegen den Kläger (als Widerbeklagten), die aus Gründen der Prozessökonomie privilegiert wird:

- Sie hat einen zusätzlichen Gerichtsstand beim Prozessgericht der Klage (§ 33).
- Sie wird nicht nur durch Zustellung der (Wider-) Klageschrift, sondern auch durch Antrag in der mündlichen Verhandlung rechtshängig (§ 261 II).
- Kein Gerichtskostenvorschuss (§ 12 II Nr.1 GKG).
- Sie ist nicht so aufwendig, weil über Klage und Widerklage einheitlich verhandelt, Beweis erhoben und entschieden wird.
- Sie kann (unter den einschränkenden Voraussetzungen des § 533) auch noch in der Berufungsinstanz geltend gemacht werden.

1. Die Zulässigkeitsprüfung

weist neben den allgemeinen Voraussetzungen, die grds. auch für die Widerklage gelten, einige Besonderheiten auf:

a) Die Erhebung der Widerklage

kann auch in der mündlichen Verhandlung erfolgen (§ 261 II). Der Zustellung einer Klageschrift bedarf es dann nicht (s. bereits oben).

Ebenso wie die Aufrechnung kann auch die Widerklage hilfsweise erhoben werden (innerprozessuale Bedingung!) und sogar mit der Eventualaufrechnung kombiniert werden. Der Beklagte kann also z.B. für den Fall des Bestehens der Klageforderung die Eventualaufrechnung erklären und zusätzlich hilfsweise Widerklage für den Fall der Unbegründetheit der Klageforderung erheben.

b) Rechtshängigkeit der Hauptklage

Die (Haupt-) Klage muss bei Erhebung der Widerklage (schon oder noch) rechtshängig sein. Unerheblich ist dagegen, dass die Rechtshängigkeit der (Haupt-) Klage erst nachdem die Widerklage erhoben worden ist wegfällt (arg. § 261 III Nr.2!).

Die (Haupt-) Klage dient der Widerklage also nur als „Sprungbrett".

c) Selbstständiger Streitgegenstand der Widerklage

d.h. sie darf sich nicht in der bloßen Negation des Klageantrages erschöpfen, sondern muss ihrem Inhalt nach als selbstständige Klage möglich sein.

d) Parteiidentität zwischen Klage und Widerklage.

Der Beklagte (= Widerkläger) muss die Widerklage also gegen den Kläger (= Widerbeklagten) richten. Zum Sonderfall der Drittwiderklage s. unten II 3.

e) Die Bedeutung des § 33 ist umstritten.

Die Vorschrift fordert einen Zusammenhang zwischen Klage- und Widerklageanspruch (sog. Konnexität). Hierfür soll ausreichend sein, dass für Klage und Widerklage zumindest eine anspruchsbegründende Tatsache demselben Tatsachenkomplex entnommen ist.

(1) Insbesondere die **Rspr.** sieht in § 33 nicht lediglich eine besondere Gerichtsstandsnorm, sondern vielmehr eine **besondere Sachurteilsvoraussetzung** der Widerklage. Nichtkonnexe Widerklagen sind daher, selbst wenn die örtliche Zuständigkeit anderweitig begründet ist, als unzulässig abzuweisen (BGH NJW 81, 1217) oder auf Antrag des Beklagten abzutrennen und an das zuständige Gericht zu verweisen.

(2) Dem hält die **h.L.** (zu Recht) entgegen, dass sich aus der systematischen Stellung des § 33 ergibt, dass diese Vorschrift **lediglich** einen **besonderen Gerichtsstand** begründet. Ferner steht die Rspr. im eindeutigen Widerspruch zum Gesetz (vgl. § 145 II). Auf die Konnexität kommt es demnach erst dann an, wenn das Gericht nicht bereits aus anderen Gründen auch für die Widerklage örtlich zuständig ist (Bork JA 81, 385 389 f. mwN).

Beachten Sie: Durch rügeloses Verhandeln zur Hauptsache kann auf die Voraussetzung der Konnexität verzichtet werden (nach der Rspr. gem. § 295 I; nach der h.L. gem. § 39). Der Streit erhält also nur dann Relevanz, wenn man das Gericht der (Haupt-) Klage auch für die Widerklage zuständig ist, Konnexität fehlt und der Kläger (=Widerbeklagte) bevor er zur Sache verhandelt die fehlende Konnexität rügt.

f) Die sachliche Zuständigkeit (§§ 23, 71 GVG)

kann problematisch sein. § 5 2.HS. stellt klar, dass die Streitwerte von Klage und Widerklage nicht zusammengerechnet werden dürfen. Das AG ist also unproblematisch sachlich zuständig, wenn erst durch eine Addition der Streitwerte von Klage und Widerklage der Betrag von 5.000 € überschritten wird. Es fragt sich jedoch, welches Gericht sachlich zuständig ist, wenn bereits der Wert von Klage oder Widerklage (allein) über 5.000 € liegt.

- Übersteigt der Streitwert der Widerklage 5.000 €, ist die (Haupt-) Klage aber beim AG rechtshängig, so gilt die Sonderregelung des § 506: Das AG hat sich auf Antrag durch Beschluss für unzuständig zu erklären und den Rechtsstreit an das örtlich zuständige LG zu verweisen (Ausnahme zu § 261 III Nr.2, vgl. bereits 9. Kap. II 2).

- Nach allg. Meinung ist auch das LG für die Widerklage sachlich zuständig, wenn die Hauptklage bereits dort rechtshängig ist und der Streitwert der Widerklage nicht 5.000 € übersteigt. Ansonsten würde der gesetzgeberische Zweck des § 33, Klagen, die im Zusammenhang stehen, zur Vermeidung widersprechender Entscheidungen auch zusammen verhandeln und entscheiden zu können, vereitelt werden (Mayer JuS 91, 678 679).

Andere meinen, dass sich die sachliche Zuständigkeit des LG unmittelbar aus § 33 I ergebe (Schilken Rn. 737). Diese Auffassung ist aber auf Grund der systematischen Stellung des § 33 nicht haltbar. Schließlich wird vertreten, den Rechtsgedanken des § 506 heranzuziehen. Beachte: Die verschiedenen Begründungsmodelle gelangen i.d.R. zum gleichen Ergebnis und sollten daher in der Prüfung nicht unnötig aufgebläht werden.

g) Dieselbe Prozessart und kein Verbindungsverbot.

Hinsichtlich Klage und Widerklage muss dieselbe Prozessart zulässig sein (Unzulässigkeit z.B. im Urkundenprozess, § 595 I) und es darf kein Verbindungsverbot bestehen (vgl. z.B. §§ 126 II S.1, 179 II FamFG).

h) Das Rechtsschutzbedürfnis einer Widerklage

fehlt nicht etwa deshalb, weil eine rechtskraftfähige Entscheidung über die mit der Widerklage verfolgten Ansprüche über den „leichteren" Weg der Prozessaufrechnung erreicht werden kann (vgl. § 322 II). Grund: Die Aufrechnung wird grds. hilfsweise erklärt (Ausnahme: Sie ist das einzige Verteidigungsmittel), so dass bei Klageabweisung aus anderen Gründen (etwa Unschlüssigkeit) über sie gar nicht entschieden wird und somit auch die Rechtskraftwirkung des § 322 II nicht greift. Bei der Widerklage wird hingegen stets eine rechtskraftfähige Entscheidung erzielt.

Klausurhinweis: Da es sich bei der Widerklage um eine „selbstständige" Klage handelt, sind Klage und Widerklage in der Fallbearbeitung getrennt zu prüfen (Ausnahme: Petitorische Widerklage).

2. Eine petitorische Widerklage

ist nach h.M. grds. trotz der Regelung des § 863 BGB, wonach petitorische Einwendungen ggü. dem possessorischen Besitzschutz (§§ 861, 862 BGB) ausgeschlossen sind, zuzulassen.

> Grund: Sinn der Einwendungsbeschränkung des § 863 BGB ist es, den durch verbotene Eigenmacht beeinträchtigten Besitzstand schnell wieder herzustellen, ohne dass über ein vom Beklagten geltend gemachtes Recht zum Besitz langwierig verhandelt werden muss. Eine solch zu vermeidende Verfahrensverzögerung lässt sich durch ein Teilurteil (§ 301) über die entscheidungsreife possessorische Besitzschutzklage erreichen, ohne dass der Ausgang der (noch nicht entscheidungsreifen) petitorischen Widerklage abgewartet werden muss (BGH 53, 166 169 f.).

von Besitz unabhängig

Bei gleichzeitiger Entscheidungsreife von possessorischer Klage und petitorischer Widerklage kann aber die merkwürdige Situation auftreten, dass sowohl Klage als auch Widerklage begründet sind, denn gem. § 863 BGB dürfen dem Besitzschutzanspruch gerade keine petitorischen Einwendungen entgegengehalten werden. Um dies zu vermeiden, ist bei gleichzeitiger Entscheidungsreife von Klage und Widerklage in analoger Anwendung des § 864 II BGB die possessorische Besitzschutzklage abzuweisen. Für das Gericht steht dann nämlich fest, dass der Besitz im Endergebnis dem Beklagten (=Widerkläger) zusteht. Dies ist mit der Sachlage des § 864 II BGB vergleichbar (h.M.: BGH 73, 355 357 ff. mwN; BGH MDR 99, 148).

> Für die Fallbearbeitung bedeutet es, dass die petitorische Widerklage inzident in der Begründetheitsprüfung der possessorischen Besitzschutzklage zu erörtern ist (und gerade nicht wie im Regelfall getrennt von der Klage).

3. Die sog. „Dritt-Widerklage",

d.h. die Widerklage gegen den Kläger und einen bislang am Verfahren nicht Beteiligten, wird insbesondere von der Rspr. aus prozessökonomischen Gesichtspunkten zugelassen (a.A. u.a. Schellhammer Rn. 1575 mwN).

> **Bsp.:** Der auf Grund eines Verkehrsunfalls vom Kfz-Halter in Anspruch genommene Beklagte erhebt wegen seiner erlittenen Schäden Widerklage gegen den Kläger (§ 7 StVG) und den bisher am Prozess nicht beteiligten Fahrer (§ 18 StVG).

Voraussetzungen (nach Rspr.):

- „Dritt-Widerklage", also Klage gegen Kläger und Dritten. Eine isolierte Widerklage gegen den Dritten ist i.d.R. unzulässig (BGH NJW 93, 2120 mwN); es sei denn die Dinge sind tatsächlich und rechtlich eng miteinander verknüpft und es werden keine schützenswerten Interessen des Widerbeklagten (=Dritten) verletzt (BGH NJW 07, 1753).
- Konnexität i.S.v. § 33 zwischen Klage- und Widerklageforderung (s. oben II 1e).
- Streitgenossenschaft des Klägers und des Dritten i.S.d. §§ 59, 60 (vgl. 5. Kap. VI 2).
- Zustimmung oder Sachdienlichkeit analog §§ 263, 267 (BGH NJW 96, 196 f.).

 Ein besonderes Problem im Rahmen der „Dritt-Widerklage" wirft die Frage nach der örtlichen Zuständigkeit auf, wenn für den Dritten ein anderer Gerichtsstand als für den widerbeklagten Kläger gegeben ist.

> **Bsp.:** Im „Bauprozess" verlangt der an seinem Wohnsitz in Hamburg auf Restlohn in Anspruch genommene beklagte Bauherr widerklagend am Gericht der Hauptklage S.E. wegen Planungs- und Baufehlern an dem in Kiel errichteten Haus von dem klagenden Bauunternehmer und dem am Prozess bislang nicht beteiligten Architekten A. A, der seinen Wohnsitz in Schleswig hat, rügt die örtliche Unzuständigkeit des AG Hamburg. Zu Recht?

Für die Widerklage des Bauherrn gegen den Bauunternehmer ist Hamburg auf jeden Fall auf Grund der zwischen Klage- und Widerklageanspruch gegebenen Konnexität zuständig (§ 33). Fraglich ist jedoch, ob Hamburg auch für die gegen A gerichtete „Dritt-Widerklage" zuständig ist, da A weder seinen Wohnsitz dort hat (§§ 12, 13), noch Hamburg Erfüllungsort ist (§ 29). Der besondere Gerichtsstand der Widerklage ist ebenfalls nicht anwendbar: § 33 hat seinen Grund darin, dass der Kläger den Beklagten vor dem Gericht der Hauptklage angegriffen hat; dies trifft auf den Dritten gerade nicht zu (Zöller § 33 Rn. 23). Schließlich hat A auch nicht rügelos verhandelt (§ 39).

Nach der Rspr. ist in einem solchen Fall nach den §§ 36 I Nr.3, 37 zu verfahren (BGH NJW 91, 2838 mwN); also keine Klageabweisung durch Prozessurteil wegen Unzuständigkeit.

> Zur Flucht in die Widerklage vgl. 2. Kap. III 2.

1. Warum spricht man bei der Aufrechnung von einem Doppeltatbestand?

Während die Aufrechnungserklärung materiell eine Willenserklärung ist, ist die Einführung der Aufrechnung in den Prozess Prozesshandlung

2. K klagt gegen B auf Zahlung. B bestreitet die Forderung und rechnet hilfsweise mit einer unbestrittenen Gegenforderung in gleicher Höhe auf. Diese (Gegen-) Forderung ist bereits in einem anderen Verfahren rechtshängig. K meint, der Zulässigkeit der Aufrechnung stünde die anderweitige Rechtshängigkeit entgegen (§ 261 III Nr.1). Hat er Recht?

Nein, die Aufrechnung macht die Gegenforderung nicht rechtshängig, nach § 261 I wird nur die Klageforderung rechtshängig. B ist also nicht gehindert trotz Rechtshängigkeit der Gegenforderung mit ihr aufzurechnen.

3. Richter Fauli meint, er könne das Bestehen der Klageforderung in seiner Urteilsbegründung offen lassen und sich die „lästige" Beweisaufnahme ersparen, da die Klage selbst für den Fall des Bestehens der Forderung auf Grund der erfolgten Aufrechnung abzuweisen sei. Stimmt das?

Nein, während B sich auf den Standpunkt stellen wird, dass die Klage auf Grund des fehlenden Beweises abgewiesen worden ist, wird K die Meinung vertreten, die Klage sei wegen der erfolgten Aufrechnung abgewiesen worden. Somit wird ein zweiter Prozess nötig, in dem über das Bestehen der Gegenforderung zu befinden ist und folglich der ersparte Beweis nachgeholt werden muss. Daher darf das Urteil die Gründe der Klageabweisung nicht offen lassen.

4. Wie wäre es, wenn die Klageforderung unbestritten ist und die Gegenforderung nicht?

Fauli könnte über die Klageforderung ein Vorbehaltsurteil erlassen (§ 302 I u.U. i.V.m. § 145 III) und über die Gegenforderung in einem Nachverfahren entscheiden (§ 302 IV)?

5. Worin besteht der wesentliche Unterschied zwischen einer Prozessaufrechnung und einer Widerklage (WKl.)?

Während die Aufrechnung die Klage in ihrer Eigenschaft als Verteidigungsmittel (=rechtsvernichtende Prozesseinrede) unbegründet macht, wirkt sich die WKl. auf die (Haupt-) Klage nicht aus (Ausnahme: Petitorische WKl.); sie ist vielmehr ein Gegenangriff des Beklagten auf den Kläger.

6. E klagt gegen B auf Feststellung, dass er Eigentümer einer bestimmten Sache sei. B erhebt WKl. mit dem Antrag festzustellen, dass E nicht Eigentümer sei. Ist die WKl. zulässig?

Nein, die WKl. muss einen selbstständigen StrG haben, d.h. sie darf sich nicht in der bloßen Verneinung des Klageantrages erschöpfen.

7. Wäre eine WKl. des B auf Feststellung, dass er (der B) Eigentümer sei, zulässig?

Ja, weil der Antrag über die bloße Verneinung des Klageantrages hinausgeht. Mit der bloßen Abweisung der (Haupt-) Klage als unbegründet wäre ja noch nicht gesagt, dass B Eigentümer ist.

8. Würde sich an der Zulässigkeit der WKl. etwas ändern, wenn E, nachdem B die WKl. erhoben hat, die Hauptklage wirksam zurücknimmt (§ 269 I)?

Nein, durch die Klagerücknahme wird zwar die Rechtshängigkeit beseitigt (§ 269 III S.1), für die Zulässigkeit der WKl. ist aber lediglich erforderlich, dass die (Haupt-) Klage bei (Wider-) Klageerhebung rechtshängig ist (arg. § 261 III Nr.2). Sie dient der WKl. sozusagen als „Sprungbrett".

9. Der in Kiel wohnhafte K verklagt den ebenfalls dort ansässigen W vor dem LG Kiel auf Zahlung von 15.000 € Schmerzensgeld wegen eines Verkehrsunfalls. W verlangt seinerseits Schadensersatz i.H.v. 2.000 € für die ihm aus dem Unfall entstandenen Schäden im Wege der Widerklage. Ist das LG Kiel auch für die Widerklage sachlich zuständig?

§ 5 2.HS. stellt klar, dass die Streitwerte von Klage u. WKl. nicht zusammengerechnet werden dürfen. Die Sondervorschrift des § 506 regelt nur den Fall, dass die (Haupt-) Klage beim AG rechtshängig ist u. die WKl. den Betrag von 5.000 € übersteigt, nicht aber den hier vorliegenden umgekehrten Fall. Demnach wäre das LG für die WKl. sachlich unzuständig. Das hätte aber zur Folge, dass der gesetzgeberische Zweck des § 33, Klagen, die im Zusammenhang stehen, zur Vermeidung widersprechender Entscheidungen auch zusammen verhandeln u. entscheiden zu können, vereitelt werden würde. Das LG ist daher auch für die WKl. sachlich zuständig (allg. Ansicht, jedoch unterschiedliche Begründung).

10. Bestünden Zweifel an der Zulässigkeit der WKl., wenn W statt Ersatzes der Unfallschäden die Rückzahlung einer fälligen Darlehensforderung i.H.v. 2.000 € (widerklagend) geltend gemacht hätte?

Die WKl. könnte mangels Konnexität i.S.v. § 33 unzulässig sein, vorausgesetzt § 33 begründet neben einer besonderen Gerichtsstandsnorm zusätzlich noch eine besondere Sachurteilsvoraussetzung der WKl. (so insb. die Rspr.). Hiergegen spricht jedoch die systematische Stellung dieser Vorschrift u. das Gesetz (§ 145 II). Die fehlende Konnexität ist demnach unschädlich, da Kiel bereits aus anderen Gründen örtlich zuständig ist (§§ 12, 13).

Fraglich ist allerdings die sachliche Zuständigkeit des LG. Der gesetzgeberische Zweck des § 33 lässt sich mangels Konnexität nicht mehr zur Begründung heranziehen. Das LG wäre nur dann sachlich zuständig, wenn man auf den Rechtsgedanken des § 506 abstellt.

11. Wann besteht ein Zusammenhang (=Konnexität) i.S.d. § 33?

Wenn für Klage und WKl. zumindest eine anspruchsbegründende Tatsache demselben Tatsachenkomplex entnommen ist.

14. Kapitel
Die Beendigung des Prozesses durch die Parteien

Die **vorzeitige** Beendigung des Prozesses durch die Parteien ist in jeder Lage des Verfahrens entweder durch Anerkenntnis (§ 307, unten I), Klageverzicht (§ 306, unten II), Klagerücknahme (§ 269, unten III), Erledigungserklärung (§ 91a, unten IV), Vergleich (§§ 779 BGB, 794 I Nr.1, 160 III Nr.1; unten V) oder Säumnis (§§ 330 ff., 16. Kap.) möglich; denn es ist Ausfluss der Dispositionsmaxime, dass die Parteien auch während des Verfahrens die Verfügungsgewalt über den Streitgegenstand behalten (2. Kap. I).

Die Parteien können natürlich auch lediglich über einen Teil des Streitgegenstandes dispositionieren (z.B. Teilverzicht). Über den Rest ist dann streitig zu verhandeln.

I. Anerkenntnis (§ 307)

Beim Anerkenntnis "stellt der Beklagte den Kampf ein", indem er dem Prozessgericht einseitig erklärt, dass der vom Kläger geltend gemachte prozessuale Anspruch besteht.

1. Voraussetzungen des Anerkenntnisses

a) Die Zulässigkeit der Klage

Da durch ein Anerkenntnisurteil der vom Kläger geltend gemachte Anspruch zuerkannt wird und somit eine Entscheidung in der Sache gefällt wird (Anerkenntnisurteil = Sachurteil!), muss zunächst die Zulässigkeit der Klage bejaht werden.

↳ ohne Sachprüfung

b) Ein Anerkenntnis

Anerkenntnis ist die einseitige Erklärung des Beklagten ggü. dem Prozessgericht in der mündlichen Verhandlung oder im schriftlichen Vorverfahren, dass der gegen ihn erhobene (prozessuale) Anspruch bestehe. Sie ist Prozesshandlung (und nicht etwa materielles Rechtsgeschäft i.S.v. § 781 BGB), es müssen daher zu ihrer Wirksamkeit die Prozesshandlungsvoraussetzungen (Partei-, Prozess-, Postulationsfähigkeit und bei Vertretung Vollmacht bzw. Vertretungsmacht) erfüllt sein.

Prozesshandlungen sind Handlungen, deren hauptsächliche Wirkung auf prozessualem Gebiet liegt (vgl. instruktiv Musielak Rn. 143-155).

Als Prozesshandlung ist das Anerkenntnis grds. unwiderruflich, unanfechtbar und bedingungsfeindlich. Grund: Der Prozess verträgt keinen Schwebezustand (=Rechtsunsicherheit).

Ausnahmsweise ist ein **Widerruf** möglich, **wenn** der **Kläger zustimmt**, ein **Restitutionsgrund** (§ 580) gegeben ist oder die Voraussetzungen einer **Abänderungsklage** (§ 323, § 238 FamFG) vorliegen (Thomas/Putzo § 307 Rn. 8). Grund: Es wäre prozessunökonomisch, den Beklagten auf die Möglichkeit der Wiederaufnahme oder Abänderung zu verweisen. Ein **Widerruf analog § 290 ist hingegen** wegen fehlender Vergleichbarkeit von Anerkenntnis und Geständnis **abzulehnen** (h.M.: BGH 80, 389 393 f.; a.A. Schreiber JR 82, 107 f.).

Beachte: Die Beseitigung des Anerkenntnisses durch Widerruf ist nur bis zum Erlass des Anerkenntnisurteils möglich, danach nur durch Berufung (KG NJW-RR 95, 958; s. näher unten) und nach Erlass des Berufungsurteils nur im Wege der Restitutionsklage (§ 580).

c) Die Dispositionsbefugnis der Parteien über den Streitgegenstand

Dort wo die Dispositionsmaxime eingeschränkt ist, ist auch kein Anerkenntnis möglich (so insb. in Ehesachen, § 113 IV Nr.6 FamFG; vgl. bereits 2. Kap. I).

d) Zulässigkeit des Anerkenntnisses

Die anerkannte Rechtsfolge muss zulässig sein, d.h. sie muss im Einklang mit der Rechtsordnung stehen. Da das Anerkenntnisurteil grds. ohne Sachprüfung ergeht, fehlt es an dieser Voraussetzung nur, wenn die begehrte Rechtsfolge ersichtlich verboten, sittenwidrig oder nach geltendem Recht unmöglich ist (h.M.: OLG Köln NJW 86, 1350 1352).

 Problematisch ist die Lage allerdings dann, wenn die anerkannte Rechtsfolge zwar gesetzlich zulässig ist, das ihr zu Grunde liegende Kausalgeschäft aber nicht von der Rechtsordnung gebilligt wird.

> **Bsp.:** *K verlangt klageweise Zahlung von 5.000 € aus einem Drogengeschäft mit B. - Betrachtet man allein den geforderten Gegenstand (Zahlung von Geld), steht der Zulässigkeit eines Anerkenntnisses nichts im Wege (arg. keine Schlüssigkeitsprüfung!, R/S/G § 133 IV 3c). Anderseits könne das Anerkenntnisurteil nicht dazu missbraucht werden, wesentliche Grundzüge der Rechtsordnung zu umgehen (B/L/A/H § 307 Rn. 12). Es ist daher zu versagen.*

e) Antrag

Seit dem 1.1.2002 setzt § 307 vom Wortlaut her keinen Antrag auf Erlass eines Anerkenntnisurteils mehr voraus.

Bereits vor der Neufassung des § 307 war ganz überwiegend anerkannt, dass auch ohne besonderen Antrag ein Anerkenntnisurteil zu ergehen hat, wenn die übrigen Voraussetzungen des Anerkenntnisurteils vorliegen (BGH NJW 93, 1717; für Verzichtsurteil: BGH 76, 50 53). Grund: Dem Kläger fehlt es an einem RSB für ein kontradiktorisches Urteil, da er auch durch Anerkenntnisurteil erhält, was er begehrt. Zu bedenken ist jedoch, dass Situationen auftreten können, in denen der Kläger trotz Anerkenntnis ein rechtliches Interesse an einem streitigen Urteil hat (z.B. beim Musterprozess: vgl. Kempf ZZP Bd. 73, 342 348 ff.).

2. Die Wirkungen des Anerkenntnisurteils

Die Wirkungen des Anerkenntnisurteils entsprechen im Grundsatz denen eines "normalen" kontradiktorischen Urteils:

a) Da es sich (wie ein streitiges Urteil) um ein Sachurteil handelt, erwächst es in Rechtskraft und kann demzufolge auch mit Rechtsmitteln (Berufung oder Revision) angefochten werden.

Die Berufung führt aber einschränkend nur dann zur Überprüfung des dem Kläger zugesprochenen Anspruchs, wenn der Beklagte zum Widerruf berechtigt ist, also ein Restitutionsgrund (§ 580) oder die Voraussetzungen der Abänderungsklage (§ 323, § 238 FamFG) gegeben sind (BGH NJW 81, 2193 2194).

b) Entgegen § 91 I S.1 können dem Kläger trotz Obsiegens gem. § 93 die **Kosten** auferlegt werden, wenn der Beklagte nicht Veranlassung zur Erhebung der Klage gegeben hat und den Anspruch sofort anerkennt.

- **Anlass zur Klageerhebung** hat der Beklagte bereits dann gegeben, wenn er trotz Aufforderung des Gläubigers nicht leistet (das bloße Überschreiten des Fälligkeitstermins reicht für sich genommen nicht; h.M.: OLG Frankfurt NJW-RR 93, 1472 mwN). Auf ein Verschulden und die materielle Rechtslage kommt es nicht an (Zöller § 93 Rn. 3; vgl. Schellhammer Rn. 932-934 mit Bsp.).
- **Sofort** heißt im frühen ersten Termin bzw. in der Verteidigungsanzeige beim schriftlichen Vorverfahren (OLG Brandenburg OLGR 03, 305) oder innerhalb der Klageerwiderungsfrist, wenn der Beklagte zuvor keinen Klageabweisungsantrag ankündigt (BGH NJW 06, 2490).

c) Das Anerkenntnisurteil ist ohne Sicherheitsleistung vorl. vollstreckbar (§ 708 Nr.1).

II. Klagerücknahme (§ 269)

Die Klagerücknahme ist als Gegenstück zur Klageerhebung die Rücknahme der anhängigen Klage.

1. Voraussetzungen der Klagerücknahme

a) **Stets** die **einseitige Erklärung des Klägers** ggü. dem Gericht (§ 269 II S.1) in der mündlichen Verhandlung oder durch Einreichung eines Schriftsatzes (§ 269 II S.2), dass er von der (konkreten) Durchführung des Prozesses Abstand nehme.

> **Beachte:** Die Rücknahme der Klage ist nur in dem Zeitraum zwischen Rechtshängigkeit bis (§§ 261 I, 253 I) und Eintritt der Rechtskraft möglich (vgl. § 269 III S.1). Sie ist schon begriffslogisch ausgeschlossen, wenn die Klage noch nicht zugestellt, sprich erhoben (§ 253 I) worden ist. Bei einer "Rücknahme" vor Zustellung handelt es sich daher lediglich um einen Widerruf des Antrags auf Zustellung und Terminsbestimmung (Brammsen/Leible JuS 97, 54 55; vgl. auch Greger NJW 02, 3049 3050).

Als Prozesshandlung ist die Klagerücknahmeerklärung grds. bedingungsfeindlich, unwiderruflich und unanfechtbar.

> Ausnahmsweise soll eine Beseitigung der erklärten Rücknahme durch Widerruf zur Vermeidung eines Prozesses möglich sein, wenn der Beklagte zustimmt (Thomas/Putzo § 269 Rn.8) oder wegen einer entsprechenden Heranziehung des § 580 Nr.4 geboten erscheint (R/S/G § 130 II 1d). Zum Verhältnis des § 269 zu § 264 Nr.2, 2.Alt. vgl. 10. Kap. I 2a.

b) Wenn der Beklagte schon zur Hauptsache mündlich verhandelt hat (= Antragstellung gem. § 137 I), bedarf es gem. § 269 I zusätzlich noch seiner Einwilligung (= Prozesshandlung!). Grund: Der Beklagte hat auf Grund seiner Einlassung zur Hauptsache ein schützenswertes Interesse an einer Sachentscheidung; er soll davor geschützt werden, dass der Kläger sich in einer für ihn ungünstigen Prozesssituation (z.B. mangels Beweisbarkeit) einseitig vom Rechtsstreit löst, um später erneut zu klagen. Beachte: Für den Fall, dass die Klagerücknahme schriftsätzlich erklärt wird, gilt die Einwilligung des Beklagten als erteilt, wenn er nicht nach vorheriger Belehrung innerhalb einer zwei wöchigen Notfrist widerspricht (§ 269 II S.3, 4).

> **Merke:** Die Zulässigkeitsprüfung der Klage entfällt nach erfolgter Klagerücknahme gänzlich, denn auch eine unzulässige Klage kann mangels Entscheidung in der Sache (s. dazu näher unten) zurückgenommen werden.

2. Die Folgen der Klagerücknahme

a) Die **Rechtshängigkeit wird rückwirkend beseitigt (§ 269 III S.1 1.HS.)**; eine Entscheidung in der Sache ergeht also (anders als beim Verzicht i.S.d. § 306) nicht mehr. Ein bereits ergangenes noch nicht rechtskräftiges Urteil wird hinfällig (§ 269 III S.1, 2.HS.).

> **Beachten Sie:** Während die materiellen Wirkungen der Rechtshängigkeit nach 6 Monaten entfallen (§§ 204 II, 941 S.2 BGB), bleibt die Wirksamkeit der im Laufe des Prozesses abgegebenen materiellen Erklärungen (z.B. Aufrechnung) unberührt.

b) Der **Kläger trägt gem. § 269 III S.2** grds. **die Kosten des Rechtsstreits**, so weit nicht schon rechtskräftig über sie erkannt ist oder sie nach den § 243 FamFG ausnahmsweise dem Beklagten aufzuerlegen sind. Ist der Anlass zur Klageeinreichung jedoch vor Rechtshängigkeit weggefallen und wird die Klage daraufhin (d.h. nach Zustellung) zurückgenommen, so bestimmt sich die Kostentragungspflicht unter Berücksichtigung des bisherigen Sach- und Streitstandes nach billigem Ermessen (§ 269 III S.3 1.HS.). Gleiches gilt, wenn die Klage noch nicht zugestellt wurde (§ 269 III S.3 letzter HS.); der Kläger also seinen Antrag auf Zustellung und Terminsbestimmung widerruft (= „Klagerücknahme" zwischen Anhängigkeit und Rechtshängigkeit). Trotz „Klagerücknahme" zwischen Anhängigkeit und Rechtshängigkeit ist dem „Beklagten" rechtliches Gehör zu gewähren, er ist also über die „Klagerücknahme" zu informieren und es ist ihm die Möglichkeit zu gegeben, vorzutragen, keinen Anlass zur Klage gegeben zu haben.

Ob § 269 III S.3 analoge Anwendung findet, wenn der Anlass zur Einreichung der Klage bereits vor Anhängigkeit weggefallen ist, ist heftig umstritten.

c) Eine **erneute Klage** ist im Unterschied zum Verzicht (§ 306) **jederzeit möglich**, denn die Rechtshängigkeit erlischt rückwirkend (§ 269 III S.1).

> **Beachten Sie aber:** Der Beklagte kann die Einlassung solange verweigern, bis der Kläger ihm die Kosten des alten Rechtsstreits erstattet (§ 269 VI: Prozesshindernis, vgl. bereits 3. Kap. A III).

3. Die gerichtliche Entscheidung

beschränkt sich darauf, die Rechtsfolgen der Klagerücknahme auf Antrag des Beklagten durch Beschluss auszusprechen (§ 269 IV). Der Beschluss unterliegt der sofortigen Beschwerde (§§ 269 V, 567 ff.).

> **Merken Sie:** Die Wirkungen der Klagerücknahme treten zwar auch ohne gerichtlichen Beschluss ein. Der Beschluss hat nur deklaratorische Wirkung. Im Hinblick auf § 794 I Nr.3 ist es aber durchaus sinnvoll, einen solchen Beschluss zu beantragen.

III. Der Klageverzicht (§ 306)

Der Klageverzicht ist das prozessuale Gegenstück des Anerkenntnisses. Die zum Anerkenntnis gemachten Ausführungen gelten daher sinngemäß. Ausnahmen:

- § 93 ist nicht analog anwendbar (OLG Koblenz NJW-RR 86, 1443 f. mwN).
- Vom Wortlaut her setzt § 306 (nach wie vor) einen Antrag des Beklagten voraus. Überwiegend wird dem Beklagten allerdings das RSB für ein streitiges Urteil abgesprochen, so dass auch ohne (besonderen) Antrag ein Verzichtsurteil zu ergehen hat, wenn die übrigen Voraussetzungen des Verzichtsurteils vorliegen (BGH 76, 50 53). Merken Sie: Der Gesetzgeber hat lediglich bei § 307 das Antragserfordernis gestrichen. Beim Verzicht gilt daher der alte Streitstand weiter.

IV. Erledigung der Hauptsache

Erledigung der Hauptsache liegt vor, wenn die Klage "ursprünglich" zulässig und begründet war und "nachträglich" unzulässig oder/und unbegründet wird; sie kann übereinstimmend (§ 91a, unten 1) oder einseitig durch den Kläger (unten 2) erklärt werden.

Im Unterschied zur Klagerücknahme (§ 269) und zum Verzicht (§ 306) besteht der Vorteil für den Kläger darin, dass dem Beklagten u.U. die Kosten auferlegt werden (entweder nach § 91a oder, für den Fall des Widersprechens, nach § 91; s. dazu näher unten). Bei der Klagerücknahme ist dies nur im Fall des § 269 III S.3 möglich.

1. Die übereinstimmende Erledigungserklärung

Sie ist in § 91a nur hinsichtlich der Kostentragungspflicht geregelt.

a) Voraussetzung

Einzige Voraussetzung ist eine **übereinstimmende Erledigungserklärung** der Parteien in der Form des § 91a I S.1 1.HS. (fehlender Widerspruch des Beklagten genügt, vgl. § 91a I S.2!).

Sie ist **Prozesshandlung**. Es müssen also zu ihrer Wirksamkeit die Prozesshandlungsvoraussetzungen erfüllt sein.

> **Beachten Sie jedoch:** Wird die Erledigung schriftlich oder zu Protokoll der Geschäftsstelle erklärt (§ 91a I 1.HS.), so sind die Parteien wegen der Regelung des § 78 V auch ab dem LG ohne Anwalt postulationsfähig (Schellhammer Rn. 1704). § 78 III 78O

Als Prozesshandlung ist die Erledigungserklärung **grds. bedingungsfeindlich, unanfechtbar und unwiderruflich**. Bis zur Zustimmung des Beklagten soll ein Widerruf des Klägers jedoch möglich sein (Zöller § 91a Rn. 10, 11). Nach diesem Ztpkt. nur im Falle des Vorliegens eines Restitutionsgrundes gem. § 580 (Zöller § 91a Rn. 11); ein Widerruf ist, nachdem der Beklagte sich der Erledigungserklärung angeschlossen hat, selbst dann unzulässig, wenn er einverständlich erfolgt (wohl h.M.: Thomas/Putzo § 91a Rn. 15; a.A. R/S/G § 132 II 2d: Solange das Gericht nicht über die Kosten entschieden hat, ist ein einvernehmlicher Widerruf möglich.).

Das **Gericht prüft** (bei der beiderseitigen Erledigungserklärung) **nicht, ob** (und wann) eine **Erledigung** im Rechtssinne **eingetreten ist**. Es steht allein zur Disposition der Parteien, wie lange das Verfahren andauert (Dispositionsmaxime, vgl. 2. Kap. I).

b) Folge der übereinstimmenden Erledigungserklärung

Die übereinstimmende Erledigungserklärung hat zur Folge, dass die **Rechtshängigkeit beseitigt** wird (anders als bei § 269 aber nicht rückwirkend). Ein bereits ergangenes, aber noch nicht rechtkräftiges Urteil verliert in analoger Anwendung des § 269 III S.1 2.HS. seine Wirkung (Jauernig § 42 VI 1).

> Ob eine **erneute Klage** zulässig ist, wird unterschiedlich beurteilt: Dafür spricht, dass über den Streitgegenstand (wie bei § 269) keine rechtskräftige Entscheidung gefällt wurde. Anderseits steht eine erneute Klage im Widerspruch zu der übereinstimmend erklärten Erledigung (= venire contra factum proprium), so dass der Beklagte der neuen Klage mit einer prozessualen Arglisteinrede begegnen könnte (Für Zulässigkeit einer neuen Klage u.a.: BGH NJW 91, 2280 2281; vgl. auch Jauernig § 42 VI 1, der allerdings eine analoge Anwendung des § 269 VI befürwortet; dagegen u.a.: Brox JA 83, 289 295).

c) Entscheidung

Das Gericht entscheidet i.d.R. lediglich "über die Kosten unter Berücksichtigung des bisherigen Sach- und Streitstandes nach billigem Ermessen durch Beschluss" (§ 91a I 2.HS.). Es ist also zu fragen, wer den Prozess voraussichtlich verloren hätte und demnach die Kosten nach allgemeinen Bestimmungen (§§ 91 ff.) tragen müsste, wenn das (behauptete) erledigende Ereignis nicht eingetreten wäre?

> Der Grundsatz des § 93 ist entsprechend heranzuziehen und dem Kläger die Kosten aufzuerlegen, wenn der Beklagte keine Veranlassung zur Klageerhebung gegeben hatte (Schellhammer Rn. 1710).

> Fraglich ist, ob die Kostenentscheidung zu Lasten des Klägers mangels Zulässigkeit der Klage zu ergehen hat, wenn die Erledigung vor einem unzuständigen Gericht erklärt wird (so OLG Brandenburg NJW-RR 96, 955). Hiergegen spricht entscheidend, dass dem Kläger durch die Verweisungsmöglichkeit (§ 281) gerade eine Abweisung der Klage als unzulässig erspart bleiben soll. Dies müssen im Rahmen des Kostenbeschlusses Berücksichtigung finden (Baur/Grunsky Rn. 145). Das Gericht hat daher den Sach- und Streitstand nach einer fiktiven Verweisung zugrundezulegen (Thomas/Putzo § 91a Rn. 47 mwN).

> In der Praxis kommt es häufig vor, dass die Erledigung erfolgt, bevor über streitige Punkte Beweis erhoben worden ist. Die Kosten sind dann den Parteien je zur Hälfte aufzuerlegen oder gegeneinander aufzuheben (§ 92 I), da nicht absehbar ist, wer gewonnen hätte.

Der Kostenbeschluss ist mit der sofortigen Beschwerde anfechtbar, sofern die Berufungssumme des § 511 erreicht worden ist (§§ 91a II, 567 ff.).

2. Die einseitige Erledigungserklärung

Die einseitige Erledigungserklärung ist im Gesetz nicht geregelt. Nach ü.A. stellt sie eine jederzeit **zulässige Klageänderung** in Form der Antragsbeschränkung dar (**§ 264 Nr.2 2.Alt.**): Statt der ursprünglichen Leistung verlangt der Kläger nunmehr Feststellung, dass sich der Rechtsstreit in der Hauptsache erledigt habe. Der Übergang von Leistungs- zu Feststellungsklage ist ein "Minus" (=Antragsbeschränkung), da ein Feststellungsurteil anders als ein Leistungsurteil keinen Leistungsbefehl enthält und demnach auch nicht vollstreckbar ist (BGH NJW 94, 2363 2364).

Nach **a.A.** ist die einseitige Erledigungserklärung ein **Rechtsinstitut sui generis**. Wieder andere meinen, es handele sich um eine **privilegierte Klagerücknahme**, die ohne Zustimmung des Beklagten zulässig sei und der Kläger nicht zwingend die Kosten gem. § 269 III S.2 zu tragen habe (Blomeyer JuS 62, 212 213). Bearbeiterhinweis: In einer Klausur erübrigt sich eine intensive Auseinandersetzung mit den verschiedenen Ansichten, da über die Voraussetzungen der einseitigen Erledigungserklärung weitgehendst Einigkeit herrscht.

a) Voraussetzungen

(1) Einseitige Erledigungserklärung durch den Kläger.

Im Unterschied zur beiderseitigen Erledigungserklärung sind folgende Besonderheiten zu beachten: Sie kann nur in der mündlichen Verhandlung oder schriftsätzlich (§ 261 II!), nicht aber zu Protokoll der Geschäftsstelle abgegeben werden, da § 91a keine Anwendung findet. Die Regelung des § 78 V ist demzufolge auch nicht einschlägig: Es besteht also stets (d.h. ab LG) Anwaltszwang (Thomas/Putzo § 91a Rn. 31).

Der Kläger kann gem. § 264 Nr.2 1.Alt. im Laufe des Rechtsstreits wieder zu seinem ursprünglichen (Leistungs-) Antrag übergehen (oder diesen hilfsweise aufrechterhalten) und somit seine Erledigungserklärung frei widerrufen.

> **Beachte:** Der Beklagte kann die Hauptsache mangels Dispositionsbefugnis über den Streitgegenstand nicht einseitig für erledigt erklären (BGH NJW 94, 2363 2364). Eine solche Erklärung ist daher lediglich als "Anregung" zu einer übereinstimmenden Erledigungserklärung zu verstehen. Schließt der Kläger sich der Erklärung des Beklagten nicht an, ist streitig weiter zu verhandeln.

(2) Prüfung der Erledigung.

Da die Parteien sich bei der einseitigen Erledigungserklärung darüber streiten, ob Erledigung eingetreten ist, muss das Gericht jetzt prüfen, ob Erledigung im Rechtssinne tatsächlich vorliegt. Das ist nur dann der Fall, wenn die Klage "ursprünglich" zulässig und begründet war und "nachträglich" unzulässig oder/und unbegründet geworden ist.

Vor Einführung des § 269 III S.3 zum 1.1.2002 war umstritten, auf welchen Ztpkt. dabei abzustellen ist:

Nach einer Ansicht genügte es entsprechend der Wertungen der §§ 207, 270 III a.F. (= § 167), wenn das erledigende Ereignis **nach Klageeinreichung** (=Anhängigkeit), **aber noch vor Zustellung** der Klage (=Rechtshängigkeit) eintrat. Grund: Es sei unbillig, den Kläger mit der Kostenfolge des § 91 abzuweisen, obgleich er keinen Einfluss auf den Ztpkt. der Zustellung nehmen könne (Zöller, bis 22. Aufl., § 91a Rn. 42).

Dem hielt die **h.M.** entgegen, dass vor Klagezustellung (=Rechtshängigkeit) gar kein Prozessrechtsverhältnis zu Stande kommt, das sich erledigt haben könnte. Tritt das "erledigende" Ereignis vor Rechtshängigkeit ein, liegt gar keine Erledigung im Rechtssinne vor; die Klage ist vielmehr von Anfang an unbegründet (bzw. unzulässig) gewesen (BGH NJW 94, 3232 3233). Dieses Ergebnis war nach h.M. auch nicht unbillig, da der Kläger die Möglichkeit hatte, die anfallenden Kosten (§ 91) als Verzugsschaden (§ 286 BGB a.F. = §§ 280 II, 286 BGB) entweder im noch laufenden oder in einem neuen Prozess geltend zu machen. Zur Vermeidung eines neuen Prozesses tat er dies zweckmäßigerweise bereits in dem laufenden Verfahren durch Klageänderung. Zu diesem Ztpkt. konnte der Kläger aber meist noch nicht den genauen Schaden beziffern (§ 253 II Nr.2!). Es wurde daher für zulässig erachtet, dass er seinen Antrag auf Feststellung der generellen Verpflichtung des Beklagten, die Kosten zu tragen, änderte (BGH MDR 94, 717).

Diese **Streitfrage ist mit Einführung von § 269 III S.3 durch das ZPO-RG** nach ü.A. (weitestgehend) **obsolet geworden** (Beachten Sie aber die Übergangsvorschrift des § 26 Nr.2 EGZPO, wonach für die bereits am 1.1.2002 anhängigen Verfahren weiterhin der alte Rechtszustand gilt). Nach § 269 III S.3 bestimmt sich die Kostentragungspflicht (in Anlehnung an § 91a I) unter Berücksichtigung des bisherigen Sach- und Streitstandes nach billigem Ermessen, wenn der Anlass zur Einreichung der Klage vor Rechtshängigkeit weggefallen ist (= „Erledigung" zwischen Anhängigkeit und Rechtshängigkeit) und daraufhin die Klage zurückgenommen wird.

Erklärt der Kläger den Rechtsstreit gleichwohl in der Hauptsache für erledigt, statt die Klage zurückzunehmen, und schließt der Beklagte sich dieser Erledigungserklärung nicht an, so wird im Interesse des Klägers die einseitig gebliebene Erledigungserklärung als Klagerücknahme i.S.v. § 269 III S.3 auszulegen sein, so dass in den Fällen der Erledigung vor Rechtshängigkeit – ungeachtet der Tatsache, ob es sich um eine einseitige oder übereinstimmende Erledigungserklärung handelt – die Kostenentscheidung stets nach „§ 91a I" zu fällen ist. Eine Klageänderung (= einseitige Erledigung) wäre mit der gesetzlichen Regelung des § 269 III S.3 nicht vereinbar (Zöller § 91a Rn. 42; OLG Köln 04, 79). Nach a.A. hat der Kläger nach wie vor ein schutzwürdiges Interesse daran, seinen Antrag auf Feststellung der generellen Verpflichtung des Beklagten, die Kosten zu tragen, zu ändern. Grund: § 269 III S.3 ermöglicht nur eine Billigkeitsentscheidung, während der neue Klageantrag vollen Erfolg verspricht und einen Schadensersatzprozess aus Verzug verhindert (Schellhammer Rn. 1727).

b) Entscheidung

Das Gericht stellt in einem Endurteil die Erledigung fest (h.M.: **Feststellungsurteil!**). Daneben hat es (wie auch sonst) über die Kosten zu befinden und das Urteil hinsichtlich der Kosten (ggf. gegen Sicherheitsleistung) für vorläufig vollstreckbar zu erklären (siehe Tenorierungsvorschläge bei Herrlein/Werner JA 95, 55 ff.).

Kommt es hingegen zu dem Ergebnis, dass gar keine Erledigung vorliegt (z.B. weil die Klage von Anfang an unbegründet war oder noch immer zulässig und begründet ist), wird die Klage abgewiesen, dem Kläger werden die Kosten nach § 91 (nicht § 91a I) auferlegt und die Kostenentscheidung wird für vorläufig vollstreckbar erklärt (§ 708 Nr.11 bzw. § 709).

Für den Fall, dass die Klage noch immer zulässig und begründet ist, kann der Kläger eine Abweisung dadurch umgehen, dass er seinen ursprünglichen (Leistungs-) Antrag hilfsweise aufrechterhält.

Beim Eintritt der „Erledigung" zwischen Anhängigkeit und Rechtshängigkeit wollte eine Ansicht (die der h.M. im Ausgangspunkt folgte und eine Erledigung im Rechtssinne verneinte) dem Beklagten trotz Obsiegens in **reziproker Anwendung des § 93** die Kosten auferlegen, wenn der Beklagte Anlass zur Klageerhebung gegeben hatte und der Kläger sofort nach Eintritt des „erledigenden" Ereignisses die Hauptsache für erledigt erklärt hat (OLG Koblenz MDR 94, 1045 1046). Für eine solche Umkehrung fehlte jedoch eine tragfähige dogmatische Rechtfertigung; sie wurde daher i.E. überwiegend abgelehnt (BGH NJW 94, 2895 f.). Mit Einführung des § 269 III S.3 durch das ZPO-RG hat sich jedoch diese Streitfrage erledigt. Die Kostenentscheidung folgt bei „Erledigung" zwischen Anhängigkeit und Rechtshängigkeit nunmehr stets aus „§ 91a I" (s. bereits o. IV 2a).

↳ Fällen des Erledigung vor Rechtshängigkeit
  ↳ ⑨ ; Kosten: 91a
↳ alle anderen Fällen: kein ⑨, Auslegung, Kosten 91, wenn...

V. Der Prozessvergleich (PV)

Der Prozessvergleich ist ein zur vorzeitigen Beendigung des Verfahrens dienender Prozessvertrag mit **Doppelnatur**: Prozesshandlung und materielles Rechtsgeschäft i.S.d. § 779 BGB sind untrennbar miteinander verbunden (ganz h.M.: BGH NJW 93, 1995 1996; BVerwG NJW 94, 2306 f.).

Vorteile ggü. dem streitigen Verfahren:
- Es gibt keinen Sieger und Besiegten (psychologischer Aspekt!).
- Es können die Kosten einer Beweisaufnahme gespart werden (beachte aber Nr. 1000, 1003 VV zum RVG!).
- Die Rechtsverhältnisse können über den Streitgegenstand hinaus geregelt werden.
- Am Verfahren nicht beteiligte Personen können in die Regelung mit einbezogen werden.

> Das Gericht hat daher in jeder Lage des Verfahrens eine gütliche Beilegung des Streits durch Vergleich zu fördern (vgl. § 278 I). Grds. geht (seit dem 1.1.2002) zur Erreichung dieses Zwecks der mündlichen Verhandlung eine sog. **Güteverhandlung** voraus (**§ 278 II**), die allerdings gem. § 279 I unmittelbar in die mündliche Verhandlung mündet, wenn keine Einigung erzielt wird oder eine Partei nicht erscheint (Dann ist ein VU möglich!). Erscheinen beide Parteien nicht, ist Ruhen des Verfahrens anzuordnen (§ 278 IV).

1. Die Voraussetzungen des Prozessvergleichs

sind auf Grund seiner Doppelnatur in solche prozessualer und solche materieller Natur zu unterteilen:

a) Prozessuale Voraussetzungen

Die prozessualen Voraussetzungen ergeben sich aus §§ 794 I Nr.1, 160 III Nr.1, 278 VI:

- **Vergleichsabschluss vor einem deutschen Gericht in der mündlichen Verhandlung oder durch schriftsätzliche Annahme eines schriftlichen Vergleichsvorschlags des Gerichts**
  Das Gericht braucht nicht zuständig zu sein. Grund: Die Sachurteilsvoraussetzungen müssen ja nur für den Fall einer Sachentscheidung vorliegen.

- **durch die Parteien**
  Es kann auch ein am Verfahren Unbeteiligter in den Vergleich einbezogen werden. Beachte aber: Die Parteien des Urteilsverfahrens müssen stets beteiligt sein, damit es zur Prozessbeendigung kommt (Der Wortlaut des § 794 I Nr.1 ist insoweit missverständlich gefasst: "zwischen den Parteien oder zwischen einer Partei und einem Dritten..."). Da der PV Prozesshandlung ist müssen die Prozesshandlungsvoraussetzungen (insb. die Postulationsfähigkeit, § 78!) vorliegen. Eine Ausnahme vom Anwaltszwang besteht beim Vergleichsabschluss vor dem beauftragten oder ersuchten Richter (§§ 278 V S.1, 78 V); ebenso wenig muss der einbezogene Dritte anwaltlich vertreten sein (h.M.: BGH 86, 160 163 ff.). Merke: Trotz zuwiderhandeln etwaiger Weisungen seines Mandanten, ist der Anwalt zum Abschluss des PVs bevollmächtigt (§ 81).

- **über den oder einen Teil des Streitgegenstandes**
  Möglich ist auch die Einbeziehung von Streitpunkten, die nicht Gegenstand des Verfahrens sind (BGH 35, 309 316). Beachte: Der Streitgegenstand muss stets zur Disposition der Parteien stehen (daher z.B. keine Scheidung durch Vergleich: Einschränkung der Dispositionsmaxime!).

- **"zur Beilegung des Rechtsstreits"**

  Aus dieser Formulierung wird deutlich, dass ein PV nur zwischen Rechtshängigkeit der Klage und Rechtskraft des Urteils möglich ist.

- **in der Form des § 160 III Nr.1 (Protokollierung)**

  Die Protokollierung ersetzt jede andere nach materiellem Recht vorgeschriebene Form (§§ 127a, 126 III, 127 BGB). Sie ist (anders als beim Verzicht oder Anerkenntnis) wegen der besonderen Bedeutung des PVs als Vollstreckungstitel (§ 794 I Nr.1) zwingendes Wirksamkeitserfordernis (BGH NJW 84, 1465 f.): Das Protokoll muss den (anwesenden) Parteien vorgelesen oder in den Fällen des § 160a vorgespielt und von ihnen genehmigt werden (§ 162 I; Vermerk: "v.u.g." ist hingegen nicht zwingend; BGH NJW 99, 2806 2807). Der Urkundsbeamte der Geschäftsstelle und der Vorsitzende haben das Protokoll zu unterschreiben (§ 163 I).

b) Die materiellen Voraussetzungen

Die materiellen Voraussetzungen sind insbesondere § 779 BGB zu entnehmen:

- **Ein gegenseitiges Nachgeben** wird bereits in dem Verzicht der Parteien auf ein streitiges Urteil gesehen.

- **Die sonstigen materiellen Wirksamkeitsvoraussetzungen** sind zu berücksichtigen (z.B. §§ 104 ff., 134, 138, 145 ff., 158 BGB). Beachte auch den speziellen Unwirksamkeitsgrund des § 779 BGB.

  Häufig wird ein sog. **"Widerrufsvorbehalt"** vereinbart. Entgegen dem Wortlaut ("Widerruf") handelt es sich dabei (im Zweifel) um eine aufschiebende Bedingung i.S.d. § 158 I BGB (BGH NJW 88, 415 416). Es wird also nicht ein bereits existierender Vergleich beseitigt; die Nichtausübung des "Widerrufsrechts" hat vielmehr das Zustandekommen des Vergleichs zur Folge. Andernfalls könnte schon vor Ablauf der "Widerrufsfrist" aus dem PV vollstreckt werden.

  > **Beachten Sie:** Da der PV auch materielles Rechtsgeschäft ist, ist er **grds. nicht bedingungsfeindlich**. Eine Grenze ist jedoch dort gesetzt, wo auch das materielle Rechtsgeschäft bedingungsfeindlich ist (z.B. § 925 II BGB; BGH NJW 88, 415 416; a.A. BVerwG NJW 95, 2179 2180).

2. Die Wirkungen des Prozessvergleichs

- **Prozessual** führt der Vergleich zur Beendigung des Prozesses, d.h. die Rechtshängigkeit wird, so weit der Vergleich reicht, beseitigt (Dies ergibt sich insb. aus der Kostenregelung des § 98). Ein bereits erlassenes, noch nicht rechtskräftiges Urteil wird wirkungslos. Sofern der Vergleich einen vollstreckungsfähigen Inhalt hat, ist er Vollstreckungstitel (§ 794 I Nr.1).

  > **Merken Sie:** Ist die Abgabe einer rechtsändernden Willenserklärung Gegenstand des Vergleichs, so ist darauf zu achten, dass die Abgabe selbst und nicht lediglich die bloße Verpflichtung hierzu im Protokoll aufgenommen wird. Andernfalls müsste die Abgabe der Willenserklärung im Vollstreckungsverfahren erzwungen oder auf Grundlage des PVs in einem neuen Prozess eingeklagt werden (Jauernig § 48 V).

  > *Bsp.:* Ist eine Auflassung Gegenstand des PVs, muss es richtigerweise heißen *"X erklärt die Auflassung"* und nicht *"X verpflichtet sich zur Auflassung".*

- **Materiellrechtlich** führt der Vergleich zu einer Neuregelung der rechtlichen Beziehungen zwischen den Parteien (und eventuellen Dritten).

3. Die Unwirksamkeit des Prozessvergleichs

Die Unwirksamkeit des Prozessvergleichs kann entsprechend seiner Doppelnatur auf prozessuale oder materielle Mängel zurückzuführen sein.

a) Sind **prozessuale Mängel** der Grund für die Unwirksamkeit, so ist der Prozess in Wahrheit nicht durch Vergleich beendet worden und das (alte) Verfahren auf Antrag fortzusetzen. Einer neuen Klage stünde die anderweitige Rechtshängigkeit entgegen (§ 261 III Nr.1). Auch der Anspruch auf Rückerstattung der auf Grund des unwirksamen Vergleichs erbrachten Leistungen ist im (alten) Verfahren geltend zu machen (arg. § 717 II S.2). Einer neuen Klage fehlt das Rechtsschutzbedürfnis (vgl. BGH NJW 99, 2903 f.; a.A. Staudinger § 779 Rn. 116).

> **Merken Sie:** Eine Auslegung (§§ 133, 157 BGB) oder Umdeutung (§ 140 BGB) kann ergeben, dass der materielle Teil des Vergleichs gleichwohl wirksam ist (BGH NJW 85, 1962 1963). Das Gericht ist dann bei Fortsetzung des Verfahrens an die durch den Vergleich geschaffene Neuordnung der materiellen Rechtslage gebunden.

b) Bei **materiellen Mängeln** ist danach zu unterscheiden, ob sie den Vergleich von Anfang an oder nachträglich unwirksam machen.

- Für **anfängliche** materielle Unwirksamkeitsgründe (z.B. §§ 134, 138, 142 I BGB) gilt wegen der Doppelnatur des PVs dasselbe wie für prozessuale Mängel: Keine Prozessbeendigung, das (alte noch immer rechtshängige) Verfahren ist vielmehr auf Antrag fortzusetzen.

- Hingegen können materielle Gründe, die den PV **nachträglich** hinfällig machen (z.B. § 313, § 323 BGB oder vertragliche Aufhebung) an der prozessbeendigenden Wirkung des ursprünglich wirksamen Vergleichs nichts mehr ändern. Es müsste daher erneut geklagt werden (h.M.: BGH NJW 86, 1348 1349).

  Nach a.A. ist auch in diesen Fällen der alte Prozess fortzusetzen (BAG NJW 83, 2212 2213). Während für die h.M. dogmatische Gesichtspunkte sprechen, lässt sich nicht leugnen, dass es sinnvoll erscheint (=prozessökonomisch!), wenn sich das mit der Sache vertraute Gericht auch weiterhin mit ihr befasst.

4. Besonderheiten

- Ein Klagerücknahmeversprechen kann Gegenstand eines PVs oder einer außergerichtlichen Vereinbarung sein. Unterbleibt die zugesagte Klagerücknahme, so kann der Beklagte das Rücknahmeversprechen als prozessuale Arglisteinrede geltend machen (Folge: Unzulässigkeit der Klage; BGH NJW-RR 92, 567 568). Einer auf Erfüllung des Klagerücknahmeversprechens gestützten Klage fehlt regelmäßig wegen der Einredemöglichkeit das Rechtsschutzbedürfnis (h.M.: Zöller § 269 Rn. 3).

- Von einem **Ratenzahlungsvergleich mit Verfallklausel** spricht man, wenn der Beklagte sich dazu verpflichtet, einen bestimmten Betrag in Raten an den Kläger zu zahlen und bei Zahlungsverzug der gesamte Betrag sofort fällig wird.

- Ein sog. **Erlassvergleich** liegt vor, wenn dem Schuldner, für den Fall der Erfüllung einer im Vergleich zugesagten Leistung, die Restforderung erlassen wird. Diese Form des Vergleichs kann mit einem Ratenzahlungsvergleich kombiniert werden.

- Eine besondere Form des außergerichtlichen Vergleichs ist der sog. **Anwaltsvergleich** (§§ 796a ff.), der zu einem außergerichtlichen Vollstreckungstitel führt.

1. Nennen Sie die Voraussetzungen für ein Anerkenntnisurteil?

Zulässigkeit der Klage, Anerkenntniserklärung, Streitgegenstand unterliegt Dispositionsbefugnis der Parteien, Zulässigkeit der anerkannten Rechtsfolge.

2. K verlangt gerichtlich Übertragung eines Nießbrauchs. Der Beklagte anerkennt. Wird das Gericht ein Anerkenntnisurteil erlassen?

Nein, da die anerkannte Rechtsfolge mit der Rechtsordnung im Einklang stehen muss und ein Nießbrauch gem. § 1059 BGB nicht übertragbar ist.

3. K verklagt B auf Zahlung von 20.000 € vor dem LG. B erkennt den erhobenen Anspruch bereits im schriftlichen Vorverfahren persönlich an. Wie ist zu verfahren?

Für ein Anerkenntnisurteil könnte es an der wirksamen Anerkenntniserklärung fehlen. Es besteht zwar die Möglichkeit, bereits im schriftlichen Vorverfahren anzuerkennen, da das Anerkenntnis aber eine Prozesshandlung darstellt, müssen zu seiner Wirksamkeit die Prozesshandlungsvoraussetzungen vorliegen. B ist vor dem LG nicht postulationsfähig (§ 78 I), daher ist weiter streitig zu verhandeln.

4. Welches Interesse kann der Beklagte haben anzuerkennen, er "verbaut" sich damit doch die Möglichkeit eines u.U. für ihn unerwartet günstigen Ausgangs des Verfahrens, da es auf die materielle Rechtslage ja nicht mehr ankommt?

Die Gerichtsgebühren ermäßigen sich auf eine (Nr. 1211 Nr.2 Anlage 1 zum GKG). Ferner ist zu berücksichtigen, dass der Kläger unter den Voraussetzungen des § 93 die gesamte Kosten trägt.

5. K klagt gegen B auf Zahlung. Trotz Verzichts des K verlangt B ein streitiges Urteil, da in dem Verzichtsurteil nicht zum Ausdruck kommt, dass er Recht hat. Wie wird das Gericht entscheiden?

Es wird trotz fehlenden Antrags ein Verzichtsurteil erlassen. Für ein kontradiktorisches Urteil fehlt B das Rechtschutzbedürfnis, da er auch durch Verzichtsurteil das bekommt, was er begehrt (Abweisung!). Der Schutz des Zivilprozesses besteht nämlich in dem Schutz des subj. Rechts, nicht aber in der Entscheidung über Rechtsfragen, deren Klärung es nicht bedarf, um dem geltend gemachten Begehren gerecht zu werden.

6. E erhob Klage gegen M, nahm die Klage jedoch 10 Tage später wieder zurück. Bedarf es zur Klagrücknahme der Einwilligung des Beklagten?

Nur wenn dieser schon zur Hauptsache verhandelt hat (§ 269 I).

7. Was heißt "zur Hauptsache verhandelt hat"?

Dass der Beklagte bereits einen Antrag gestellt hat (vgl. § 137 I).

8. Kann M nach erfolgter Klagerücknahme erneut klagen?

Ja, denn die RH erlischt rückwirkend (§ 269 III S.1). Nach § 269 VI besteht allerdings bis zur Kostenerstattung ein Prozesshindernis, wenn der Beklagte sich hierauf beruft (Folge: Unzulässigkeit der Klage!).

9. Wann liegt eine Erledigung im Rechtssinne vor?

Wenn die "ursprünglich" zulässige und begründete Klage "nachträglich" unzulässig oder/ und unbegründet wird.

10. Hat das Gericht zu prüfen, ob Erledigung tatsächlich eingetreten ist?

Nur bei der einseitigen Erledigungserklärung, da die Parteien sich hier gerade darüber streiten, ob Erledigung eingetreten ist.

11. Spielt es für die übereinstimmende Erledigungserklärung überhaupt keine Rolle, ob und insbesondere wann Erledigung eingetreten ist?

Für die Wirksamkeitsvoraussetzungen nicht, jedoch kann im Rahmen der nach § 91a I 2.HS. vorzunehmenden Kostenentscheidung der (behauptete) Zeitpunkt des "erledigenden" Ereignisses nicht unberücksichtigt bleiben, da bei "Erledigung" vor Rechtshängigkeit die Klage von Anfang an unbegründet/unzulässig gewesen ist. Dem Kläger müssen in diesem Fall unter Berücksichtigung des bisherigen Sach- und Streitstandes die Kosten auferlegt werden. Etwas anderes kann sich aber nach billigem Ermessen (sowie über § 269 III S.3) ergeben.

12. Kann in der für erledigt erklärten Sache erneut geklagt werden?

Bei einseitiger Erledigungserklärung steht die rechtskräftige Entscheidung des Gerichts einer erneuten Klage entgegen. Dies ist bei der übereinstimmenden Erledigungserklärung zwar nicht der Fall, dennoch wird zum Teil vertreten, dass der Beklagte einer erneuten Klage mit einer prozessualen Arglisteinrede begegnen kann. Grund: Der Kläger bringe sich zu seinem vorangegangenen Verhalten in Widerspruch.

13. Warum sind Anwälte bei einem Vergleichsabschluss immer sehr erfreut?

Weil dann eine zusätzliche Gebühr (sog. Einigungsgebühr) gem. Nr. 1000, 1003 VV zum RVG fällig wird.

14. K klagt gegen B auf Zahlung einer bestrittenen Forderung i.H.v. 3.000 €. In der mündlichen Verhandlung vergleichen sich die Parteien auf Zahlung von 1.000 €. K ficht den Vergleich wirksam wegen Irrtums an und klagt erneut auf 3.000 €. Zu Recht?

Die Klage ist wegen anderweitiger RH (§ 261 III Nr.1) als unzulässig abzuweisen: Die Rückwirkungsfiktion des § 142 I BGB führt dazu, dass der PV von Anfang an unwirksam ist und somit auch nicht zur Prozessbeendigung geführt hat. K hätte daher beantragen müssen, das (alte) Verfahren fortzusetzen.

15. Wie wäre es, wenn nicht ordnungsgemäß protokolliert worden wäre?

Genauso, der Vergleich ist von Anfang an unwirksam.

16. Ergibt sich ein Unterschied, wenn K ordnungsgemäß nach § 323 BGB zurücktritt?

Nun ist eine neue Klage zulässig, die nachträgliche Unwirksamkeit vermag nichts an der prozessbeendigenden Wirkung des Vergleichs zu ändern (nach a.A. ist auch hier das "alte" Verfahren fortzusetzen).

17. Unterstellt B hat schon auf Grund des (unwirksamen) Vergleichs geleistet. Wie muss er seinen Rückzahlungsanspruch geltend machen?

Dies ist str.: Nach BGH NJW 99, 2903 im (alten) Verfahren, einer neuen Klage fehlt das Rechtsschutzbedürfnis (arg. § 717 II S.2). Diese Rspr. erscheint zw., da Kläger u. Beklagter die Rollen tauschen.

18. Wie wäre zu entscheiden, wenn K trotz wirksamen Vergleichs über 1.000 € auf 3.000 € klagt?

Die Klage ist bzgl. der im PV geregelten 1.000 € mangels Rechtsschutzbedürfnisses unzulässig, da über diese Summe bereits ein Titel vorhanden ist (§ 794 I Nr.1!). Hinsichtlich des überschießenden Betrages i.h.v. 2.000 € ist die Klage zwar zulässig aber unbegründet, weil B materiellrechtlich laut Vergleich nur 1.000 € schuldet.

Fall 9 – „Kläglich erledigt?":

Kurt Kläglich hat eine fällige Forderung gegen Bernd Böse. Trotz mehrfacher Zahlungsaufforderung rührt Böse sich nicht, da er der Meinung ist, Kläglich würde ohnehin nichts gegen ihn unternehmen. Als dem Böse am 16.05.2002 eine Klage über die besagte Forderung zugestellt wird, wird er plötzlich lieb, begleicht seine Schuld und „erklärt den Rechtsstreit für erledigt". Kläglich ist verwirrt. Wie soll er sich jetzt verhalten?

Lösungsvorschlag

Dem K stehen mehrere Möglichkeiten zur Disposition.

I. Da der Beklagte mangels Dispositionsbefugnis über den Streitgegenstand die Hauptsache nicht einseitig für erledigt erklären kann, ist das Verfahren auch nicht durch Bs Erklärung beendet worden. K könnte daher seinen ursprünglichen Zahlungsantrag aufrechterhalten. Zum maßgebenden Ztpkt. der letzten mündlichen Verhandlung (§ 296a) wäre der Anspruch des K jedoch auf Grund der erfolgten Zahlung gem. § 362 I BGB durch Erfüllung erloschen, so dass die Klage als unbegründet abzuweisen wäre. K müsste demnach auch die Kosten des Rechtsstreits tragen (§ 91).

II. Gleiches gilt, wenn er nach § 306 auf den geltend gemachten Anspruch verzichtet.

III. Auch durch Klagerücknahme (§ 269) könnte er nicht der Pflicht, die Kosten zu tragen, entrinnen (§ 269 III S.2!). Etwas anderes wäre nur möglich, wenn der Anlass zur Klageeinreichung bereits vor Rechtshängigkeit weggefallen wäre (§ 269 III S.3).

IV. Dem Beklagten könnten allenfalls dann die Kosten auferlegt werden, wenn K sich der als "Anregung" zur beiderseitigen Erledigungserklärung zu verstehenden Äußerung des B anschließt. Für diesen Fall hätte das Gericht lediglich „über die Kosten unter Berücksichtigung des bisherigen Sach- und Streitstandes nach billigem Ermessen durch Beschluss" zu entscheiden (§ 91a I 2.HS.). Es ist also zu fragen, wer den Rechtsstreit voraussichtlich verloren hätte und demnach nach allgemeinem Kostenrecht (§§ 91 ff.) ohne das (behauptete) erledigende Ereignis die Kosten des Rechtsstreits tragen müsste. Dies hätte B müssen, da er der Zahlungsklage unterlegen wäre.

V. **Ergebnis:** K sollte daher die Hauptsache für übereinstimmend erledigt erklären (§ 91a).

Klausurhinweis: Stürzen Sie sich nicht gleich auf die übereinstimmende Erledigungserklärung, wenn danach nicht ausdrücklich gefragt ist. Grenzen Sie die verschiedenen in Betracht kommenden Möglichkeiten gegeneinander ab, um auf diese Weise systematisches Verständnis zu demonstrieren.

1. Abwandlung:

Würde es einen Unterschied machen, wenn Kläglich klagt, ohne den Böse zuvor zur Zahlung aufzufordern?

Lösungsvorschlag

Der Grundgedanke des § 93 ist auch entsprechend bei der Kostenentscheidung nach § 91a I 2.HS. heranzuziehen. K hätte demnach abweichend vom Ausgangsfall die Kosten zu tragen, wenn B keinen Anlass zur Klageerhebung gegeben hätte, da er sofort nach Zustellung der Klage gezahlt hat. Das bloße Überschreiten eines Fälligkeitstermins ist für sich genommen noch nicht Anlass zur Klageerhebung i.S.d. § 93, es muss vielmehr eine Zahlungsaufforderung des Gläubigers hinzukommen (h.M.): Der Gesetzgeber wollte mit der Regelung des § 93 gerade verhindern, dass ein Gläubiger voreilig das „schwere Geschütz" der Klage auffährt. Demzufolge wäre K (nach § 91a I 2.HS.) kostentragungspflichtig.

2. Abwandlung:

Kläglich hat die Klageschrift bereits am 6.05.2002 bei Gericht eingereicht. Diese wurde dem Böse auch wie im Ausgangsfall am 16.05.2002 zugestellt. Böse hatte aber bereits am 10.05.2002 seine Schuld beglichen. Kläglich erklärt sofort, nachdem er Kenntnis von der Zahlung erlangt hat, den Rechtsstreit in der Hauptsache für erledigt. Böse widerspricht.

Lösungsvorschlag

I. § 91a I 2.HS. kann zwar nicht unmittelbar herangezogen werden, da dort nur die übereinstimmende Erledigungserklärung geregelt ist, jedoch sind die zu § 91a I 2.HS. entwickelten Grundsätze über § 269 III S.3 entsprechend anwendbar, wenn die Voraussetzungen des § 269 III S.3 vorliegen.

II. Dann müsste der Anlass zur Einreichung der Klage vor Rechtshängigkeit weggefallen sein. B hat seine Schuld in dem Zeitraum zwischen Eingang (= Anhängigkeit) und Zustellung der Klage (= Rechtshängigkeit gem. §§ 253 I, 261 I) beglichen (§ 362 I BGB). Der Anlass zur Einreichung der Klage ist also vor Rechtshängigkeit weggefallen (= „Erledigung" zwischen Anhängigkeit und Rechtshängigkeit i.S.v. § 269 III S.3).

Daraufhin hätte K die Klage zurücknehmen müssen. Statt die Klage zurückzunehmen, hat er aber den Rechtsstreit in der Hauptsache für erledigt erklärt. B hat sich dieser Erledigung nicht angeschlossen. Die Erledigungserklärung des K ist mithin einseitig geblieben. Überwiegend wird in der einseitigen Erledigungserklärung eine zulässige Klageänderung i.S.d. § 264 Nr.2 2.Alt. gesehen. Anders als bei der übereinstimmenden Erledigungserklärung muss das Gericht tatsächlich prüfen, ob eine Erledigung vorliegt, da die Parteien hierüber streiten. Im Interesse des Klägers ist seine einseitig gebliebene Erledigungserklärung bei Eintritt des erledigenden Ereignisses vor Rechtshängigkeit jedoch als Klagerücknahme auszulegen, so dass abweichend vom Regelfall nicht zu prüfen ist, ob Erledigung tatsächlich vorliegt. Grund: Die Annahme einer Klageänderung (bzw. einseitigen Erledigungserklärung) wäre mit der gesetzlichen Regelung des § 269 III S.3 nicht vereinbar. Ziel der Einfügung des § 269 III S.3 durch das ZPO-RG ist gerade die Beseitigung der „unbefriedigenden" Rechtslage bei einseitiger Erledigung zwischen Anhängigkeit und Rechtshängigkeit (vgl. BT-Drs. 14/4722 S. 81), wonach die Klage des K (nach bisheriger h.M.) abzuweisen gewesen wäre, da gar keine Erledigung im Rechtssinne vorliegt. Denn ein Prozessverhältnis, das sich erledigt haben könnte, kommt erst mit Klagezustellung zu Stande. Die Voraussetzungen des § 269 III S.3 liegen damit vor (a.A. vertretbar).

III. Das hat zur Folge, dass das Gericht in Anlehnung an § 91a I 2.HS. unter Berücksichtigung des bisherigen Sach- und Streitstandes nach billigem Ermessen über die Kosten entscheidet. B sind folglich – ebenso wie im Ausgangsfall – die Kosten aufzuerlegen, da er der Zahlungsklage unterlegen wäre.

3. Abwandlung:

Würde es einen Unterschied machen, wenn Böse zwar erst nach Klagezustellung den geforderten Betrag zahlt, der Erledigung des Kläglich aber mit der Begründung widerspricht, er habe auf eine andere (unstrittige) gleichhohe Forderung geleistet und dies bei Zahlung auch zum Ausdruck gebracht?

Lösungsvorschlag

I. Rechtsgrundlage?

Mangels (behaupteter) Erledigung zwischen Anhängigkeit und Rechthängigkeit kann § 91a I 2.HS. auch nicht über § 269 III S.3 herangezogen werden. Es handelt sich um eine einseitige Erledigungserklärung. Überwiegend wird in der einseitigen Erledigungserklärung eine zulässige Klageänderung i.s.d. § 264 Nr.2 2.Alt. gesehen, bei der der Kläger seinen ursprünglichen Leistungsantrag auf Feststellung, dass sich der Rechtsstreit in der Hauptsache erledigt habe, beschränkt. Andere sprechen von einer privilegierten Klagerücknahme. Schließlich wird vertreten, es handele sich um ein Rechtsinstitut eigener Art. Der Meinungsstand hat auf die Lösung des Falles jedoch i.d.R. keine Auswirkungen, da über die Voraussetzungen der einseitigen Erledigungserklärung Einigkeit herrscht.

II. Voraussetzungen:

Eine einseitige Erledigungserklärung ist gegeben. Des Weiteren muss das Gericht (anders als bei der übereinstimmenden Erledigungserklärung) nun prüfen, ob tatsächlich Erledigung im Rechtssinne vorliegt, da die Parteien hierüber ja gerade streiten. Erledigung ist nur dann gegeben, wenn die ursprünglich zulässige und begründete Klage nachträglich (d.h. nach Rechtshängigkeit) unzulässig oder (und) unbegründet wird. Nach § 366 I BGB bestimmt der Schuldner, welche unter mehreren gleichartigen Leistungen er tilgt. B hat bestimmt, dass er eine andere als die klageweise geltend gemachte Forderung tilgt. Das ursprünglich (zulässige und) begründete Zahlungsbegehren des K ist also nach wie vor begründet. Eine Erledigung im Rechtssinne ist demnach auch nicht gegeben.

III. Ergebnis: K ist daher im Unterschied zur 2. Abwandlung mit seinem (Feststellungs-) Antrag kostenpflichtig nach § 91 (und nicht 91a I 2.HS.!) abzuweisen.

Anmerkung: K hätte einer Klageabweisung entgehen können, indem er seinen ursprünglichen Zahlungsantrag hilfsweise aufrechterhält.

15. Kapitel
Rechtsmittel

Rechtsmittel machen den Streit in der nächsthöheren Instanz anhängig (sog. **Devolutiveffekt**) und hemmen den Eintritt der formellen Rechtskraft (sog. **Suspensiveffekt**, § 705 S.2), aber nicht die Vollstreckung aus einem für vorläufig vollstreckbar erklärtem Urteil (vgl. § 719, s. näher ZPO II). Sonstigen Rechts**behelfen** (Oberbegriff!) fehlt zumindest der Devolutiveffekt. Rechts**mittel** i.S.d. ZPO sind daher nur Berufung (§§ 511 ff.), Revision (§§ 542 ff.) und Beschwerde (§§ 567 ff.).

> Sonstige Rechtsbehelfe (Hauptfälle): Wiedereinsetzung in den vorigen Stand (§ 233), Rüge bei Verletzung des rechtlichen Gehörs (§ 321a), Widerspruch gegen Mahnbescheid (§ 694), Einspruch gegen Versäumnisurteil (§ 338) oder Vollstreckungsbescheid (§§ 700 I, 338), Erinnerung gegen Entscheidung des beauftragten/ersuchten Richters oder Urkundsbeamten der Geschäftsstelle (§ 573), Nichtigkeits- (§ 579) oder Restitutionsklage (§ 580), Dienstaufsichtsbeschwerde (§ 26 DRiG).

Für die **Zulässigkeitsprüfung** eines Rechtsmittels bietet sich folgendes Schema an:

- Statthaftigkeit des Rechtsmittels
- Rechtsmittelbefugnis (= Beschwer und Wert der Beschwer/des Beschwerdegegenstandes bzw. besondere Zulassung)
- Form- und fristgemäße Einlegung beim Rechtsmittelgericht
- Form- und fristgemäße Begründung beim Rechtsmittelgericht
- Kein Rechtsmittelverzicht und keine Rücknahme des Rechtsmittels

A. Die Berufung (§§ 511-541)

Die Berufung bringt das Verfahren in die zweite Instanz.

I. Zulässigkeit

Die Zulässigkeit wird vom Berufungsgericht von Amts wegen geprüft (§ 522 I S.1). Bei Unzulässigkeit ist sie zu verwerfen (§ 522 I S.2).

> Beachten Sie den Unterschied in der Tenorierung zur (erstinstanzlichen) Klage; sie wird als unzulässig (oder unbegründet) abgewiesen.

1. Statthaftigkeit

Die Berufung ist statthaft gegen erstinstanzliche Endurteile (§§ 511 I, 300, 301). Als Endurteile gelten auch Zwischenurteile über Sachurteilsvoraussetzungen (§ 280 II S.1), Grund- (§ 304 II 1.HS.) und Vorbehaltsurteile (§§ 302 III, 599 III).

> **Unstatthaft** hingegen gegen Kostenentscheidungen, sofern nicht Rechtsmittel gegen die Hauptsacheentscheidung eingelegt wird (§ 99 I). Grds. auch gegen Versäumnisurteile (§ 514 I); Ausnahme: § 514 II (16. Kap. A II 2).

Nach dem **Meistbegünstigungsprinzip** ist bei einer formell inkorrekten Entscheidung sowohl der Rechtsbehelf (Oberbegriff!), der der Form der Entscheidung entspricht statthaft, als auch der der bei formell korrekter Entscheidung hätte eingelegt werden müssen (BGH NJW 97, 1448; 99, 583 584). Grund: Der Betroffene soll nicht unter den Fehlern des Gerichts leiden. Da ihm aber auch kein Vorteil aus der inkorrekten Entscheidung erwachsen soll, gilt das Meistbegünstigungsprinzip nicht, wenn bei korrekter Entscheidungsform kein Rechtsbehelf gegeben wäre (Schellhammer Rn. 960).

> **Bsp.:** Wird die Klage des K statt durch Urteil fälschlicherweise durch Beschluss abgewiesen, kann K wahlweise Beschwerde oder Berufung einlegen. Beide Rechtsmittel sind statthaft.

> **Gegenbsp.:** Ergeht gegen den Kläger, nachdem er den Gerichtssaal verlassen hat, ein Versäumnisurteil, obwohl er zuvor den Antrag, den Beklagten gemäß der Klageschrift zu verurteilen, gestellt hat, so ist die Entscheidung lediglich inhaltlich falsch, der Form nach aber korrekt. Das Meistbegünstigungsprinzip gilt daher nicht (BGH NJW 94, 665 f.). Statthafter Rechtsbehelf ist somit nur der Einspruch (§ 338).

2. Rechtsmittelbefugnis

Rechtsmittelbefugt ist der Berufungsführer, wenn er beschwert ist und entweder der Wert des Beschwerdegegenstandes über 600 € liegt oder das erstinstanzliche Urteil die Berufung ausdrücklich zulässt (§ 511 II, IV). Es ist danach zu unterscheiden, ob der Kläger oder der Beklagte des erstinstanzlichen Prozesses Berufung einlegt:

- Der Kläger ist beschwert, wenn der Urteilsspruch hinter dem Klageantrag zurückbleibt (sog. **formelle Beschwer**).
- Der Beklagte ist beschwert, wenn ihn das angefochtene Urteil belastet (sog. **materielle Beschwer**).

3. Form- und fristgemäße Einlegung

Form- und fristgemäß eingelegt ist die Berufung, wenn die Berufungsschrift beim Berufungsgericht (§ 519 I) in Form des § 519 II-IV innerhalb eines Monats seit Zustellung (bzw. fünf Monate seit Verkündung) des Urteils (§§ 517, 222) eingereicht wird (Zu den Anforderungen an einen bestimmenden Schriftsatz vgl. das 7. Kap.).

> Bei Urteilen des AGs ist gem. § 72 I GVG das übergeordnete LG Berufungsgericht. Bei erstinstanzlichen Urteilen des LGs ist gem. § 119 I Nr.2 GVG das übergeordnete OLG Berufungsgericht (vgl. Schaubild Nr.1 im Anhang).

4. Form- und fristgemäße Begründung

Form- und fristgemäß begründet ist die Berufung, wenn die Berufungsbegründung beim Berufungsgericht (§ 520 III S.1) innerhalb von zwei Monaten seit Zustellung des Urteils, spätestens aber mit Ablauf von fünf Monaten nach Verkündung (§ 520 II S.1) in Form des § 520 III S.2-V eingereicht wird.

> **Merke:** Die Begründung kann bereits in der Berufungsschrift erfolgen (vgl. § 520 III S.1).

5. Keine Berufungsrücknahme und kein Berufungsverzicht

a) Die Berufung kann nach § 516 I (im Gegensatz zur Klage nach § 269 I) unabhängig vom Willen des Gegners bis zur Verkündung des Berufungsurteils (also auch noch nach Verhandlungs- und Beratungsschluss) zurückgenommen werden (Hartmann NJW 01, 2577 2591 f. mwN). Die Kosten hat der Zurücknehmende zu tragen (§ 516 III S.1, vgl. § 269 III S.2-3). Dies ist durch Beschluss auszusprechen (§ 516 III S.2, vgl. § 269 IV-V). Da lediglich das konkret eingelegte Rechtsmittel verlorengeht, kann innerhalb der Frist des § 517 erneut Berufung eingelegt werden. Ein Rücknahmeversprechen kann dem Rechtsmittel einredeweise entgegengehalten werden (vgl. 14. Kap. V 4).

b) Der Verzicht (§ 515) macht die Berufung unzulässig. Wird er ggü. dem Gericht erklärt, ist er von Amts wegen zu berücksichtigen; bei Erklärung ggü. dem Gegner nur auf Einrede (BGH NJW-RR 97, 1288). Vereinbaren die Parteien vor Erlass des Urteils außerhalb des Prozesses, dass sie auf Einlegung von Rechtsmitteln verzichten, so ist eine entgegen dieser Abmachung eingelegte Berufung auf Einrede des Gegners als unzulässig zu verwerfen (BGH 28, 45 52).

II. Begründetheit

In der Begründetheit überprüft das Berufungsgericht das erstinstanzliche Urteil grds. nur noch in rechtlicher Hinsicht (vgl. §§ 513 I, 529). I.d.R. ändert es selbst das angefochtene Urteil ab (§ 538 I); nur ausnahmsweise verweist es den Rechtsstreit an die Erstinstanz zurück (§ 538 II). In der Klausur empfiehlt sich folgende Begründetheitsprüfung:

- Verfahrensfehler in der ersten Instanz
- Zulässigkeit der erstinstanzlichen Klage
- Begründetheit der erstinstanzlichen Klage

> **Merken Sie:** Ein unbegründetes Rechtsmittel wird zurückgewiesen (Beachte den Unterschied in der Tenorierung zur Klage; sie wird abgewiesen).

Das Berufungsgericht ist an die Anträge gebunden (§ 528 S.1): Das erstinstanzliche Urteil darf nur insoweit abgeändert werden, als dies beantragt ist (§ 528 S.2, reformatio in peius!). Der Rechtsmittelbeklagte kann dieses Verschlechterungsverbot aber aushebeln, indem er selbst Berufung oder Anschlussberufung einlegt (§ 524). Die Verschlechterungsverbote heben sich dann gegenseitig auf.

> Die **Anschlussberufung** (§ 524) ist nach ü.A. kein Rechtsmittel im technischen Sinne und daher unter erleichterten Voraussetzungen zulässig: Sie setzt keine Beschwer voraus, die Berufungssumme braucht nicht erreicht zu werden, sie ist auch nach Verstreichen der Frist des § 517 (aber nur bis zum Ablauf der Berufungserwiderungsfrist) und nach vorherigem Verzicht i.S.d. § 515 zulässig (§ 524 II); schließlich kann sie auch zur Geltendmachung neuer Ansprüche, zur Erhebung der Widerklage oder zum Zwecke der Klageerweiterung erfolgen (Schellhammer Rn. 1013 f.). Sie ist in ihrem Bestand von der (Haupt-) Berufung abhängig; wird diese etwa als unzulässig verworfen, zurückgenommen oder durch Beschluss zurückgewiesen, verliert die Anschlussberufung ihre Wirkung (§ 524 IV). Will der Berufungsbeklagte von der (Haupt-) Berufung unabhängig sein, muss er selbstständig unter Einhaltung der Formalien Berufung einlegen.

B. Die Revision (§§ 542-566)

Die Revision macht das Verfahren in der dritten Instanz anhängig; sie dient neben dem Individualrechtsschutz dem öffentlichen Interesse an einer Rechtsvereinheitlichung und Rechtsfortbildung.

> **Beachten Sie:** Die höchstrichterliche Rspr. ist aber über den Einzelfall hinaus nicht bindend.

I. Die Zulässigkeit der Revision

Die Zulässigkeit der Revision wird vom Revisionsgericht (= BGH) von Amts wegen geprüft (§ 552 I S.1). Bei Unzulässigkeit ist sie durch Beschluss zu verwerfen (§ 552 I S.2, II).

1. Statthaftigkeit

Die Revision ist statthaft gegen

- die in der Berufungsinstanz erlassenen Endurteile (§ 542 I; Ausnahme: Arresturteile und einstweilige Verfügungen, § 542 II S.1).
- die im ersten Rechtszug erlassenen Endurteile (unter Umgehung der Berufungsinstanz) bei der Sprungrevision (§ 566).
- Beachte auch hier das Meistbegünstigungsprinzip.

2. Rechtsmittelbefugnis

Rechtsmittelbefugt ist der Revisionsführer,

- wenn er beschwert ist (vgl. A I 2) und
- die Revision zugelassen worden ist, sei es durch das Berufungsgericht in dem Urteil (§ 543 I Nr.1, II) oder durch das Revisionsgericht auf Grund der Beschwerde gegen die Nichtzulassung nach § 544 (§ 543 I Nr.2, II).

3. Form- und fristgemäße Einlegung

Form- und fristgemäß eingelegt ist die Revision, wenn die Revisionsschrift beim Revisionsgericht (§ 549 I S.1) in Form des § 549 I S.2, II innerhalb eines Monats seit Zustellung (bzw. innerhalb von fünf Monaten seit Verkündung) des Urteils (§§ 548, 222) eingereicht wird.

Revisionsgericht ist der BGH (§ 133 GVG, vgl. Schaubild Nr. 1 im Anhang).

4. Form- und fristgemäße Begründung

Form- und fristgemäß begründet ist die Revision, wenn die Revisionsbegründung beim Revisionsgericht (§ 551 II S.1) innerhalb von zwei Monaten nach Zustellung des Urteils, spätestens aber fünf Monate nach Verkündung (§§ 551 II S.2-3, 222) in Form des § 551 III-IV eingereicht wird.

5. Keine Revisionsrücknahme und kein Revisionsverzicht

Über § 565 gelten die im Rahmen der Berufung gemachten Ausführungen entsprechend.

II. Begründetheit

In der Begründetheit überprüft das Revisionsgericht das Berufungsurteil nur in rechtlicher Hinsicht (§§ 545, 559); d.h. neue Tatsachen (Ausnahme: §§ 559 I S.2, 551 III Nr.2b) und Beweise sind grds. ausgeschlossen; die vom Berufungsgericht getroffenen Feststellungen sind bindend.

Ist die Revision begründet, hebt der BGH das angefochtene Urteil i.d.R. auf und verweist den Rechtsstreit an die Vorinstanz zurück (§§ 562, 563 I-II). Grund: Häufig ist eine neue Beweisaufnahme nötig. Nur ausnahmsweise, wenn keine weitere Sachverhaltsaufklärung erforderlich ist, entscheidet er selbst (§ 563 III). Begründet ist die Revision lediglich dann, wenn das angefochtene Urteil auf einer Gesetzesverletzung beruht (§§ 545-547). Eine rechtliche Überprüfung erfolgt allerdings nur

- so weit dies beantragt ist (§ 557 I)
- die Vorinstanz über den Streitgegenstand bereits entschieden hat
- und zwar in Bezug auf das revisible Recht (§ 545 I)
- und die Rechtsverletzung ursächlich für die angefochtene Entscheidung war (§§ 546, 547, 561). Dies wird in den Fällen der absoluten Revisionsgründe des § 547 unwiderlegbar vermutet.

Bei Unbegründetheit ist die Revision zurückzuweisen (§ 561).

Auch bei der Revision gilt das Verbot der reformatio in peius (§ 557 I), das jedoch mit Hilfe der Anschlussrevision (§ 554) aufgehoben werden kann (vgl. die unter A II gemachten Ausführungen, die hier entsprechend gelten). Da in der Revisionsinstanz aber keine neuen Ansprüche geltend gemacht werden können, wird anders als bei der Anschlussberufung eine selbstständige Beschwer gefordert (BGH NJW 95, 2564 f.).

C. Die sofortige Beschwerde (§§ 567-577)

Die sofortige Beschwerde ist das Rechtsmittel gegen Beschlüsse und Verfügungen sowie gegen Zwischenurteile im Zwischenstreit mit Dritten.

I. Die Zulässigkeit

Die Zulässigkeit wird vom Beschwerdegericht von Amts wegen geprüft (§ 572 II S.1). Bei Unzulässigkeit ist die sofortige Beschwerde zu verwerfen (§ 572 II S.2).

1. Statthaftigkeit

Statthaft ist die sofortige Beschwerde in den gesetzlich ausdrücklich erwähnten Fällen (§ 567 I Nr.1; z.B. §§ 71 II, 91a II, 99 II, 135 III, 380 III) sowie gegen Entscheidungen, die keine mündliche Verhandlung erfordern, wenn durch sie ein das Verfahren betreffendes Gesuch zurückgewiesen wird (§§ 567 I Nr.2, 128 IV).

> Über den Wortlaut des § 567 I hinaus ließ insb. die Rspr. in der Vergangenheit eine sog. **außerordentliche Beschwerde** gegen an sich unanfechtbare Entscheidungen bei greifbarer Gesetzeswidrigkeit zu. Das setzte voraus, dass die Entscheidung mit der geltenden Rechtsordnung schlechthin unvereinbar war. Ein "bloß" offensichtlicher Rechtsverstoß genügte nicht. Die Entscheidung musste vielmehr dem Gesetz inhaltlich fremd sein und jeder rechtlichen Grundlage entbehren (BGH NJW-RR 97, 1155; 98, 63; NJW 01, 1285). Diese Anfechtungsmöglichkeit besteht nach Auffassung des BGH nicht mehr. Denn nach der Neuregelung des Beschwerderechts durch das ZPO-RG kann der BGH gegen Beschlüsse der Beschwerdegerichte nunmehr ausschließlich in den Fällen des § 574 I (sog. **Rechtsbeschwerde**) angerufen werden (BGH NJW 02, 1577).

2. Rechtsmittelbefugnis

Rechtsmittelbefugt ist der Beschwerdeführer, wenn er beschwert ist (A I 2) und der Wert des Beschwerdegegenstandes in den Fällen des § 567 II 200 € übersteigt; in den übrigen Fällen bedarf es keiner Beschwerdesumme.

3. Form- und fristgemäße Einlegung

Form- und fristgemäß eingelegt ist die sofortige Beschwerde, wenn sie schriftlich (§ 569 II) oder unter den Voraussetzungen des § 569 III zu Protokoll der Geschäftsstelle beim Gericht, dessen Entscheidung angefochten wird (iudex a quo) oder beim Beschwerdegericht (iudex ad quem) innerhalb einer Notfrist von zwei Wochen eingereicht wird (§ 569 I) Ausnahme: Im Prozesskostenhilfebeschwerdeverfahren beträgt die Notfrist einen Monat (§ 127 II S.3).

4. Begründung

Eine Begründung ist nicht zwingendes Erfordernis, sie „soll" aber erfolgen (§ 571 I).

5. Keine Beschwerderücknahme und kein Beschwerdeverzicht

Es gilt das im Rahmen der Berufung Gesagte analog (vgl. A I 5).

II. Begründetheit

In der Begründetheit erfolgt eine Überprüfung der angefochtenen Entscheidung sowohl in tatsächlicher als auch in rechtlicher Hinsicht (vgl. § 571 II; beachte jedoch die Präklusion nach § 571 III). Im Gegensatz zur Berufung befasst sich aber das Gericht, dessen Entscheidung angefochten wurde (iudex a quo) nocheinmal mit der Sache (Ausnahme zu § 318); nur bei Nichtabhilfe erfolgt eine Überprüfung durch das Rechtsmittelgericht (§ 572 I). Ist die sofortige Beschwerde in diesem Fall begründet, so hebt das Beschwerdegericht (iudex ad quem) die angefochtene Entscheidung auf und weist den Rechtsstreit an die Vorinstanz zurück (vgl. § 572 III, analog § 538 II) oder entscheidet selbst (analog § 538 I). Bei Unbegründetheit ist die sofortige Beschwerde zurückzuweisen.

> **Beachten Sie:** Auch bei der sofortigen Beschwerde besteht ein Verböserungsverbot (§ 528 S.2 analog) - Umgehung mittels Anschlussbeschwerde (§ 567 III; vgl. A II entsprechend).

Bei Beschlüssen des AGs ist entweder gem. § 72 GVG das übergeordnete LG oder in Familiensachen sowie in Angelegenheiten der freiwilligen Gerichtsbarkeit (§§ 23a, 23b GVG) gem. § 119 I Nr.1 GVG das übergeordnete OLG Beschwerdegericht. Bei erstinstanzlichen Beschlüssen des LGs ist gem. § 119 I Nr.2 GVG das übergeordnete OLG Beschwerdegericht (vgl. Schaubild Nr.1 im Anhang).

1. Wodurch werden Rechtsmittel gekennzeichnet?

Suspensiv- u. Devolutiveffekt.

2. Worin besteht der Unterschied zu den sonstigen Rechtsbehelfen?

Den sonstigen Rechtsbehelfen fehlt zumindest der Devolutiveffekt.

3. Was besagt das Meistbegünstigungsprinzip?

Dass bei einer formell inkorrekten Entscheidung sowohl der Rechtsbehelf, der der Form der Entscheidung entspricht, statthaft ist, als auch der, der bei formell korrekter Entscheidung hätte eingelegt werden müssen.

4. Kann eine durch Rechtsmittel angefochtene Entscheidung zum Nachteil des Rechtsmittelführers abgeändert werden?

Nein, dem steht grds. das Verbot der reformatio in peius entgegen (vgl. §§ 528 S.2, 557 I bzw. § 528 S.2 analog für die Beschwerde).

5. Wie kann der Rechtsmittelbeklagte das Verbot der reformatio in peius aufheben?

Indem er selbst ein Rechtsmittel oder ein Anschlussrechtsmittel einlegt (§§ 524, 554, 567 III). Die Verschlechterungsverbote heben sich dann gegenseitig auf.

6. B wird vor dem LG verurteilt. Er legt gegen die Entscheidung Berufung ein mit der Begründung, die Klage sei auf Grund entgegenstehender Rechtskraft (§ 322 I) unzulässig gewesen. Wo behandelt das Berufungsgericht (OLG: § 119 I Nr.2 GVG) die aufgeworfene Frage?

Im Rahmen der Begründetheit, da das stattgebende Sachurteil auf Grund der behaupteten Unzulässigkeit der Klage unrichtig sein könnte. Die Frage der Zulässigkeit der Klage ist also eine Frage der Begründetheit der Berufung und nicht etwa der Zulässigkeit (gleiches gilt bei der Revision).

7. Ist die Einlegung der Beschwerde fristgebunden?

Ja, grds. ist sie innerhalb einer Notfrist von zwei Wochen einzulegen (§ 569 I). Die einfache, unbefristete Beschwerde ist mit Wirkung vom 1.1.2002 gestrichen worden. An ihre Stelle ist die sofortige Beschwerde getreten.

16. Kapitel
Versäumnisverfahren, §§ 330 ff.

Die Mitwirkung der Parteien kann im Zivilverfahren nicht erzwungen werden (Parteiherrschaft!). Aus der Verletzung der Obliegenheit zur Mitwirkung am Verfahrensfortgang können für die Parteien jedoch Nachteile entstehen. Es ist danach zu unterscheiden, ob lediglich eine Partei oder beide dem Verfahren fernbleiben (sog. Säumnis).

A. Säumnis einer Partei (vgl. auch Schaubild Nr. 3 im Anhang)

Ist nur eine Partei säumig, so kann die gegnerische Partei wahlweise eine Entscheidung nach Lage der Akten (§§ 331a, 251a II) oder ein Versäumnisurteil (VU) beantragen.

> **Beachten Sie:** Eine Entscheidung nach Aktenlage gem. §§ 331a, 251a II setzt voraus, dass in einem früheren Termin schon einmal verhandelt worden ist und ist im Gegensatz zum VU nicht mit dem Einspruch nach § 338 (s. dazu unten II), sondern nur mit der Berufung oder Revision angreifbar.

I. Voraussetzungen eines VUs (§§ 330 ff.):

1. Zulässigkeit der Klage

Zunächst muss die Klage zulässig sein, da das VU ein Sachurteil ist. Bei Unzulässigkeit ergeht ein normales Prozessurteil, das ausschließlich mit Rechtsmitteln angegriffen werden kann (sog. unechtes VU).

> **Merken Sie:** Nur ein Urteil, das gerade auf Grund der Säumnis einer Partei erlassen wird (sog. echtes VU), ist mit dem Einspruch gem. § 338 angreifbar.

2. Säumnis einer Partei

Säumnis muss im Termin zur mündlichen Verhandlung oder bereits im schriftlichen Vorverfahren gegeben sein.

> Säumnis im Verhandlungstermin i.S.d. § 332 liegt vor, wenn eine Partei trotz ordnungsgemäßer rechtzeitiger Ladung (§ 335 I Nr. 2) nicht erschienen ist. Dem steht es gleich, wenn sie im Anwaltsprozess (§ 78 !) ohne einen (zugelassenen) Anwalt erscheint oder zwar ordnungsgemäß erscheint, aber nicht verhandelt (§ 333). Beachten Sie die Vertretungsfiktion des § 62. Im schriftlichen Vorverfahren besteht Säumnis, wenn der Beklagte es unterlassen hat, dem Gericht seine Verteidigungsabsicht innerhalb der zweiwöchigen Notfrist anzuzeigen (§§ 276, 331 III).

3. Antrag der erschienenen Partei auf Erlass eines VUs (Dispositionsmaxime).

Der Antrag kann bereits in der Klageschrift gestellt werden (§ 331 III S.2). Es genügt nach ü.A. nicht der auf Verurteilung des Beklagten gerichtete Antrag.

Das sog. anwaltliche Standesrecht, wonach ein RA verpflichtet ist, von einem Antrag auf Erlass eines VUs gegen einen Kollegen bei nicht rechtzeitiger Androhung abzusehen, ist nicht verbindlich (BVerfG NJW 93, 121 122).

4. Kein Versagungsgrund i.S.d. §§ 335 I Nr. 1, 3 u. 4, 337 (lesen!).

5. Folge der Klägersäumnis oder der Beklagtensäumnis

Bei **Säumnis des Klägers** bedarf es keiner weiteren Voraussetzungen. Auf Antrag des Beklagten wird die Klage durch echtes VU abgewiesen (§ 330). Bei **Säumnis des Beklagten** ist hingegen noch die Schlüssigkeit der Klage zu prüfen (§ 331 II - hier ist das **materielle Gutachten** einzubauen!). Dies beruht auf der Geständnisfiktion des § 331 I S.1; nur der Tatsachenvortrag des Klägers, nicht jedoch die rechtliche Würdigung dieser Tatsachen durch den Kläger kann von dem Beklagten zugestanden werden.

Nur bei Schlüssigkeit der Klage, wenn also der klägerische Vortrag das Begehren rechtfertigt, ergeht ein echtes VU entsprechend dem Antrag (§ 331 II 1. HS).

Bei Unschlüssigkeit wird die Klage durch normales Sachurteil (unechtes VU) abgewiesen (§ 331 II 2. HS).

Angreifbar nur mit Rechtsmitteln!

II. Angreifbarkeit eines echten VUs

Ein echtes VU kann nur mit dem Einspruch nach § 338 angegriffen werden (nicht mit der Berufung, § 514 I). Mangels Devolutiveffekt (die Sache wird nicht in der nächst höheren Instanz anhängig) handelt es sich bei dem Einspruch um einen sonstigen Rechtsbehelf und kein Rechtsmittel. Bei Zulässigkeit des Einspruchs wird der Prozess in die Lage zurückversetzt, in der er sich vor Eintritt der Säumnis befand (§ 342), d.h es wird im normalen streitigen Verfahren weiterverhandelt. Das Gericht hat die Zulässigkeit des Einspruchs von Amts wegen zu prüfen (§ 341 I).

1. Zulässigkeitsprüfung des Einspruchs durch das Gericht (§ 341 I):

a) Es muss eine Einspruchsschrift bei dem Prozessgericht (§ 340 I) in der Form des § 340 II eingereicht werden. Eine Begründung i.S.d. § 340 III ist nicht zwingend (BGH NJW-RR 92, 957).

b) Dies muss in der zweiwöchigen Notfrist des § 339 I geschehen, die mit Zustellung des Urteils zu laufen beginnt.

Bei Fristversäumung ist Wiedereinsetzung möglich (§§ 233 ff.)!

2. Die Entscheidung des Gerichts und das weitere Verfahren

a) Das Gericht verwirft den **Einspruch** durch Endurteil, wenn dieser **unzulässig** ist (§ 341 I S.2, II). Das VU bleibt bestehen und bildet die Grundlage einer etwaigen späteren Zwangsvollstreckung.

b) Bei **Zulässigkeit des Einspruchs** wird hingegen gem. § 341a ein (neuer) Termin zur mündlichen Verhandlung anberaumt und im normalen streitigen Verfahren weiterverhandelt (§ 342) und i.S.d. § 343 entschieden. Ist jedoch diejenige Partei, gegen die das VU ergangen ist, **erneut säumig**, ergeht auf Antrag der gegnerischen Partei ein sog. zweites VU (§ 345).

Es ist streitig, ob vor Erlass eines zweiten VUs eine erneute (Zulässigkeits- und) Schlüssigkeitsprüfung stattzufinden hat.

> Da der Prozess gem. § 342 durch den zulässigen Einspruch in den Zustand zurückversetzt wird, in dem er sich vor Eintritt der Säumnis befand, könnte man annehmen, dass auch § 331 II gilt und somit eine erneute (Zulässigkeits- und) Schlüssigkeitsprüfung stattfinden hätte. Dem ist jedoch entgegenzusetzen, dass § 345 lex specialis zu § 342 ist und gerade nicht auf § 331 II verweist (B/L/A/H § 345 Rn.6). Dies ergibt sich auch aus einem Umkehrschluss zu § 700 VI. Diese Vorschrift berücksichtigt, dass vor Erlass eines Vollstreckungsbescheides (VB) - der gem. § 700 I einem für vorläufig vollstreckbar erklärtem VU gleichsteht - anders als im Versäumnisverfahren die Schlüssigkeit noch nicht geprüft worden ist. Gerade deshalb fehlt dem Versäumnisverfahren eine dem § 700 VI entsprechende Vorschrift. Zulässigkeit und Schlüssigkeit sind daher vor Erlass eines technisch zweiten VUs nicht noch einmal zu prüfen (h.M.: BGH NJW 99, 2599 f.). Dem Gericht bleibt es so allerdings verwehrt, zwischenzeitliche Veränderungen zu berücksichtigen und damit materiell falsche Entscheidungen zu umgehen (Braun JZ 99, 1157 ff.; Orlich NJW 80, 1782 f.: Der Richter wäre gezwungen, über etwaige Fehler "sehenden Auges" hinwegzusehen.).

Ein weiterer Einspruch (gegen ein zweites VU) ist nicht möglich (§ 345). Es kommt gem. § 514 II nur noch das Rechtsmittel der Berufung, gestützt auf die Behauptung, "dass der Fall der schuldhaften Versäumung nicht vorgelegen habe", in Betracht.

> Str. ist, ob der Berufungsführer (im Falle der Beklagtensäumnis) seine Berufung auch darauf stützen kann, dass die Klage (unzulässig oder) unschlüssig gewesen sei. Eine enge Auslegung des Wortlauts des § 514 II S.1 ließe dies nicht zu. Zu bedenken ist aber, dass erstinstanzliche Urteile grds. in vollem Umfang vom Berufungsgericht überprüfbar sind (sog. Gleichlauf der Prüfungsrahmen). § 514 II S.1 ist deshalb so zu lesen, dass ein Fall der Versäumung nicht vorliegt, wenn das zweite VU - aus welchen Gründen auch immer - nicht ergehen durfte (BGH 112, 367 372). Bei vorangegangenem VB muss daher in der Berufungsinstanz eine erneute (Zulässigkeits- und) Schlüssigkeitsprüfung erfolgen (§ 700 VI!). Richtet sich die Berufung dagegen gegen ein technisch zweites VU, hat eine solche Prüfung zu unterbleiben, da auch im Rahmen des § 345 eine erneute (Zulässigkeits- und) Schlüssigkeitsprüfung nicht stattfindet (h.M.: BGH NJW 99, 2599 f.). Zu einem anderen Ergebnis kann man nur gelangen, wenn man der Auffassung ist, dass im Rahmen des § 345 eine erneute Überprüfung der Gesetzmäßigkeit des VUs zu erfolgen hat.

Ist diejenige Partei, zu dessen Gunsten das VU ergangen ist, im neuen Termin erstmalig säumig, ergeht auf Antrag des Gegners ein erstes VU gegen die nunmehr säumige Partei.

B. Säumnis beider Parteien

Bei dieser Konstellation kann das Gericht wahlweise eine Entscheidung nach Aktenlage treffen (§ 251a I), einen neuen Verhandlungstermin anberaumen (§§ 251a III 1. Fall, 227) oder das Ruhen des Verfahrens anordnen (§§ 251a II 2. Fall, 251).

Wiederholungsfragen zum 16. Kapitel

1. Worin besteht der Unterschied zw. einem echten und unechten VU?	Ein echtes VU ergeht gerade auf Grund der Säumnis einer Partei, während ein unechtes VU, unabhängig von der Säumnis, aus anderen Günden ergeht (etwa Unzulässigkeit).
2. Wie ist ein echtes und wie ist ein unechtes VU angreifbar?	Ein echtes VU mit Einspruch (§ 338), ein unechtes mit Rechtsmitteln.
3. Ist der Einspruch gem. § 338 nicht ein Rechtsmittel?	Nein, es fehlt am sog. Devolutiveffekt (vgl. näher 15. Kap.).
4. Welche weitere Möglickeit hat die nicht säumige Partei ausserdem gegen die säumige?	Eine Entscheidung nach Lage der Akten zu beantragen (§ 331a), wenn die Voraussetzungen des § 251a II vorliegen.
5. Worin besteht der Vorteil und worin der Nachteil eines solchen Antrags?	Vorteil: Ein zusprechendes Urteil kann nicht mit dem erleichterten Einspruch hinfällig gemacht werden. Nachteil: Das erkennende Gericht legt seiner Entscheidung den Stand der Akten zu Grunde. Es werden also auch etwaige Schriftsätze des Gegners berücksichtigt. Anders im Verfahren der Säumnis, wo nur das Vorbringen der erschienenen Partei bei der Entscheidungsfindung berücksichtigt wird.
6. Worin besteht der Unterschied zwischen einem VU gegen den Kläger oder den Beklagten?	Nur bei einem VU gegen den Bekl. kommt es auf die Schlüssigkeit der Klage an (§ 331 II); bei einem VU gegen den Käger hingegen nicht (§ 330).
7. Ist auch ein sog. zweites VU mit dem Einspruch angreifbar?	Nein (§ 345); angreifbar nur mit der Berufung (Behauptung, keine schuldhafte Säumnis habe vorgelegen) § 514 II; Einzelheiten str.
8. Was ist im Rahmen des § 345 streitig?	Ob eine erneute Zulässigkeits- und Schlüssigkeitsprüfung stattzufinden hat.
9. Wie verfährt das Gericht bei Unzulässigkeit und wie bei Zulässigkeit eines Einspruchs?	Bei Unzulässigkeit wird der Einspruch verworfen (§ 341 I S.2); bei Zulässigkeit wird der Prozess in den vorherigen Stand zurückversetzt (§ 342).
10. Kann im Strafprozess die Mitwirkung der Parteien erzwungen werden?	Nein, vgl. § 236 StPO.
11. Was sind Notfristen?	Nur die in der ZPO als solche bezeichneten (§ 224 I S.2). Sie können anders als die übrigen Fristen nicht durch Vereinbarung abgekürzt werden (§ 224 I S.1).

Fall 10 – „Der schlampige Student":

Jurastudent J. Schlampig kauft von dem Rechtsanwalt Rücksichtslos einen gebrauchten Palandt für 100 €. Als Schlampig nach mehrfacher Aufforderung die nunmehr längst fällige Forderung nicht zahlt, klagt Rücksichtslos vor dem örtlich zuständigen Amtsgericht auf Zahlung. In dem Termin zur mündlichen Verhandlung erscheint Schlampig nicht. Rücksichtslos beantragt daraufhin Erlass eines VUs. Wie wird das Gericht entscheiden?

Lösungsvorschlag

Das Gericht wird dem Begehren des R stattgeben, wenn die Voraussetzungen zum Erlass eines VUs vorliegen.

1. Da das VU gegen den Beklagten (§ 331) ein Sachurteil ist, muss die Klage zulässig sein. Hieran bestehen insoweit keine Bedenken.

2. Ferner muss der Beklagte säumig sein. Da S trotz einer ordnungsgemäßen Ladung (§ 335 I Nr. 2) im Verhandlungstermin nicht erschienen ist, ist dies der Fall.

3. Der erschienene Kläger R hat auch einen Antrag gem. § 331 I S.1 auf Erlass eines VUs gestellt (Dispositionsmaxime!).

4. Ein Versagungsgrund i. S. d. §§ 335 I Nr. 1 und 3, 337 ist nicht ersichtlich.

5. Schließlich müsste das klägerische Begehren schlüssig sein (§ 331 II), d.h. der klägerische Vortrag müsste den behaupteten Anspruch rechtfertigen (materielles Gutachten!).

R könnte gegen S einen Anspruch auf Zahlung von 100 € aus § 433 II BGB haben. Ein Kaufvertrag über den benannten Betrag ist zwischen den Parteien laut Sachverhalt zu Stande gekommen. Der Anspruch ist somit entstanden. Erlöschensgründe sind nicht ersichtlich. Schließlich ist der Anspruch auch durchsetzbar.
Die Klage des R gegen S ist damit schlüssig.

6. S ist demnach gem. dem Antrag durch VU zur Zahlung zu verurteilen.

1. Abwandlung:

Schlampig erhebt 7 Tage nach Zustellung des VUs schriftlich bei dem Prozessgericht Einspruch gegen das Urteil. Wie wird das Gericht verfahren?

Lösungsvorschlag

Das Gericht prüft die Zulässigkeit des Einspruchs von Amts wegen (§ 341 I).
1. Der Einspruch ist statthaft, da er sich gegen ein erstes VU richtet.
2. S hat die Einspruchsschrift bei dem Prozessgericht (§ 340 I) in der Form des § 340 II eingereicht.
3. Die zweiwöchige Notfrist des § 339 I ist ebenfalls eingehalten worden.
4. Der Einspruch ist zulässig. Das Gericht wird daher gem. § 341a einen neuen Termin zur mündlichen Verhandlung anberaumen, in dem dann im normalen streitigen Verfahren weiterverhandelt (§ 342) und i.S.d. § 343 entschieden wird.

2. Abwandlung:

In dem neu anberaumten Termin erscheint Schlampig wiederum nicht, da er mit einer Gegenforderung wirksam aufgerechnet hat und deshalb der Meinung ist, die Sache habe sich erledigt. Rücksichtslos ist anderer Auffassung; er erklärt vor Gericht, "Schlampig habe die Aufrechnung im schriftlichen Vorverfahren nicht substanziiert dargelegt" und beantragt ein zweites VU gegen Schlampig. Zu Recht?

Lösungsvorschlag

Unter den Voraussetzungen des § 345 wird der Einspruch des S durch sog. zweites VU verworfen.
1. Es liegt ein erstes echtes VU gem. § 331 II vor.
2. Hiergegen hat S form- und fristgerecht Einspruch eingelegt (s. 2. Abwandlung).

3. Er ist auch in dem gem. § 341a anberaumten Termin erneut säumig.

4. Ferner liegt ein Antrag des Klägers auf Erlass eines zweiten VUs vor (Dispositionsmaxime!).

5. Fraglich ist jedoch, ob das Gericht erneut die Schlüssigkeit der Klage prüfen muss. Die Restitutionswirkung des § 342 könnte dafür sprechen. Demnach wäre die Klage unter Aufhebung des ersten VUs abzuweisen, da Rs Anspruch gem. § 389 BGB erloschen ist. Er trägt selbst vor, dass der Beklagte aufgerechnet hat. Der Klägervortrag ist mithin unschlüssig. Würde die zwischenzeitliche Aufrechnung unberücksichtigt bleiben, so wäre eine erkennbar materiell unrichtige Entscheidung hinzunehmen, was mit dem Grundsatz der Bindung des Richters an Gesetz und Recht unvereinbar ist.

Das Gerechtigkeitsempfinden spricht zwar für diesen Lösungsansatz; er ist allerdings nur schwerlich mit dem Gesetz vereinbar. § 345, der von einer erneuten Schlüssigkeitsprüfung absieht, ist lex specialis zu § 342. Dies ergibt sich aus einem Umkehrschluss zu § 700 VI, der ausdrücklich bei vorausgegangenen VB eine zweite Schlüssigkeitsprüfung anordnet.

6. Folglich ist der Einspruch gem. dem Antrag (ohne erneute Schlüssigkeitsprüfung) durch sog. zweites VU zu verwerfen (§ 345).

3. Abwandlung:

S legt fristgemäß am 10.3.2002 Berufung beim LG gegen das ihm am 10.2.2002 zugestellte zweite VU ein und begründet diese am 10.4.2002 damit, dass die Klage wegen der erfolgten Aufrechnung unschlüssig gewesen sei. Beurteilen Sie in einem Gutachten die Erfolgsaussichten der Berufung

Lösungsvorschlag

I. Zulässigkeit

1. Nach § 514 II S.1 ist das Rechtsmittel der Berufung gegen ein sog. zweites VU (§ 345) statthaft.

2. S ist auch berufungsbefugt, da er als unterlegener Beklagter des erstinstanzlichen Verfahrens durch das angefochtene Urteil belastet ist (sog. materielle Beschwer). Das Erreichen der Berufungssumme bzw. die Berufungszulassung (§ 511 II) ist gem. § 514 II S.2 nicht erforderlich.

3. Die Berufungsschrift ist beim LG als Berufungsgericht (§ 519 I i.V.m. § 72 GVG) fristgerecht (§ 517) eingelegt worden. Formmängel (§ 519 II-IV) sind nicht ersichtlich.

4. Schließlich wurde die Berufung auch form- und fristgerecht begründet. Die Frist lief erst am 10.4.2002 um 24.00 Uhr ab (§§ 520 II S.1, 222 I i.V.m. §§ 187 I, 188 II BGB).

5. Folglich ist die Berufung zulässig.

II. Begründetheit

Die Berufung des Beklagten ist begründet, wenn das angefochtene Urteil des AGs falsch ist. Auf Grund der erfolgten Aufrechnung könnte die erstinstanzliche Klage unbegründet gewesen sein und somit falsch entschieden worden sein. Fraglich ist allerdings, ob dieser Umstand hier berücksichtigt werden darf. Nach § 514 II S.1 unterliegt ein sog. zweites VU nur insoweit der Berufung, als sie darauf gestützt wird, dass der Fall der Versäumung nicht vorgelegen habe. Auf Grund des Gleichlaufs der Prüfungsrahmen von erster und zweiter Instanz (vgl. § 529) ist der § 514 II S.1 so zu lesen, dass ein Fall der Versäumung nicht vorliegt, wenn das zweite VU - aus welchen Gründen auch immer - nicht ergehen durfte (h.M.). Die erfolgte Aufrechnung müsste demnach bei der Entscheidungsfindung nur dann berücksichtigt werden, wenn auch die Vorinstanz dies hätte tun müssen. Nach hier vertretener Ansicht ist bei einem sog. zweiten VU (§ 345) nicht erneut auf die Schlüssigkeit einzugehen (vgl. 3. Abwandlung 5.; etwas anderes gilt gem. § 700 VI nur bei vorausgegangenem VB).

III. Die Berufung des S ist demnach als unbegründet zurückzuweisen.

Anmerkung: Der BGH (NJW 99, 2599 f.) und die Vorinstanz (OLG Rostock) haben das Problem der 3. Abwandlung im Rahmen der Statthaftigkeit behandelt und die Berufung daher als unzulässig verworfen. Ebenso vertretbar ist aber der hier gewählte Aufbau. In der mündlichen Prüfung sollte man dies allerdings klarstellen, um zu zeigen, dass einem die Rspr. geläufig ist.

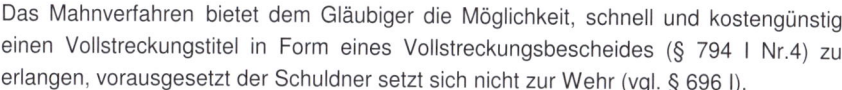

17. Kapitel
Das Mahnverfahren (§§ 688 ff.)

Das Mahnverfahren bietet dem Gläubiger die Möglichkeit, schnell und kostengünstig einen Vollstreckungstitel in Form eines Vollstreckungsbescheides (§ 794 I Nr.4) zu erlangen, vorausgesetzt der Schuldner setzt sich nicht zur Wehr (vgl. § 696 I).

Zur Erreichung dieses Zieles bestehen **ggü. dem Klageverfahren** folgende **Abweichungen**:

- Es findet ausschließlich ein schriftliches Verfahren statt.
- Ausschließlich (sachlich und örtlich) zuständig ist das AG bei dem der Antragsteller seinen allgemeinen Gerichtsstand hat (§ 689 II S.1). Die meisten Bundesländer haben allerdings mittlerweile sog. zentrale Mahngerichte eingerichtet (vgl. § 689 III). Hat der Antragsteller keinen allgemeinen Gerichtsstand im Inland, so ist das AG ~~Schöneberg~~ in Berlin ausschließlich zuständig (§ 689 II S.2).   *Wedding*
- Es kann nur die Durchsetzung von Zahlungsansprüchen begehrt werden (Beachte die Einschränkungen des § 688 II).
- Eine Begründung ist nicht von Nöten. Dementsprechend findet auch "keine" Schlüssigkeitsprüfung statt (vgl. § 692 I Nr.2).
- Es fällt nur eine halbe Gerichtsgebühr an, jedoch mindestens 23 € (Nr. 1100 der Anlage 1 zum GKG).
- Unabhängig vom Streitwert besteht kein Anwaltszwang.

Der Verfahrensablauf lässt sich in zwei Abschnitte einteilen:

I. Die Erlangung des Mahnbescheides (1. Abschnitt)

1. Das Mahnverfahren wird durch einen entsprechenden Antrag des Antragstellers eingeleitet (vgl. §§ 688 I, 690). Der **Mahnantrag** muss folgende Angaben enthalten:

- die Bezeichnung der Parteien, ihrer gesetzlichen Vertreter und des Prozessbevollmächtigten (§ 690 I Nr.1).

- die Bezeichnung des Gerichts, bei dem der Antrag gestellt wird (§ 690 I Nr.2). **Merke:** Das AG, bei dem der Antragsteller seinen allgemeinen Gerichtsstand hat, ist ausschließlich (sachlich und örtlich) zuständig (§ 689 II). Funktionell zuständig ist der Rechtspfleger (§ 20 Nr.1 RpflG). Die Zuständigkeit des Arbeitsgerichts bei arbeitsgerichtlichen Streitigkeiten bleibt unberührt (§ 2 ArbGG).

- die Bezeichnung des genau individualisierten Geldanspruchs (§ 690 I Nr.3). Grund: Das Mahnverfahren ist unstatthaft für Ansprüche des Kreditgebers, wenn der nach § 492 I Nr.5, II BGB (= früher VerbrKrG) anzugebende ... effektive Jahreszins den bei Vertragsschluss geltenden Basiszinssatz 12 % übersteigt (§ 688 II Nr.1).

- den Nachweis, dass der Anspruch nicht von einer Gegenleistung abhängt oder die Gegenleistung erbracht ist (§ 690 I Nr.4). Grund: Nach § 688 II Nr.2 ist das Mahnverfahren unstatthaft, wenn der Anspruch von einer noch nicht erbrachten Gegenleistung abhängig ist.

- die Bezeichnung des Gerichts, das für ein streitiges Verfahren im Falle der Widerspruchseinlegung zuständig ist (§ 690 I Nr.5).

- handschriftliche Unterzeichnung (§ 690 II). Ausnahme: § 690 III.

  Anmerkung: Für den Antrag werden i.d.R. Vordrucke verwendet (§ 703c), die bei den AGen und in jedem Schreibwarengeschäft erhältlich sind.

2. Der Rechtspfleger prüft nach Eingang des Mahnantrags von Amts wegen, ob

- die **allgemeinen Zulässigkeitsvoraussetzungen** vorliegen. **Beachte:** Auch im Mahnverfahren "soll" der Gerichtskostenvorschuss vor Zustellung gezahlt werden (§ 12 III S.1, 2 GKG!). Es besteht kein Anwaltszwang. Da der Mahnantrag aber Prozesshandlung ist, müssen die übrigen Prozesshandlungsvoraussetzungen vorliegen. Ausschließliche Zuständigkeit (§ 689 II!).

- die **besonderen Zulässigkeitsvoraussetzungen** des Mahnverfahrens erfüllt sind, insb. ob der Antrag den Anforderungen des § 690 genügt, der Geldanspruch in € beziffert ist und kein Ausschlussgrund i.S.v. § 688 II vorliegt.

  Merken Sie: Es findet keine Schlüssigkeitsprüfung statt (§ 692 I Nr.2). Werden aber evident unbegründete oder undurchsetzbare Ansprüche durch Mahnbescheid geltend gemacht (z.B. Naturobligationen oder Zinseszinsen, § 289 BGB) soll eine Zurückweisung erfolgen. Grund: Das Mahnverfahren soll nicht der Durchsetzung rechtlich nicht zu begründender Forderungen dienen (vgl. Kammler JuS 89, 116 117: Verstoß gegen rechtsstaatliche Grundsätze!).

3. Liegen die Zulässigkeitsvoraussetzungen vor, so wird der **Mahnbescheid mit dem in § 692 festgelegten Inhalt erlassen** und dem Antragsgegner zugestellt (§ 693 I).

Wirkungen: Durch die Zustellung wird die Verjährung gehemmt (§ 204 I Nr.3 BGB). Die Verjährungshemmung wird ausnahmsweise auf den Ztpkt. der Einreichung des Antrags vordatiert, wenn die Zustellung "demnächst" erfolgt (§ 167; zum Begriff "demnächst" s. 9. Kap. I 1).

Bei Unzulässigkeit des Mahnverfahrens **wird der Antrag** nach vorheriger Anhörung des Antragstellers **zurückgewiesen (§ 691 I).**

  Beachten Sie: Bei Klage nach Zurückweisung des Mahnantrags tritt die Verjährungshemmung (bzw. Fristwahrung) rückwirkend mit Einreichung des Mahnantrags ein, wenn innerhalb eines Monats seit der Zustellung der Zurückweisung des Antrags Klage eingereicht und diese "demnächst" zugestellt wird (§ 691 II).

II. Die Erlangung des Vollstreckungsbescheides (2. Abschnitt)

Unter folgenden **Voraussetzungen** erlässt der Rechtspfleger einen Vollstreckungsbescheid (VB), aus dem der Gläubiger die Zwangsvollstreckung betreiben kann (§ 794 I Nr.4):

- Antrag des Gläubigers (§§ 699 I, 703c).

- innerhalb der sechs Monatsfrist des § 701, aber nicht vor Ablauf der Widerspruchsfrist (§ 699 I S.2 1.HS.).

- Der Schuldner darf keinen Widerspruch gegen den Mahnbescheid erhoben haben. **Ausnahme:** Er hat zwar Widerspruch eingelegt, diesen aber wieder zurückgenommen.

- Wirksamkeit und Zustellung des Mahnbescheids: Der Rechtspfleger hat erneut die Zulässigkeit des Mahnverfahrens zu prüfen (BGH NJW 90, 1119).

Rechtsfolge: Der VB wird dem Antragsgegner von Amts wegen zugestellt, wenn nicht der Antragsteller die Übermittlung an sich zur Zustellung im Parteibetrieb beantragt hat (§ 699 IV S.1). Ein unzulässiger Antrag wird vom Rechtspfleger durch Beschluss zurückgewiesen.

§ 699 II ZPO!

III. Rechtsbehelfe des Antragsgegners

Der Antragsgegner kann sich gegen den Mahnbescheid mit dem Widerspruch (§§ 694-698) zur Wehr setzen oder aber auch einen Mahnbescheid gegen sich ergehen lassen und erst gegen den VB mit dem Einspruch (§§ 700, 338 ff.) vorgehen.

1. Der Widerspruch

Der Widerspruch ist der einzige Rechtsbehelf gegen den Mahnbescheid.

a) Voraussetzungen

Er kann schriftlich (§ 694 I) oder mündlich vor dem Urkundsbeamten der Geschäftsstelle (§§ 702 I, 129a) innerhalb der zweiwöchigen Widerspruchsfrist (§ 692 I Nr.3) ohne Angabe von Gründen erklärt werden. Die Widerspruchsfrist ist jedoch keine Ausschlussfrist, vielmehr ist die Widerspruchseinlegung solange möglich, bis der VB "verfügt" ist (§ 694 I), d.h. das Gericht verlässt, um den Beteiligten bekannt zu werden (BGH NJW 82, 888 889). Ein verspäteter Widerspruch gilt als Einspruch gegen den VB (§ 694 II). Bis zum Beginn der mündlichen Verhandlung kann der Widerspruch zurückgenommen werden (§ 697 IV).

In der Praxis werden auch für den Widerspruch Vordrucke verwendet.

b) Wirkungen und das weitere Verfahren

- Der zulässige Widerspruch verhindert den VB (§ 699 I) und bewirkt den Übergang ins streitige Verfahren, sofern einer der Beteiligten dies beantragt hat (§ 696 I S.1); andernfalls gerät das Verfahren in Stillstand (§ 204 II BGB). Der Antragsteller kann einen Antrag auf Durchführung des streitigen Verfahrens bereits im Mahnantrag stellen (§ 696 I S.2), der Antragsgegner im Widerspruch.

- Das Gericht gibt das Verfahren dann an das im Mahnantrag gem. § 690 I Nr.5 bezeichnete Gericht ab (§ 696 I S.1), vorausgesetzt der Antragsteller hat nach § 12 III S.3 GKG die restlichen 2 ½ Gebühren eingezahlt. Die Beteiligten können auch übereinstimmend die Abgabe an ein anderes Gericht verlangen (§ 696 I S.1, letzt. HS.). Beachte: Eine Verweisung gem. § 281 bleibt möglich (§ 696 V). Mit Eingang der Akten beim Prozessgericht wird die Sache dort anhängig (§ 696 I S.4). Rechtshängigkeit tritt rückwirkend mit Zustellung des Mahnbescheids ein, falls die Abgabe "alsbald" nach Widerspruchserhebung erfolgt (§ 696 III); andernfalls bleibt es bei den §§ 261 I, 253 I.

- Das Gericht, an das die Streitsache abgegeben wurde, fordert den Antragsteller dazu auf, seinen Anspruch binnen zwei Wochen in Form einer Klageschrift zu begründen (§ 697 I). Nach (rechtzeitiger!) Anspruchsbegründung ist wie nach Eingang einer Klageschrift "normal" weiter zu verfahren (§ 697 II); bei verspäteter Anspruchsbegründung hingegen nur, wenn der Gegner dies beantragt (§ 697 III S.1). Aus Antragsteller und Antragsgegner werden jetzt Kläger und Beklagter; das Mahnverfahren endet.

2. Der Einspruch

Der Einspruch ist der richtige Rechtsbehelf, wenn der Antragsgegner sich erst gegen den VB zur Wehr setzt (§§ 700, 338 ff.; ein verspäteter Widerspruch gilt als Einspruch, § 694 II).

Beachten Sie: Trotz Übergang ins streitige Verfahren (§ 700 III) ist es ein gewagtes Spiel des Antragsgegners, sich erst auf dieser Ebene zu rühren, da der VB ein vorläufig vollstreckbarer Titel ist (§ 794 I Nr.4), aus dem sogar ohne Sicherheitsleistung die Zwangsvollstreckung betrieben werden kann (§§ 700 I, 708 Nr.2).

a) Voraussetzungen

Es muss binnen zwei Wochen (§§ 700 I, 339) in Form des § 340 I oder mündlich vor der Geschäftsstelle Widerspruch erhoben werden (§§ 702 I, 129a).

b) Wirkungen

Die rechtzeitige Einspruchseinlegung hemmt zwar die formelle Rechtskraft des VBs (§ 705 S.2) aber nicht dessen Vollstreckbarkeit. Der Schuldner kann jedoch Einstellung der Zwangsvollstreckung beantragen (§§ 719, 707).

Keine bzw. nicht rechtzeitige Einspruchseinlegung: Da der VB einem für vorläufig erklärtem VU gleichsteht (§ 700 I), erwächst er nach ganz ü.A. sowohl in formelle (§ 705) als auch in materielle (§ 322 I) Rechtskraft (BGH 101, 380 382). Dagegen wird zum Teil vorgebracht, dass es beim VB anders als beim VU mangels Schlüssigkeitsprüfung an einer gerichtlichen Entscheidung fehle, die der materiellen Rechtskraft fähig wäre (Grün NJW 90, 2865 f.). Diese Ansicht steht aber im klaren Widerspruch zum Gesetz (vgl. § 796 II). Der § 796 II lässt sich auch nicht teleologisch reduzieren; dies kommt vielmehr einer Streichung gleich.

c) Das weitere Verfahren nach Einspruchseinlegung

Im Unterschied zum Widerspruch prüft der Rechtspfleger nicht die Zulässigkeit des Einspruchs, sondern gibt die Sache (ohne Antrag!) an das Prozessgericht ab (§ 700 III), wo nach den gleichen Grundsätzen, die für den Einspruch gegen ein VU gelten entschieden und damit ebenfalls der Übergang ins Urteilsverfahren ermöglicht wird (Der Unterschied zwischen Widerspruch und Einspruch ist eine beliebte Frage in der mündlichen Prüfung!).

18. Kapitel
Die Rechtskraft

Die Rechtskraft dient dem Rechtsfrieden und der Rechtssicherheit (Irgendwann muss Schluss sein!). Zu unterscheiden ist die formelle von der materiellen Rechtskraft (vgl. auch Schaubild Nr.4 im Anhang).

A. Formelle Rechtskraft

Formell rechtskräftig sind gerichtliche Entscheidungen (Urteile oder Beschlüsse), die nicht mit Rechtsmitteln und dem Einspruch angefochten werden können (§ 705). Das ist der Fall, wenn

- die Rechtsmittel- (bzw. Einspruchs-) Frist ungenutzt verstrichen ist (§§ 517, 548, 569 I, 339 I).
- beide Parteien einen Rechtsmittelverzicht erklärt haben (§§ 515, 565) oder eine Partei auf den Einspruch verzichtet hat (§ 346). Beachte: Ein außergerichtlicher Verzicht genügt nicht.
- die Entscheidung überhaupt keinem Rechtsmittel unterliegt (z.B. Revisionsurteile des BGH oder OLG-Urteile im einsweiligen Rechtsschutz gem. § 542 II).
- ein zwar statthaftes aber unzulässiges Rechtsmittel verworfen worden ist (z.B. Berufung, obwohl keine Beschwer vorliegt).

Der Eintritt der formellen Rechtskraft hat zur Folge, dass die Entscheidung Gestaltungswirkung entfaltet (z.B. ist nach § 1564 BGB die Ehe mit Rechtskraft des Urteils geschieden), endgültig (ohne Sicherheitsleistung!) vollstreckbar ist (vgl. § 704 I), materiell rechtskräftig wird und die dreißigjährige Verjährungsfrist zu laufen beginnt (§ 197 I Nr.3 BGB).

B. Materielle Rechtskraft

Die materielle Rechtskraft besagt, dass die Parteien die formell rechtskräftige Entscheidung im Verhältnis zueinander nicht mehr in Frage stellen dürfen. Daraus folgt

- für die **Zulässigkeitsprüfung:** Eine erneute Klage ist wegen **entgegenstehender Rechtskraft** als unzulässig durch Prozessurteil abzuweisen, wenn über den durch Klage oder Widerklage "erhobenen Anspruch" (= Streitgegenstand!) bereits entschieden ist (§ 322 I; sog. "ne bis in idem" Lehre: "negative" **Sachurteilsvoraussetzung**; h.M. vgl. BGH NJW 95, 2993; zu den Rechtskrafttheorien s. ausführlich R/S/G § 151). Hierfür spricht auch ein "erst-recht-Schluss" aus § 261 III Nr.1: Wenn schon nicht bei anderweitiger Rechtshängigkeit erneut geklagt werden darf, dann erst recht nicht bei Rechtskraft.

    Ausnahme: Es besteht ein besonderes Interesse für eine inhaltsgleiche Entscheidung (z.B. bei Verlust des Titels).

- für die **Begründetheitsprüfung: Die rechtskräftige Entscheidung ist in einem neuen Prozess über einen anderen Streitgegenstand bindend,** so weit sie für diesen präjudiziell ist (BGH NJW 95, 2993). M.a.W.: Das Gericht ist an die rechtskräftig festgestellten Rechtsfolgen des früheren (von einem anderen Gericht entschiedenen) Prozesses gebunden (Für eigene Entscheidungen ergibt sich dies bereits aus § 318).

> *Bsp.: Wenn in einem Feststellungsurteil rechtskräftig festgestellt wurde, dass K Eigentümer ist und er nunmehr in einem neuen Prozess B auf Nutzungsersatz gem. § 987 BGB in Anspruch nimmt, darf das Gericht die Klage nicht mit der Begründung abweisen, K sei nicht Eigentümer.*

I. Die objektiven Grenzen der materiellen Rechtskraft

Die objektiven Grenzen der materiellen Rechtskraft geben den sachlichen Umfang der Rechtskraft an. **Grds. erwächst** nur die Entscheidung über den Streitgegenstand (§ 322 I; zum Streitgegenstandsbegriff vgl. 8. Kap.) **in materielle Rechtskraft, also nur der Tenor** (§ 313 I Nr.4). Rechtskraftfähig sind daher nicht die dem Urteilstatbestand (§ 313 I Nr.5) und den Entscheidungsgründen (§ 313 I Nr.6) zu Grunde liegenden

- Tatsachenfeststellungen
- präjudiziellen Rechtsverhältnisse (Ausnahme: Zwischenfeststellungsklage, § 256 II!)
- Anspruchsgrundlagen
- Einreden und Einwendungen (Ausnahme: Aufrechnung, § 322 II!)

> *Bsp.: Wenn E aus § 985 BGB auf Herausgabe klagt und obsiegt, ist damit nicht rechtskräftig festgestellt worden, dass er Eigentümer ist. Eine spätere auf § 989 BGB oder § 823 BGB gestützte S.E.-Klage könnte daher mit der Begründung abgewiesen werden, E sei nicht Eigentümer. Um dies zu umgehen, kann E bereits im Herausgabeprozess Zwischenfeststellungsklage erheben (§ 256 II). Die Rechtskraft erstreckt sich dann auf das präjudizielle Rechtsverhältnis (vgl. 12. Kap. IV).*

> *Weiteres Bsp.: Wird die Kaufpreisklage des K wegen wirksamer Anfechtung abgewiesen und klagt K deshalb auf S.E. aus § 122 BGB, so kann diese Klage mit der Begründung abgewiesen werden, die Anfechtung sei nicht wirksam.*

> **Beachten Sie aber:** Lässt sich dem Tenor nicht entnehmen, über welchen Streitgegenstand entschieden worden ist (z.B. bei Klageabweisung), so müssen Tatbestand und Entscheidungsgründe zur Bestimmung herangezogen werden (BGH NJW 95, 1757 f.; 99, 288).

1. Teilklage

Bei einer Teilklage wird nur über den vom Kläger geltend gemachten Teil des Anspruchs entschieden (§ 308 I!). Daher ergreift die materielle Rechtskraft auch nur diesen Teil. Das gilt selbst dann, wenn nicht erkennbar war, dass nur ein Teilbetrag einer Gesamtforderung eingeklagt worden ist (sog. verdeckte Teilklage; BGH NJW 97, 3019 3020; 02, 2167; a.A. Jauernig JZ 97, 1127 f.).

2. "Kontradiktorisches" Gegenteil

Vom "kontradiktorischen" Gegenteil spricht man, wenn das neue Klagebegehren das genaue unvereinbare Gegenteil der Erstentscheidung ist.

> *Bsp.: K klagt gegen B auf Feststellung seines Eigentums und obsiegt. Nach Eintritt der (formellen) Rechtskraft klagt B seinerseits auf Feststellung, dass er und nicht K Eigentümer sei.*
>
> *Genau betrachtet liegt eine Identität der Streitgegenstände auf Grund der unterschiedlichen Anträge beider Prozesse nicht vor. Jedoch ist eine Ausdehnung der (materiellen) Rechtskraft in derartigen Fällen der Unvereinbarkeit nach dem Normzweck des § 322 I geboten und die zweite Klage wegen entgegenstehender Rechtskraft als unzulässig abzuweisen; andernfalls müsste das Gericht u.U. eine abweichende Entscheidung vom rechtskräftigen Ersturteil treffen (BGH NJW-RR 96, 826 827).*

> **Beachten Sie aber:** Wird die Klage des K im Ausgangsbeispiel abgewiesen, steht damit nur fest, dass er nicht Eigentümer ist, nicht aber die Eigentumslage insgesamt. Es könnte statt B ja auch ein Dritter Eigentümer sein. B kann daher auf Feststellung klagen.

Weitere Fälle der Rechtskraftausdehnung sind die Interventionswirkung (§ 68; vgl. 6. Kap. I 4) und die Zwischenfeststellungsklage (§ 256 II; vgl. 12. Kap. IV).

II. Die zeitlichen Grenzen der materiellen Rechtskraft

Die zeitlichen Grenzen der materiellen Rechtskraft werden (grds.) durch den Schluss der letzten mündlichen Tatsachenverhandlung gezogen. Es finden nur diejenigen Tatsachen Berücksichtigung, die spätestens zu diesem Zeitpunkt von den Parteien vorgetragen worden sind (§ 296a).

> Dementsprechend können im Rahmen der Vollstreckungsgegenklage gem. § 767 II auch nur "neue" Einwendungen geltend gemacht werden (s. ausführlich ZPO II 11. Kap. A III 2).

> **Merken Sie:** An Stelle der letzten mündlichen Tatsachenverhandlung tritt bei Versäumnisurteilen und Vollstreckungsbescheiden das Ende der Einspruchsfrist (§ 796 II!).

III. Die subjektiven Grenzen der materiellen Rechtskraft

Die subjektiven Grenzen der materiellen Rechtskraft stellen klar, für welche Personen die objektiv rechtskräftige Entscheidung maßgebend ist. **Grds. bindet die Entscheidung nur die Parteien**; wirkt also lediglich "inter partes" (§ 325 I 1.Alt.). Am Verfahren Unbeteiligte sind also nicht betroffen. Eine gegenteilige Regelung wäre auch nicht mit dem Grundsatz des rechtlichen Gehörs vereinbar (Art. 103 I GG!). Es gibt jedoch zahlreiche **Ausnahmen**, die die Wirkungen der Rechtskraft auf unbeteiligte Dritte ausdehnen. Hauptfälle:

- auf den Rechtsnachfolger nach Rechtshängigkeit (§ 325 I 2.Alt., II; unten 1.)
- auf den Nacherben (§ 326, unten 2.)
- auf den Rechtsinhaber bei Prozessstandschaft (unten 3.)
- auf alle (unten 4.)
- nach § 3 Nr.8 PflVG
- auf Grund akzessorischer Haftung (unten 5.)
- auf den Rechtsnachfolger vor Rechtshängigkeit (§ 407 II BGB, unten 6.)

1. Rechtskrafterstreckung auf den Rechtsnachfolger nach RH (§ 325 I 2. Alt., II).

Ein rechtskräftiges Urteil wirkt für und gegen die Rechtsnachfolger der Parteien, wenn die Rechtsnachfolge in den streitbefangenen Gegenstand nach Rechtshängigkeit eintrat (§ 325 I 2.Alt.) und kein gutgläubiger rechtskraftfreier Erwerb vorliegt (§ 325 II):

a) Rechtsnachfolge i.d.S. ist weit zu verstehen; erfasst wird daher nicht nur der Übergang des Vollrechts (Eigentums- bzw. Forderungserwerb) durch Einzel- oder Gesamtrechtsnachfolge, sondern auch die Übertragung minderer Rechtsstellungen (z.B. Pfandrecht, Hypothek, Nießbrauch oder Besitz. § 325 I stellt dies für den mittelbaren Besitz lediglich klar).

b) in den streitbefangenen Gegenstand (oder in den geltend gemachten Anspruch). Streitbefangen ist ein Gegenstand nur dann, wenn auf der rechtlichen Beziehung zu ihm die Aktiv- oder Passivlegitimation einer Partei beruht (Bsp.: §§ 861, 894, 985, 1004, 1007 BGB; vgl. Thomas/Putzo § 265 Rn. 3 f. mwN). Wird hingegen (nur) ein Lieferungsanspruch erhoben (z.B. aus Kauf), dann ist nicht die Sache selbst, sondern der Lieferungsanspruch streitbefangen, denn trotz Verlusts der Sache bleibt ja die Sachlegitimation erhalten.

> *Bsp.: K hat gegen V einen rechtskräftigen Anspruch aus § 433 I S.1 BGB auf Übereignung einer bestimmten Sache. Bereits während des Prozesses hatte V den Kaufgegenstand an den bösgläubigen X übereignet. Rechtskrafterstreckung auf X? Nein, denn nicht der Kaufgegenstand, sondern der Lieferungsanspruch aus dem Kaufvertrag war streitbefangen.*

c) nach Rechtshängigkeit, also nach Klagezustellung (§§ 261 I, 253 I), aber auch noch nach Rechtskraft (Beachte für eine eventuelle Rechtskraftausdehnung vor Rechtshängigkeit die §§ 407 II, 408, 413 BGB, § 372 II HGB).

d) Kein gutgläubiger rechtskraftfreier Erwerb (§ 325 II). Nach § 325 II gelten die Vorschriften des BGB zu Gunsten derjenigen, die Rechte von einem Nichtberechtigten herleiten entsprechend, d.h. die Rechtskraft wirkt nicht zu Lasten des gutgläubigen Rechtsnachfolger (zu seinen Gunsten wirkt sie stets; Zöller § 325 Rn. 44). § 325 II kann einer Rechtskraftausdehnung auf den Rechtsnachfolger der unterlegenen Partei allerdings nur dann entgegenstehen, wenn im materiellen Recht für den in Betracht kommenden Erwerbstatbestand Gutglaubensvorschriften existieren (wie z.B. die §§ 892, 893, 932 ff., 1138, 1207 BGB, § 366 HGB). Fehlen derartige Vorschriften (wie z.B. beim Forderungserwerb - Ausnahme: § 405 BGB - oder beim Erbgang), so findet § 325 II keine Anwendung (Schellhammer Rn. 870).

Einigkeit besteht darin, dass die jeweils anzuwendende Gutglaubensvorschrift dafür maßgebend ist, ob grob fahrlässige Unkenntnis (wie z.B. bei § 932 BGB) oder positive Kenntnis (wie z.B. bei § 892 BGB) bösgläubig macht. Der Bezugspunkt des guten

Glaubens wird jedoch unterschiedlich beurteilt. Während die h.M. der Auffassung ist, der gute Glaube des Rechtsnachfolgers müsse sich sowohl auf die materielle Berechtigung des Rechtsvorgängers als auch auf die fehlende Rechtshängigkeit beziehen ("doppelte Gutgläubigkeit" - beachte aber § 325 III!), stellt die Gegenansicht lediglich auf die fehlende Rechtshängigkeit als Bezugspunkt des guten Glaubens ab (s. ausführlich Olshausen JZ 88, 584 585 ff. mwN). Für die h.m. spricht, dass derjenige, der mangels Gutgläubigkeit (hinsichtlich der materiellen Berechtigung) nicht erwerben kann, auch nicht schutzwürdig ist.

> Darüberhinaus ist umstritten, ob § 325 II auch anwendbar ist, wenn der Rechtsnachfolger zwar von dem materiell Berechtigten erworben hat, das Gericht aber ein materiell falsches Urteil fällt (Zöller § 325 Rn. 44 mwN). Zum Teil wird dies befürwortet. Da aber keine Nichtberechtigung existiere, soll die fehlende Rechtshängigkeit alleiniger Bezugspunkt der Gutgläubigkeit sein (Thomas/Putzo § 325 Rn. 8). Die ü.A. lehnt eine Anwendung des § 325 II beim Erwerb vom Berechtigten hingegen gänzlich ab (MüKo § 325 Rn. 88; St/Jo § 325 Rn. 38). Dieses Ergebnis ist konsequent, wenn man "doppelte Gutgläubigkeit" verlangt.

2. Rechtskrafterstreckung auf den Nacherben (§ 326).

Da der Nacherbe Rechtsnachfolger des Erblassers und nicht des Vorerben ist (vgl. §§ 2100, 2139 BGB), ist die Vorschrift des § 326 in Ergänzung zu § 325 erforderlich.

3. Rechtskrafterstreckung auf den Rechtsinhaber bei Prozessstandschaft

a) So weit sog. **Parteien kraft Amtes** (vgl. 5. Kap. V 2a) einen Rechtsstreit über ein fremdes Recht führen, wirkt das rechtskräftige Urteil auch für und gegen den Rechtsinhaber (vgl. 5. Kap. V 2c). § 327 regelt dies ausdrücklich für den Testamentsvollstrecker, gilt aber entsprechend in den übrigen Fällen.

b) Die Rechtshängigkeit schließt grds. nicht das Recht der Parteien aus, den **streitbefangenen Gegenstand** (oder geltend gemachten Anspruch) zu **veräußern** (§ 265 I). Da die Veräußerung jedoch den Verlust der Sachlegitimation nach sich zieht, ist der Prozess in gesetzlicher Prozessstandschaft fortzuführen (**§ 265 II S.1**; vgl. 5. Kap. V 2). Die Rechtskraftwirkungen erstrecken sich dann unter den Voraussetzungen des § 325 I 2.Alt., II auf den Rechtsnachfolger.

> **Merke:** Der Wortlaut des § 265 ("Veräußerung" oder "Abtretung") ist zu eng, es wird jede Rechtsnachfolge i.S.d. § 325 erfasst (vgl. Schellhammer Rn. 1213 f. m.w.N.).

Es muss danach unterschieden werden, ob Rechtsnachfolge auf Seiten des Klägers (1) oder auf Seiten des Beklagten (2) eingetreten ist:

(1) Bei **Rechtsnachfolge auf Klägerseite** verliert der Kläger auf Einwand des Beklagten die Prozessführungsbefugnis, wenn sich die Rechtskraft des Urteils nicht gem. § 325 I 2.Alt., II auf den Rechtsnachfolger erstreckt (§ 265 III). Grund: Es soll eine doppelte Inanspruchnahme verhindert werden; mangels Rechtskrafterstreckung bleibt der Beklagte ja der Gefahr einer Klage durch den Rechtsnachfolger ausgesetzt.

Überwiegend wird vertreten, dass in den Fällen des § 265 III mangels Sachbefugnis ein abweisendes Sachurteil zu ergehen hat (Thomas/Putzo § 265 Rn. 19). Konsequenterweise müsste mangels Prozessführungsbefugnis bereits ein Prozessurteil ergehen (Merle JA 83, 626 632), sofern der Kläger den Rechtsstreit nicht für erledigt erklärt hat oder sich vom Rechtsnachfolger zur Prozessführung in gewillkürter Prozessstandschaft hat ermächtigen lassen.

Bei Rechtskrafterstreckung auf den Rechtsnachfolger führt der Kläger den Prozess in gesetzlicher Prozessstandschaft fort (§ 265 II S.1!). Entgegen dem Wortlaut des § 265 II S.1 muss er allerdings seinen Klageantrag auf Leistung an den Rechtsnachfolger umstellen (sog. **Relevanztheorie**), um einer Klageabweisung durch Sachurteil zu entgehen (a.A. R/S/G § 102 IV 2). Für die Relevanztheorie spricht, dass es nicht Sinn und Zweck des § 265 II S.1 sein kann materiell falsche Entscheidungen herbeizuführen.

> **Beachten Sie:** Der Rechtsnachfolger kann den Prozess nur mit Zustimmung des Gegners übernehmen (§ 265 II S.2; BGH NJW 96, 2799 mwN) oder aber als einfacher Streithelfer unterstützend wirken (§ 265 II S.3).

(2) Tritt **Rechtsnachfolge auf Beklagtenseite** ein, gilt die Relevanztheorie (natürlich) nicht, da man einen am Verfahren nicht Beteiligten nicht verurteilen kann. Der Kläger hat die Wahl entweder

- den Rechtsstreit in der Hauptsache für erledigt zu erklären (14. Kap. IV),
- einen gewillkürten Parteiwechsel zu vollziehen (10. Kap. III 2),
- seinen Antrag auf Ersatzansprüche (wie z.B. §§ 285 I, 816 I, 823 I BGB) nach § 264 Nr.3 umzustellen (10. Kap. I 2b) oder
- seinen ursprünglichen Antrag aufrechtzuerhalten, was allerdings nur ratsam ist, wenn sich die Rechtskraft des Urteils auf den Rechtsnachfolger erstreckt (§ 325 I 2.Alt., II).

c) Bei **Prozessführung einzelner Mitgläubiger, Miteigentümer oder eines Miterben** (vgl. 5. Kap. V 2a) wird die Rechtskraft nur dann auf die anderen (Mit-) Berechtigten ausgedehnt, wenn sie der Klage zugestimmt haben (BGH NJW 85, 2825: für Miteigentümer).

d) Bei der **gewillkürten Prozessstandschaft** (vgl. 5. Kap. V 2b) erstreckt sich die Rechtskraft ebenfalls auf den Rechtsinhaber; andernfalls könnte dieser den Prozessstandschafter "vorschicken", um später selbst noch einmal klagen zu können. Eine Ausnahme gilt lediglich bei unzulässiger gewillkürter Prozessstandschaft: Übersieht das Gericht diesen Mangel in der Prozessführungsbefugnis und weist die Klage dementsprechend nicht als unzulässig ab, wirkt das (Sach-) Urteil lediglich zwischen den Parteien (Jauernig § 22 V).

4. Rechtskrafterstreckung auf alle ("inter omnes")

In bestimmten gesetzlich angeordneten Fällen wirkt die Rechtskraft für und gegen alle (z.B. § 856 IV, § 184 II FamFG, §§ 248 I S.1, 252 AktG, § 75 II GmbHG). Hiervon zu unterscheiden ist die "inter omnes" -Wirkung von Gestaltungsurteilen.

5. Rechtskrafterstreckung auf Grund akzessorischer Haftung

Wird die Klage des Gläubigers gegen den Hauptschuldner abgewiesen, so gehört auch die Einrede der entgegenstehenden Rechtskraft zu den Einreden des Hauptschuldners, die der Bürge (§ 768 I S.1 BGB), der nicht persönlich schuldende Eigentümer (§ 1137 I S.1 BGB) sowie der Verpfänder (§ 1211 I S.1 BGB) im Falle einer zweiten Klage geltend machen kann (BGH NJW 70, 279: für Bürgen). Bei einer stattgebenden (ersten) Klage liegt jedoch mangels entsprechender gesetzlicher Regelungen keine Rechtskrafterstreckung vor (BGH 107, 92 96: für Bürgen), d.h. der Gläubiger muss den sekundär Haftenden verklagen.

6. Rechtskrafterstreckung auf den Rechtsnachfolger vor RH (§ 407 II BGB).

§ 407 II BGB dient allein dem Schuldnerschutz und führt dementsprechend nur zu seinen Gunsten zu einer Rechtskraftausdehnung auf den neuen Gläubiger vor Rechtshängigkeit (BGH 52, 150 152), vorausgesetzt er hatte keine Kenntnis von dem Forderungsübergang im Ztpkt. der Klageerhebung (Beachte in diesem Zusammenhang auch § 408 BGB und § 372 II HGB).

C. Durchbrechung der Rechtskraft

Eine Durchbrechung der Rechtskraft ist ausnahmsweise möglich durch

* Wiedereinsetzung in den vorigen Stand (§ 233)
* Abänderungsklage (§ 323, § 238 FamFG)
  Wichtig für Unterhaltsurteile!
* Nichtigkeits- und Restitutionsklage (§§ 579, 580; instruktiv Jauernig § 76)
* Verfassungsbeschwerde (§§ 90 ff. BVerfGG)
* und mittels einer auf § 826 BGB gestützten Klage,

wenn es mit dem Gerechtigkeitsempfinden schlechthin unvereinbar wäre, dass der Titelgläubiger seine formelle Position unter Missachtung der materiellen Rechtslage zu Lasten des Titelschuldners ausnutzt (gefestigte Rspr.: BGH NJW 83, 2317; 88, 972; 89,

1286; 91, 30, 1884; 93, 1719, 3205; 94, 592; 96, 49, 658; 98, 2818; 03, 2389; BVerfG NJW-RR 93, 232 f. mwN). Voraussetzungen für eine Rechtskraftdurchbrechung gem. § 826 BGB:

1. **Materielle Unrichtigkeit des Titels**, d.h. der für vollstreckbar erklärte Anspruch darf nicht oder nicht in dem tituliertem Umfang bestehen.

Bsp.: Vollstreckungsbescheid bei Partnervermittlungsvertrag oder wucherischem Darlehen (beachte aber § 688 II Nr.1!).

2. **Kenntnis** des Titelgläubigers von der **Unrichtigkeit des Titels**. Ausreichend ist, wenn ihm diese Kenntnis durch das zur Entscheidung über den Anspruch aus § 826 BGB berufene Gericht vermittelt wird.

3. Es müssen **besondere die die Sittenwidrigkeit begründende Umstände** hinzutreten, auf Grund derer dem Gläubiger zugemutet werden kann, die ihm unverdient zugefallene Rechtsposition aufzugeben.

Bsp.: Der Gläubiger hat den Schuldner durch Täuschung oder Zwang dazu veranlasst nicht Widerspruch oder Einspruch einzulegen.

Bsp.: Allein die Wahl des Mahnverfahrens begründet einen solchen Umstand, wenn der Gläubiger hätte erkennen können, dass sein Begehren im "normalen" Klageverfahren an der Schlüssigkeitsprüfung scheitern würde (BGH 101, 380 387). Grund: Das Mahnverfahren soll nicht dazu missbraucht werden, rechtlich nicht zu begründende Forderungen durchzusetzen.

Bsp.: Der Kläger obsiegt auf Grund von Beweismanipulationen. Als dies aufgedeckt wird, ist die Fünfjahresfrist des § 586 II S.2 bereits verstrichen und eine Wiederaufnahme somit nicht möglich.

4. **Analog § 582** ist die Durchbrechung der Rechtskraft mittels § 826 BGB ausgeschlossen, wenn der Betroffene bei sorgfältiger Prozessführung die Unrichtigkeit des Titels hätte verhindern könne (BGH NJW 96, 57 59; 98, 2818 2819). Das ungenutzte Verstreichenlassen von Fristen genügt für sich genommen nicht, denn dann würde die Rechtskraftdurchbrechung mittels § 826 BGB in dem praktisch relevanten Fall des materiell unrichtigen Vollstreckungsbescheids obsolet. Gemeint sind nur Fälle, in denen eine geschäfts- bzw. prozesskundige Person ihre eigenen Interessen grob vernachlässigt.

Bsp.: Trotz anwaltlicher Vertretung im Mahnverfahren ergeht ein Vollstreckungsbescheid.

Rechtsfolge: Der Anspruch geht auf Unterlassung der Zwangsvollstreckung und Herausgabe des Titels. Nach bereits erfolgter Vollstreckung auf Geld.

Im Schrifttum wird eine **Rechtskraftdurchbrechung mittels § 826 BGB** zum größten Teil **abgelehnt**: Dies führe zur Rechtsunsicherheit und zu einer unzulässigen Umgehung der engen Wiederaufnahmebestimmungen, da praktisch jeder Prozess mit Hilfe des § 826 BGB wieder aufgerollt werden könnte (Baumgärtel ZZP Bd. 86, 353 361; Schellhammer Rn. 1152).

1. K nimmt B wegen eines Verkkehrsunfalls aus § 823 I BGB und § 7 StVG auf S.E. i.H.v. 5.000 € in Anspruch. Der erlittene Gesamtschaden beläuft sich allerdings auf 8.000 €. Die Klage wird mit der Begründung abgewiesen, B treffe kein Verschulden. Am 3.4.2002 wird dem K das klageabweisende Urteil zugestellt. Wann wird das Urteil formell rechtskräftig?

Nach Ablauf der Berufungsfrist (§ 517), also am 3.5.2002 um 24.00 Uhr (§ 222 I i.V.m. §§ 187 I, 188 II BGB).

2. Kann K eine zweite Klage vor diesem Ztpkt. erheben, um seinen aus § 7 StVG begründeten Anspruch durchzusetzen?

Die anderweitige Rechtshängigkeit (§ 261 III Nr.1, "negative" Sachurteilsvoraussetzung!) steht der Zulässigkeit einer neuen Klage entgegen, da sowohl nach der Theorie vom eingliedrigen Streitgegenstandsbegriff (=Antrag) als auch nach der Theorie vom zweigliedrigen Streitgegenstandsbegriff (=Antrag und Sachverhalt) identische Streitgegenstände beider Prozesse vorliegen.

3. Wie wäre es bei einer Klageerhebung nach dem 3.5.2002?

Nun stünde die Rechtskraft des (Erst-) Urteils der Zulässigkeit einer neuen Klage entgegen (vgl. § 322 I; "negative" Sachurteilsvoraussetzung!), da über den Streitgegenstand (=Zahlungsantrag bzw. Zahlungsantrag und Verkehrsunfall) bereits rechtskräftig entschieden ist.

4. Kann K etwas gegen eine materiell falsche Entscheidung des Gerichts unternehmen?

Rechtzeitig Berufung (§§ 511 ff.) einlegen.

5. Was kann K machen, wenn die Berufungsschrift auf dem Postwege verlorengeht und deshalb die Frist des § 517 versäumt wird?

K kann Wiedereinsetzung in den vorigen Stand (§ 233 ff.) beantragen (Durchbrechung der Rechtskraft!). Er muss dann jedoch glaubhaft machen (§ 294), dass er die Schrift nicht selbst verloren hat.

6. Könnte K nach Eintritt der Rechtskraft einen bisher nicht geltend gemachten Restschaden einklagen?

Nach ü.A. ist ein solches Vorgehen zulässig, da bei einer Teilklage nur über den vom Kläger geltend gemachten Teil des Anspruchs entschieden wird (§ 308 I!). Die Rechtskraft kann daher auch nur diesen Teil erfassen (str. für verdeckte Teilklage). Andere bejahen dagegen eine Rechtskrafterstreckung bei Abweisung einer Teilklage auf den bisher nicht geltend gemachten Teil: Der Kläger mache mit einer erneuten Klage das kontradiktorische Gegenteil des (Erst-) Urteils geltend (Zeiss Rn. 581).

7. K klagt gegen B auf Zahlung aus Vertrag. B macht ein Zurückbehaltungsrecht (ZBR) geltend. Das Gericht kommt jedoch zu der Überzeugung, dass dem B ein solches Recht nicht zusteht und gibt der Klage des K uneingeschränkt statt. Kann B seinen mit dem ZBR verfolgten Anspruch in einem neuen Prozess selbstständig einklagen?

Ja, da gem. § 322 I nur die Entscheidung über den StrG in materielle Rechtskraft erwächst, also nur der Tenor und gerade nicht Einreden. Das Gericht ist demnach nicht an das (Erst-) Urteil gebunden.

8. Wie wäre es, wenn B versucht hätte, in dem (Erst-) Prozess aufzurechnen?

Hier steht ausnahmsweise die materielle Rechtskraft einer neuen Klage entgegen (§ 322 II).

9. K klagt gegen B auf Herausgabe eines diesem ausgeliehenen Fahrrads. Während des Prozesses veräußert B das Rad an D, der zwar von dem anhängigen Verfahren weiß, aber glaubt B sei Eigentümer. K obsiegt in dem Prozess gegen B. Nach welcher Vorschrift könnte das gegen B ergangene Urteil auch für D maßgebend sein?

Nach § 325 I 2.Alt., II.

10. Ist das Rad im Streit befangen?

Ja, denn der schuldrechtliche (§ 604 BGB) und dingliche Herausgabeanspruch (§ 985 BGB) des K bezieht sich auf das konkrete Rad, von diesem hängt also die Aktivlegitimation des K ab.

11. Hat D gutgläubig erworben i.S.d. § 325 II?

Nein, nach ü.A. ist "doppelte" Gutgläubigkeit erforderlich, d.h. Gutgläubigkeit hinsichtlich der materiellen Berechtigung des Rechtsvorgängers und der fehlenden Rechtshängigkeit. D hatte positive Kenntnis von der Rechtshängigkeit. Selbst nach der Gegenansicht, die lediglich auf die fehlende Rechtshängigkeit als Bezugspunkt des guten Glaubens abstellt, war D bösgläubig.

12. Hätte D auch grob fahrlässige Unkenntnis von der Rechtshängigkeit geschadet?

Ja, denn die jeweils anzuwendende Gutglaubensvorschrift entscheidet darüber, ob grob fahrlässige Unkenntnis oder positive Kenntnis bösgläubig macht. Gem. § 932 II BGB ist hier grob fahrlässige Unkenntnis ausreichend.

13. Was für Auswirkungen hätte es, wenn nicht B sondern K das Fahrad (nach §§ 929 S.1, 930 BGB) während des Prozesses an D, der von dem Verfahren weiß, veräußert hätte?

Da K durch die Veräußerung seine Sachlegitimation verliert, macht er nun ein fremdes Recht im eigenen Namen in gesetzlicher Prozessstandschaft geltend (§ 265 II S.1). Entgegen der Aussage des § 265 II S.1 ist der Wechsel in der Sachlegitimation doch relevant, weil K seinen Klageantrag nach h.M. auf Leistung an D umstellen muss (Relevanztheorie); andernfalls würde er mit seiner Klage abgewiesen werden.

Fall 11 - "Süßer die Glocken nie klingen...":

Ende Januar 2007 flattert dem Tim Schlampert eine Telefonrechnung der "Lonely Hearts Telekom" AG über 12.000 € per Post ins Haus. Aus der Rechnung geht hervor, dass der Schlampert die "Telefonsex-Dienste" der "Lonely Hearts" zwischen Weihnachten und Neujahr mehrfach in Anspruch genommen haben soll. Da Schlampert sich in der Folgezeit um die Sache nicht weiter kümmert, erwirkt die "Lonely Hearts" einen Mahnbescheid und nach fruchtlosem Verstreichen der Widerspruchsfrist einen Vollstreckungsbescheid gegen ihn. Nachdem auch die Einspruchsfrist abgelaufen ist, droht die "Lonely Hearts" mit der Zwangsvollstreckung. Schlampert erkennt nun den Ernst der Lage und begibt sich zu seinem langjährigen Freund RA Dr. Schleckle. Was kann Dr. Schleckle für seinen Freund tun?

Lösungsvorschlag

A. Der herkömmliche Rechtsbehelf, um einen Vollstreckungsbescheid (VB) hinfällig zu machen, ist der **Einspruch (§ 700 I i.V.m. §§ 338 ff.)**. Da jedoch die zweiwöchige Frist des § 339 I bereits abgelaufen ist, ist diese Vorgehensweise nicht erfolgversprechend.

B. S könnte **Vollstreckungsgegenklage i.S.d. § 767** erheben.

I. Über § 795 findet § 767 auch bei VBen (§ 794 I Nr.4) Anwendung (Zur Zulässigkeit der Vollstreckungsgegenklage siehe ausführlich ZPO II 11. Kap. A II).

II. Fraglich ist aber, ob die Vollstreckungsgegenklage begründet ist. Das ist nur dann der Fall, wenn materielle Einwendungen, die nicht präkludiert sind (vgl. § 767 II), gegen den titulierten Anspruch geltend gemacht werden.

Der zwischen S und der LH AG geschlossene Vertrag könnte gesetzes- bzw. sittenwidrig und damit nach § 134 BGB oder § 138 I BGB von Anfang an nichtig sein. Aus § 767 II ergibt sich jedoch, dass rechtshindernde Einwendungen grds. ausgeschlossen (d.h. präkludiert) sind. Dementsprechend regelt die Sondervorschrift des § 796 II, dass gegen den (im VB) titulierten Anspruch gerichtete Einwendungen nur insoweit zulässig sind, als dass sie auf Gründe beruhen, die nach Zustellung des VBs entstanden sind und mittels Einspruch nicht mehr geltend gemacht werden können. Der Vertrag war aber (die Gesetzes- bzw. Sittenwidrigkeit unterstellt) von Anfang an, also bereits vor Zustellung des VBs nichtig. S wäre demnach mit diesen Einwendungen präkludiert.

Ein VB ergeht aber anders als ein Versäumnisurteil ohne Schlüssigkeitsprüfung (vgl. § 692 I Nr.2). Man könnte sich daher auf den Standpunkt stellen, dass es (mangels Schlüssigkeitsprüfung) an einer gerichtlichen Entscheidung fehle, die der materiellen Rechtskraft fähig wäre und § 796 II demnach teleologisch zu reduzieren sei.

Letztgenannte Ansicht verstößt aber eindeutig gegen die gesetzliche Wertung des § 796 II, der der Rechtssicherheit und dem Rechtsfrieden dient. Dementsprechend knüpft diese Vorschrift an die Unanfechtbarkeit und nicht an die inhaltliche Richtigkeit des VBs an. Eine teleologische Reduktion würde vielmehr einer Streichung gleichkommen. Aus § 700 I, wonach ein VB einem für vollstreckbar erklärtem Versäumnisurteil gleichsteht, ergibt sich bereits, dass der VB in materielle Rechtskraft erwächst, denn auch das Versäumnisurteil erwächst in Rechtskraft. Die Vorschriften über die Wiederaufnahme bringen dies ebenfalls zum Ausdruck. Wenn der VB nach § 584 II mit der Restitutionsklage angegriffen werden kann, muss er auch der materiellen Rechtskraft fähig sein, da die Wiederaufnahmeklagen ja gerade zur Rechtskraftdurchbrechung dienen (BGH 101, 380 382).

S wäre demnach mit den möglichen Einwendungen der §§ 134, 138 I BGB ausgeschlossen, so dass eine Prüfung der genannten Vorschriften an dieser Stelle dahingestellt bleiben kann.

C. In Betracht käme aber eine auf **§ 812 I S.1 BGB** gestützte Klage **auf Herausgabe des Titels.**

I. Fraglich ist, ob die materielle Rechtskraft der Zulässigkeit einer derartigen Klage entgegensteht. Grds. erwächst gem. § 322 I nur die Entscheidung über den Streitgegenstand in materielle Rechtskraft, also nur der Tenor. Der Antrag auf Herausgabe des Titels unterscheidet sich von dem Zahlungsantrag des VBs. Eine Identität der Streitgegenstände liegt mithin (selbst nach der eingliedrigen Theorie) nicht vor (zur Darstellung des Streitgegenstandsbegriffs vgl. Fall 7). Nach dem Normzweck des § 322 I ist jedoch eine Ausdehnung der objektiven Grenzen der materiellen Rechtskraft geboten, wenn mit dem zweiten Verfahren das unvereinbare (sog. kontradiktorische) Gegenteil des ersten Verfahrens begehrt wird; andernfalls müsste das Gericht u.U. eine vom rechtskräftigen (Erst-) Titel abweichende Entscheidung fällen.

II. Eine auf Bereicherungsrecht gestützte Klage wäre daher wegen entgegenstehender Rechtskraft als unzulässig abzuweisen.

D. Womöglich könnte S die Rechtskraft des VBs mit der **Restitutionsklage** nach den **§§ 580 ff.** durchbrechen.

I. Das Gericht prüft die Zulässigkeit der Wiederaufnahmeklage von Amts wegen (§ 589 I).

1. Wie gesehen ist die Restitutionsklage auch gegen einen VB statthaft (§ 584 II).

2. Ausschließlich zuständig ist das Gericht, das für eine Entscheidung im Streitverfahren zuständig gewesen wäre (§ 584 II); also das LG (§§ 71 I, 23 Nr.1 GVG) am Wohnsitz des S (§ 13).

3. Die Klageschrift muss innerhalb der Frist des § 586 in Form der §§ 587 f. eingereicht werden.

4. Der Kläger S ist auch beschwert.

5. Da der Kläger einfach eine Straftat des Gegners behaupten könnte, um einen Restitutionsgrund i.S.d. § 580 Nr.1-5 zu schaffen, fordert das Gesetz gem. § 581 I die rechtskräftige Verurteilung wegen der behaupteten Straftat. D.h. die vorherige Durchführung eines Strafprozesses ist Zulässigkeitsvoraussetzung der Restitutionsklage. Ob die Straftat wirklich begangen worden ist, prüft das Zivilgericht hingegen selbstständig in der Begründetheit (=Restitutionsgrund i.S.v. § 580 Nr.1-5). Mangels vorheriger Durchführung eines Strafverfahrens gegen LH tritt das Gericht aber gar nicht in die Sachstation ein. Die Klage wäre vielmehr als unzulässig abzuweisen.

6. Die Restitutionsgründe des § 580 Nr.6-7b, für die § 581 I nicht gilt, sind nicht ersichtlich.

II. Folglich ist S gut beraten, von einer Wiederaufnahmeklage abzusehen.

Anmerkung: Das Wiederaufnahmeverfahren ist in drei Abschnitte zu unterteilen:
- Zulässigkeit (wie oben).
- Begründetheit: Das Gericht prüft, ob der behauptete Wiederaufnahmegrund tatsächlich vorliegt.
- Im Falle der Begründetheit wird über den alten Rechtsstreit neu verhandelt und entschieden.

E. Schließlich käme eine **Rechtskraftdurchbrechung mittels** einer auf **§ 826 BGB** gestützten Klage in Betracht.

I. Die **Zulässigkeit** einer derartigen Klage ist äußerst zweifelhaft, da mit ihr die Wiederaufnahmebestimmungen (§§ 578 ff.) umgangen werden. Dies führe zur Aushöhlung der Rechtskraft und damit zur allgemeinen Rechtsunsicherheit. Die Reformbedürftigkeit der Wiederaufnahmebestimmungen steht allerdings außer Frage. Nach ü.A. muss die Rechtssicherheit daher der Einzelfallgerechtigkeit in besonders krassen Fällen weichen, in denen es mit dem Gerechtigkeitsempfinden schlechthin unvereinbar ist, dass der Titelgläubiger seine formelle Position unter Missachtung der materiellen Rechtslage zu Lasten des Titelschuldners ausnutzt. Ob ein solch krasser Fall vorliegt, ist eine Frage der Begründetheit.

II. Die Rechtssprechung hat für die **Begründetheit** der auf § 826 BGB gestützten Rechtskraftdurchbrechung folgende Voraussetzungen herausgearbeitet:

1. Zunächst muss der **Titel materiell unrichtig** sein, d.h. der für vollstreckbar erklärte Anspruch darf nicht oder nicht in dem tituliertem Umfang bestehen. Das wäre der Fall, wenn der zwischen S und der LH geschlossene Vertrag nichtig ist.

a) Die Vereinbarung könnte gegen die gesetzlichen Verbote der §§ 119 I Nr.2, 120 I Nr.2 OWiG verstoßen und somit gem. § 134 BGB nichtig sein. Nach den genannten Vorschriften handelt u.a. ordnungswidrig, wer durch Verbreiten von Tonträgern oder Datenspeichern Gelegenheit zu entgeltlichen sexuellen Handlungen anbietet. Unter den Begriff der sexuellen Handlungen i.S.d. §§ 119, 120 OWiG sind nur solche Handlungen zu verstehen, bei denen der eigene oder ein fremder Körper eingesetzt wird (h.M.: BGH NJW 98, 2895 2896 mwN). Die hier in Frage stehende akustische Vermittlung sexueller Reize fällt daher nicht darunter. Folglich ist die getroffene Vereinbarung auch nicht nach § 134 BGB nichtig.

b) Nach BGH NJW 98, 2895 2896 liegt jedoch Sittenwidrigkeit und somit Nichtigkeit i.S.d. § 138 I BGB vor: Es kann davon ausgegangen werden, dass der Anrufer die Möglichkeit zur Selbstbefriedigung oder zu anderen sexuellen Praktiken erhält bzw. auf Wunsch hierzu animiert werden soll. Hierdurch wird der Intimbereich - wie bei der Prostitution oder bei einer Peep-Show - zur Ware gemacht. Dass es zwischen Anrufer und „Service-Mädchen" zu keinem unmittelbaren körperlichen Kontakt kommt, ist ohne Bedeutung. Wegen der fehlenden Zugangskontrolle sprechen schließlich auch Gründe des im Interesse der Allgemeinheit liegenden Jugendschutzes für die Sittenwidrigkeit.

Diese Rspr. hat der BGH zwischenzeitlich aufgegeben (MIR 07/12): Denn nach dem am 1.1.2002 in Kraft getretenen Gesetz zur Regelung der Rechtsverhältnisse der Prostituierten hat die Prostituierte (neuerdings) einen klagbaren Anspruch gegen ihren Freier (vgl. § 1 ProstG). Zwar regelt § 1 ProstG unmittelbar lediglich die Wirksamkeit von Forderungen auf ein Entgelt, das für die Vornahme sexueller Handlungen veinbart wurde. Jedoch ergeben die dem Gesetz zugrunde liegende Wertung und der Wandel der Anschauungen in der Bevölkerung, dass auch Forderungen auf Entgelt für die Erbringung, Vermarktung und Vermittlung von Telefonsexdienstleistungen nicht mehr an § 138 BGB scheitern, mögen diese Geschäfte auch weiterhin mit einem Makel in ethisch-moralischer Hinsicht behaftet sein. Kann für die Ausübung der „klassischen" Prostitution eine wirksame Entgeltforderung begründet werden, muss dies für den sog. Telefonsex erst recht gelten. Beim sog. Telefonsex handelt es sich mangels unmittelbaren körperlichen Kontakts der Beteiligten um weniger anstößige Vorgänge als bei der Prostitution i.e.S.

Dem ist entgegenzuhalten, dass auch das Gesetz dem Freier einen Rechtsanspruch auf die versprochene sexuelle Handlung versagt. Ist die versprochene Leistung erbracht worden, entsteht aus dem Vertrag mit Wirkung ex nunc ein Entgeltanspruch. Es handelt sich dabei um einen nachträglich zum Teil wirksam werdenden Vertrag bzw. einseitig verpflichtenden Vertrag (Palandt, Anhang zu § 138, § 1 ProstG Rn. 2). Zweck des ProstG ist es, lediglich die rechtliche und soziale Stellung der Prostituierten zu verbessern, nicht jedoch die der Telefonsex-Anbieter. Die Regelung des § 1 ProstG ist daher lediglich auf Ansprüche von Prostituierten beschränkt. Es hat sich nicht etwa eine allgemeine Änderung der Rechts- und Sexualmoral in dem ProstG niedergeschlagen. Die alte Rspr. des BGH zur Sittenwidrigkeit von Telefonsex-Verträgen ist demnach keineswegs als überholt anzusehen. Der abgeschlossene Vertrag bleibt sittenwidrig. (Anmerkung: Gegenteilige Ansicht ist gut vertretbar.)

Der im VB titulierte Anspruch ist somit materiell unrichtig.

2. Ferner muss der Titelgläubiger **Kenntnis von der Unrichtigkeit** des Titels haben. Hierfür ist ausreichend, wenn ihm diese Kenntnis durch das zur Entscheidung über den Anspruch aus § 826 BGB berufene Gericht vermittelt wird.

3. Schließlich müssen **besondere Umstände** hinzutreten, die die Sittenwidrigkeit begründen und auf Grund derer dem Titelgläubiger zugemutet werden kann, die ihm unverdient zugefallene Rechtsposition aufzugeben. In der Wahl des Mahnverfahrens könnte ein solcher Umstand zu sehen sein. Das wird allgemein dann angenommen, wenn der Gläubiger hätte erkennen können, dass sein Begehren im "normalen" Klageverfahren an der Schlüssigkeitsprüfung (nach § 331 II) scheitern würde. Grund: Das Mahnverfahren soll nicht der Durchsetzung rechtlich nicht zu begründender Forderungen dienen. Hätte die LH die anspruchsbegründenden Tatsachen dargelegt (Telefonvertrag, Höhe des vereinbarten Entgelts), wäre ein entsprechendes VU ergangen. Die Frage der Sittenwidrigkeit hätte im Streitverfahren S als anspruchshindernde Einwendung vortragen müssen, d.h., sie wäre nicht schon Bestandteil der Schlüssigkeitsprüfung gewesen. Nach alledem liegt in der Wahl des Mahnverfahrens kein zusätzlicher besonderer Umstand im o.g. Sinne.

4. Folglich würde eine auf § 826 BGB gestützte Klage auch keine Aussicht auf Erfolg haben.

F. Weitere Ansprüche (bzw. Rechtsbehelfe) sind nicht ersichtlich.

Anmerkung: Nach OLG Düsseldorf NJW-RR 99, 1431 f. kann die Deutsche Telekom AG keine Vergütung für über den Service 0190 angebotenen Telefonsex verlangen: Bei dem Bereitstellen der für das Zustandekommen des Gesprächs erforderlichen technischen Hilfsmitteln handele es sich nicht um ein wertneutrales Geschäft. Die Telekom werde vielmehr auf Grund eines Vertrages mit den Telefonsex-Anbietern als dessen Inkassostelle tätig und beteilige sich dementsprechend in vorwerfbarer Weise an der Ausnutzung eines sittenwidrigen Geschäfts. Ein bereicherungsrechtlicher Anspruch scheitere an § 817 S.2 BGB (so i.E. auch der BGH in NJW 07, 438; BGH 158, 201, nachdem er noch in NJW 02, 361 von einem wertneutralen Geschäft ausgegangen war). Künftig dürfte sich diese Frage in der Rechtspraxis jedoch nicht mehr stellen, da der BGH – wie oben dargestellt – zwischenzeitlich die Sittenwidrigkeit von Telefonsex-Verträgen verneint (BGH MIR 07/12). Bei der hier vertretenen Ansicht handelt es sich um eine Mindermeinung.

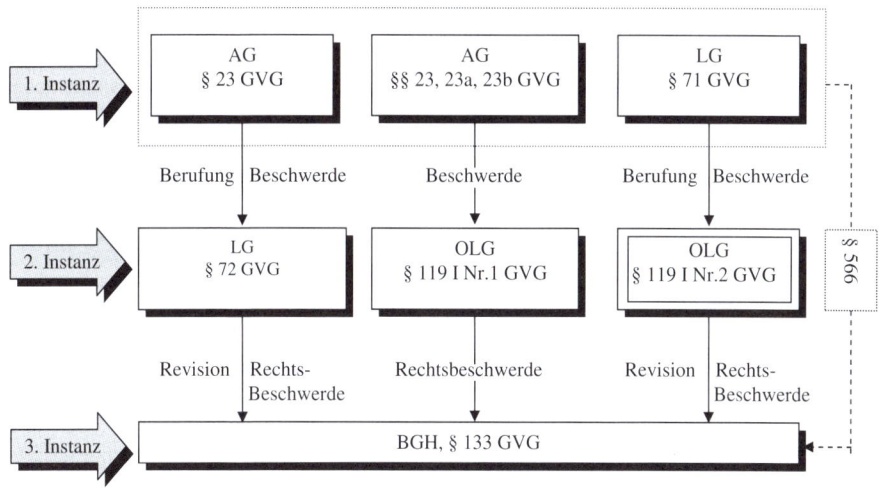

Schaubild Nr. 1: Der Instanzenzug

1. Instanz	AG § 23 GVG	AG §§ 23, 23a, 23b GVG	LG § 71 GVG

Berufung Beschwerde   Beschwerde   Berufung Beschwerde

2. Instanz	LG § 72 GVG	OLG § 119 I Nr.1 GVG	OLG § 119 I Nr.2 GVG

§ 566

Revision Rechts-Beschwerde   Rechtsbeschwerde   Revision Rechts-Beschwerde

3. Instanz — BGH, § 133 GVG

Schaubild Nr. 2: Die örtliche Zuständigkeit

Örtliche Zuständigkeit

Allgemeiner Gerichtsstand

- §§ 12, 13 (Wohnsitz des Beklagten)
- § 17 (Sitz der jur. Person)
- §§ 18, 19 (Staat)
- § 19a (Inso. Verw.)

Besonderer Gerichtsstand

- § 20 (Aufenthaltsort)
- § 21 (Niederlassung)
- § 29 (Erfüllungsort)
- § 29 c I S.1 (Haustürges.)
- § 32 (Unerl. Handlg.)
- § 33 (Widerklage)
- § 24 UWG (Wettbew.)
- § 215 I S.1 VVG (VersR)

Ausschließlicher Gerichtsstand

- § 24 (dingl. Gerichtsstand)
- § 29a (Raummiete)
- § 29c I S.2 (Haustürges.)
- § 802 (Zwangsvollstr.)
- z.B. §§ 122, 152 I FamFG (Familiens.)
- §§ 246 III AktG, 61 III GmbHG (GesellR.)

- Wahlrecht (§ 35)
- Prorogation (§§ 38, 40)
- Rügeloses Einlassen (§ 39)

- Der ausschließliche Gerichtsstand geht allen anderen vor (§12).
- Prorogation und rügeloses Einlassen sind nicht möglich (40 II).

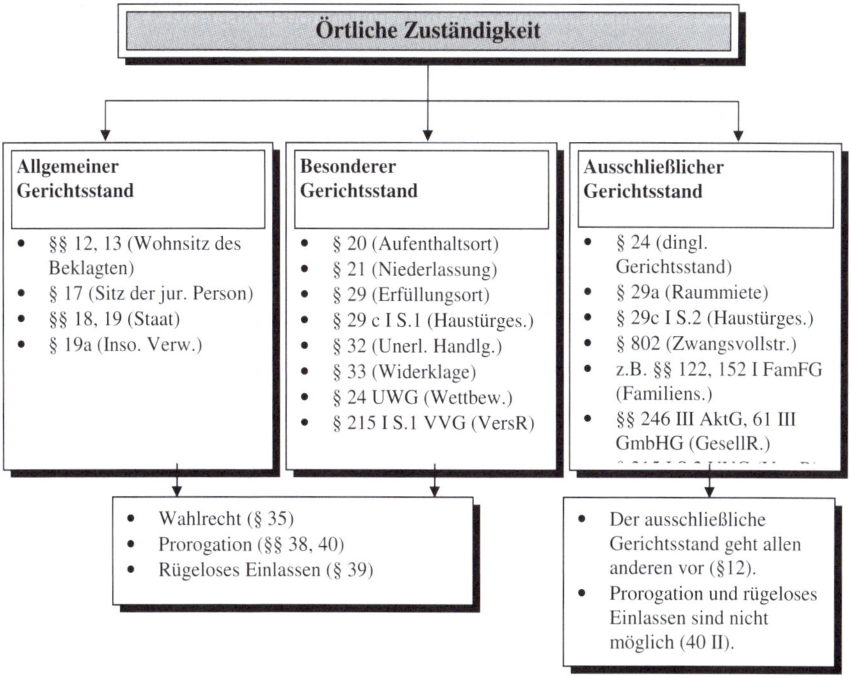

Schaubild Nr.3: Das Versäumnisverfahren (§§ 330 ff.)

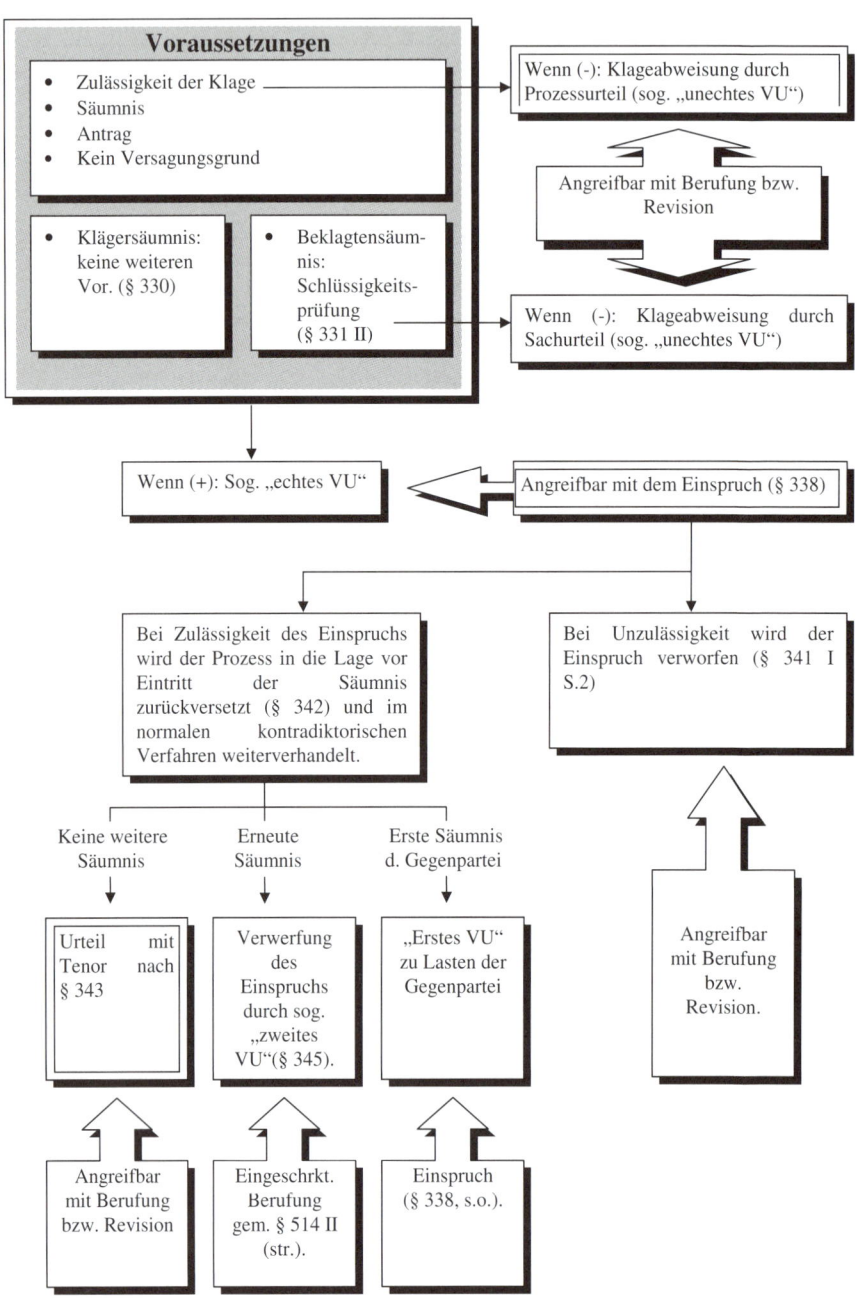

Voraussetzungen

- Zulässigkeit der Klage
- Säumnis
- Antrag
- Kein Versagungsgrund

Wenn (-): Klageabweisung durch Prozessurteil (sog. „unechtes VU")

- Klägersäumnis: keine weiteren Vor. (§ 330)
- Beklagtensäumnis: Schlüssigkeitsprüfung (§ 331 II)

Angreifbar mit Berufung bzw. Revision

Wenn (-): Klageabweisung durch Sachurteil (sog. „unechtes VU")

Wenn (+): Sog. „echtes VU"

Angreifbar mit dem Einspruch (§ 338)

Bei Zulässigkeit des Einspruchs wird der Prozess in die Lage vor Eintritt der Säumnis zurückversetzt (§ 342) und im normalen kontradiktorischen Verfahren weiterverhandelt.

Bei Unzulässigkeit wird der Einspruch verworfen (§ 341 I S.2)

Keine weitere Säumnis

Erneute Säumnis

Erste Säumnis d. Gegenpartei

Urteil mit Tenor nach § 343

Verwerfung des Einspruchs durch sog. „zweites VU"(§ 345).

„Erstes VU" zu Lasten der Gegenpartei

Angreifbar mit Berufung bzw. Revision.

Angreifbar mit Berufung bzw. Revision

Eingeschrkt. Berufung gem. § 514 II (str.).

Einspruch (§ 338, s.o.).

136

Schaubild Nr. 4: Die Rechtskraft

Formelle Rechtskraft, d.h. Unanfechtbarkeit gerichtlicher Entscheidungen (§ 705)

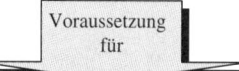

Voraussetzung
für

Materielle Rechtskraft, d.h. die Parteien dürfen die formell rechtskräftige Entscheidung im Verhältnis zueinander nicht mehr in Frage stellen.

Objekive Grenzen	Zeitliche Grenzen	Subjektive Grenzen
• Grds. erwächst nur die Entscheidung über den Streitgegenstand in mat. Rechtskraft, d.h. nur der Tenor (§ 322 I). Rechtskraftfähig sind daher nicht: • Tatsachenfestst. • Präjudizielle Rechtsverhältnisse (Ausn.: § 256 II) • Ansprgdl. • Einreden u. Einwendungen (Ausn.: § 322 II)	• Grds. werden nur diejenigen Tatsachen berücksichtigt, die spätestens am Schluss der letzten mündl. Tatsachenverhandl. vorgetragen worden sind (§§ 296a, 767 II)	• Grds. bindet die Entscheidung nur die Parteien (§ 325 I 1.Alt.) Ausnahmen: • Rechtsnachfolger nach RH (§ 325 I 2. Alt., II) • Nacherbe (§ 326) • Rechtsinhaber bei Prozessstandschaft • Akz. Haftung • Rechtsnachfolger vor RH (§ 407 II BGB)

Rechtsfolgen

• Bei Identität der Streitgegenstände ist eine erneute Klage als unzulässig abzuweisen (sog. „ne bis in idem Lehre").
• Bei unterschiedlichen Streitgegenständen ist die rechtskräftige Entscheidung in dem neuen Prozess bindend, so weit sie für diesen präjudiziell ist.

Durchbrechung der Rechtskraft:

• Wiedereinsetzung in den vorigen Stand (§§ 233 ff.)
• Abänderungsklage (§ 323, § 238 FamFG)
• Wiederaufnahme des Verfahrens (§§ 578 ff.)
• Schadensersatzanspruch aus § 826 BGB
• Verfassungsbeschwerde (§ 90 ff. BVerfGG)

Stichwortverzeichnis

Außerdem erschienen im Richter Verlag

Die Reihe 25 FÄLLE

- Band 1   BGB AT
- Band 2   Schuldrecht
- Band 3   Sachenrecht
- Band 4   Verwaltungsrecht
- Band 5   Strafrecht AT
- Band 6   Strafrecht BT
- Band 7   Staatsorganisationsrecht
- Band 8   Grundrechte

Die Reihe _STREITSTÄNDE KOMPAKT_

- Band 1   Strafrecht AT
- Band 2   Strafrecht BT
- Band 3   BGB AT / Schuldrecht AT
- Band 4   BGB Schuldrecht BT
- Band 5   BGB Sachenrecht
- Band 6   Verwaltungsrecht
- Band 7   Staatsrecht

sowie

60 GRUNDFÄLLE zum SCHULDRECHT

SCHULDRECHT kompakt

Fakten & Fälle Staatsorganisationsrecht

Für das Referendariat:

Arbeitsrecht für das Referendariat

WIRTSCHAFTSWISSENSCHAFTLICHE GRUNDKURSE

- Makroökonomik   - Übungsbuch Makroökonomik
- Mikroökonomik   - Übungsbuch Mikroökonomik
- Kostenrechnung   - Übungsbuch Kostenrechnung
- Finanzierung
- Buchführung